SÉCURITÉ DE PROXIMITÉ : MODE D'EMPLOI

*L'expérience sénégalaise de la Gouvernance
Sécuritaire de Proximité*

Papa Khaly Niang

SÉCURITÉ DE PROXIMITÉ : MODE D'EMPLOI

*L'expérience sénégalaise de la Gouvernance
Sécuritaire de Proximité*

© L'Harmattan, 2015
5-7, rue de l'École-Polytechnique ; 75 005 Paris

http://www.librairieharmattan.com
diffusion.harmattan@wanadoo.fr
harmattan1@wanadoo.fr

ISBN : 978-2-343-07802-1
EAN : 9782343078021

« *L'expérience est une lanterne que l'on porte sur le dos,
elle n'éclaire que la distance déjà parcourue* »
Confucius.

La sécurité par tous, pour tous et partout !

Préface

Sécurité de proximité et agence d'assistance : le pari de l'innovation

Par le partage d'une philosophie et d'une déclinaison adaptée à la situation sénégalaise, cet ouvrage fort documenté vient de nous offrir la possibilité de revenir, avec une approche originale, sur la sécurité de proximité.

Community Policing, *police de proximité, police de quartier, sécurité de proximité, beaucoup a déjà été fait dans le monde entier, depuis une trentaine d'années, pour innover en rapprochant l'action de police des attentes de la population en matière de sécurité. Une innovation dans la lutte contre le crime que les policiers eux-mêmes n'ont pas toujours voulu entendre.*

Dans nos sociétés modernes, les services en charge de la sécurité, avec au premier plan d'entre eux polices et gendarmeries, se doivent désormais de répondre plus directement aux préoccupations des citoyens, des élus, des entreprises… Dans beaucoup de pays, les émergences des polices municipales, quand elles n'existaient pas encore, et des sociétés privées de sécurité sont des preuves de ces attentes pas toujours satisfaites. Dès lors, la nécessaire prise de conscience du renforcement de la relation avec la communauté se doit d'être largement partagée.

Face aux menaces diverses, pour pallier une certaine forme d'essoufflement du monopole de la sécurité en renforçant le lien entre les institutions et la population, il importe toujours de mettre en œuvre un projet novateur basé sur une philosophie d'action modernisée (la sécurité de proximité, telle qu'on l'a fort justement nommée ici) et développant une véritable coproduction de sécurité, au-delà de la seule action des services de police et de gendarmerie.

Au Sénégal, le véritable projet mobilisateur et inscrit dans la durée, que viennent de porter le Docteur Papa Khaly NIANG et l'Agence d'assistance à la sécurité de proximité dont il est le directeur général, aura sans nul doute un double impact réel sur les relations avec la population et sur l'action des services de sécurité.

L'Agence d'assistance doit ainsi assurer un service public de sécurité axé sur la prévention et la participation de tous. Pour mieux anticiper sur les causes de la délinquance, veiller à la mise en place de conditions de vie décentes, prévenir au profit des communautés de base, elle a dû assister, former, encadrer des jeunes souvent en difficulté. Dans une coproduction de sécurité bien comprise, mâtinée de promotion de l'égalité des chances, ses 10.000 assistants à la sécurité de proximité (ASP) viennent ainsi en appui de toutes les institutions de sécurité et de défense, aux collectivités locales et autres unités au service des populations.

Est ainsi démontrée ici la nécessité d'une approche globale intégrant trois niveaux étroitement liés : partenariats communautaires (avec une véritable ouverture), transformation organisationnelle (y compris responsabilisation et encadrement de proximité) et résolution des problèmes.

Plutôt que de simplement poursuivre les délinquants et autres criminels, une fois les crimes ou délits commis, l'approche est ainsi concentrée sur la prévention et la dissuasion du crime et la réduction du sentiment d'insécurité créé.

Le regain de la confiance de la population et la participation active de chacun pour sa propre sécurité permettent aux institutions en charge de la sécurité de mieux comprendre et satisfaire les besoins des populations qu'elles servent au quotidien.

Les services de sécurité doivent également mieux appréhender les facteurs criminels avec pour objectif de résoudre les problèmes de sécurité plutôt que de simplement rétablir l'ordre ante...

Mais, il nous est confirmé ici que pour parvenir à réaliser cet ensemble de réformes, rien n'est possible sans la mobilisation de deux dimensions : la politique et l'humaine.

La dimension politique a rendu possible ce qui souvent est considéré comme ne l'étant pas... Seule une volonté politique forte a permis de lancer le processus. Une vision présidentielle pour une société plus stable et plus sereine, consacrant la sécurité par tous pour tous et partout, bâtie autour de la veille de l'alerte, de la prévention. Cette gouvernance sécuritaire de proximité répondant à la préoccupation des Sénégalais autour de la délinquance et des violences qu'elle engendre, permet dans le respect de nos valeurs communes, de rebâtir une société sur le socle de la sécurité qui rassure et d'une jeunesse qui assure le relèvement d'un défi important.

La dimension humaine, au sein de la police et de la gendarmerie mais également chez tous les autres partenaires, constitue par nature une source de blocages ou de facilitation du processus de réforme. Comme toujours, il s'est agi ici de convaincre tous les personnels et leurs cadres, de la nécessité d'engager cette réforme et d'en être les acteurs positifs. La conviction des porteurs de ce projet et des jeunes ASP a permis d'emporter l'adhésion de tous.

Face à tout projet novateur donc déstabilisant, beaucoup diront que tout a déjà été fait ou que le reste est impossible... Les résistances au changement sont toujours fortes. En fait, rappelons-nous ici le principe, fondamental et universel, d'action des plus grands innovateurs : « j'ai refait tous mes calculs. Ils confirment ce que disent les spécialistes : notre idée est irréalisable ! Il ne nous reste plus qu'une seule chose à faire : la réaliser ! » (Pierre-Georges Latécoère)... ou encore « ils ne savaient pas que c'était impossible, alors ils l'ont fait » (Mark Twain).

Aujourd'hui un nouvel exemple d'innovation nous vient du Sénégal. À nous de nous l'approprier ainsi que de l'adapter à nos besoins et surtout de passer ensemble de la réactivité à la créativité au service de nos concitoyens.

Émile Pérez
*Directeur de la coopération
internationale - France
Président de Francopol*

DÉDICACES

À ma mère.

À mon regretté père.
qui a consacré toute sa vie à nous inculquer
les valeurs spirituelles et morales.

À ma famille au sens large.

Aux ASP, sans qui cet exercice ne serait pas mené.

REMERCIEMENTS

Arrivé au terme de la rédaction de ce livre, ma gratitude va d'abord à Son Excellence, Monsieur Macky SALL, Président de la République du Sénégal, qui m'a fait confiance en me nommant Directeur général de l'Agence d'Assistance à la Sécurité de Proximité ; en me faisant l'honneur de donner corps à sa vision sécuritaire, l'opportunité m'est accordée de servir l'État et le peuple sénégalais après 26 ans passés à l'étranger ;

Il me plaît, ensuite, d'exprimer mes vifs remerciements à celles et à ceux qui m'ont consacré de leur temps, pour m'aider à sa réalisation ;

J'exalte ici la parfaite collaboration des acteurs de la sécurité publique, singulièrement la gendarmerie nationale et la Police nationale pour leur précieux concours dans la construction de ce concept de Gouvernance sécuritaire de proximité ;

Ce travail ne saurait être mené de façon efficace sans le soutien et l'implication de mes différents collaborateurs, à qui j'adresse toute ma gratitude et mes profonds remerciements. Je ne peux m'empêcher de citer :

- Monsieur Boubacar TRAORÉ, Secrétaire général de l'Agence,
- Monsieur Djibril DIOP, Administrateur chargé des Études de la Formation et du Développement,
- Monsieur Omar SECK, Attaché de direction de l'Agence,
- Monsieur Mamadou KASSÉ, Responsable de la Cellule Communication,
- Monsieur Ibrahima Benjamin DIAGNE, chargé des Relations publiques,
- Monsieur Aliou SECK, Directeur de la Coopération, Planification et Suivi-évaluation,
Monsieur Ibrahima NIANG, Administrateur logistique de l'Agence,
- Monsieur Amadou DIALLO, journaliste au Soleil,
- Madame Lalla Matheuw FALL, Assistante du Directeur général,
- Madame Fatim NDIAYE, Secrétaire à la Direction générale.

Je ne peux oublier ceux qui m'ont aidé par leurs conseils ou encouragements pour la réalisation de cet ouvrage, les Directeurs, Conseillers, Administrateurs ainsi que tout le personnel de l'Agence.

Mes remerciements s'adressent aussi aux Administrateurs du Conseil de Surveillance de l'Agence.

Enfin, je salue l'excellent travail des journalistes qui ont beaucoup contribué et d'une manière objective à la stratégie de communication permettant ainsi à l'opinion de comprendre et de s'approprier la stratégie de gouvernance sécuritaire de proximité.

SIGLES ET ACRONYMES

ACP :	Afrique Caraïbes Pacifique
ADS :	Adjoint de Sécurité
AFRICOM :	Commandement des États-Unis pour l'Afrique
AGEROUTE :	Agence des Travaux et de Gestion des Routes
AIBD :	Aéroport International Blaise Diagne de Diass
AIHES :	Académie Internationale des Hautes Études de la Sécurité
ALPC :	Armes Légères et de Petit Calibre
AMS :	Association des Maires du Sénégal
ANPEJ :	Agence Nationale pour la Promotion de l'Emploi des Jeunes
ANSD :	Agence Nationale de la Statistique et de la Démographie
AOF :	Afrique-Occidentale Française
APROLOS :	Association des Propriétaires et Résidents de Logements de Sacré-Cœur
AQMI :	Al-Qaïda au Maghreb Islamique
ASP :	Agence d'Assistance de Sécurité de Proximité
ASP :	Assistant à la Sécurité de Proximité
ASSUR :	Assistant à la Sécurité des Universités
BCS :	Brigade des Contrôles des Sols
BICS :	Brigade Inter Coloniale de Sûreté
BIP :	Brigade d'Intervention Polyvalente
BMS :	Brigade Mobile de Sûreté
BNSP :	Brigade Nationale des Sapeurs-Pompiers
BRRC :	Bureau Régional de Renforcement de Capacités
CADAK-CAR :	Communauté des Agglomération de Dakar Communauté des Agglomérations de Rufisque

CAGN :	Centre Administratif de la Gendarmerie Nationale
CAI :	Cellules d'Appui à l'Insertion
CAPAS :	Certificat d'Aptitude à la Profession d'Assistant de Sécurité
CARICOM :	Communauté des Caraïbes
CDD :	Comité Départemental de Développement
CDP :	Commission de Protection des Données Personnelles
CDPD :	Conseil Départemental de Prévention de la Délinquance
CDPLD :	Comité Départemental de Prévention et de Lutte contre la Délinquance
CEDEAO :	Communauté Économique des États de l'Afrique de l'Ouest
CEM :	Comité d'État-major
CEMGA :	Chef d'État-major Général des Armées
CENA :	Commission Électorale Nationale Autonome
CEN-SAD :	Communauté des États Sahélo-Sahariens
CENTIF :	Cellule Nationale de Traitement des Informations Financières
CEPE :	Certificat d'Études Primaire et Élémentaire
CERF :	Centre Européen de Recherche et de Formation
CET :	Centre d'Enfouissement Technique
CGCL :	Code Général des Collectivités Locales
CHEDS :	Centre des Hautes Études de Défense et de Sécurité
CLS :	Contrat Local de Sécurité
CLSPD :	Conseil Local de Sécurité et de Prévention de la Délinquance
CMU :	Couverture Maladie Universelle
CNDS :	Commission Nationale de la Déontologie de la Sécurité
CNEE :	Convention Nationale État/Employeurs
CNSI :	Conseil National de Sécurité Intérieur
COGN :	Centre Opération de la Gendarmerie
CPLP :	Communauté des Pays de Langue Portugaise

CPS :	Conseil de Paix et de Sécurité
CPS :	Conseil de Paix et de Sécurité
CRD :	Comité Régional de Développement
CREI :	Cour de Répression de l'Enrichissement Illicite
CTGN :	Centre Technique de la Gendarmerie Nationale
CVOP :	Centre de Veille Opérationnelle
DAF :	Direction de l'Automatisation des Fichiers
DAI :	Division d'Application de l'Infanterie
DAP :	Direction des Affaires Politiques
DENPFP :	Direction de l'École Nationale de la Police et de la Formation Permanente
DGD :	Direction Générale des Douanes
DGI :	Direction Générale de l'Intérieur
DGID :	Direction Générale des Impôts et Domaines
DGPN :	Direction Générale de la Police Nationale
DIC :	Division des Investigations Criminelles
HALDE :	Haute Autorité de Lutte contre la Discrimination et pour l'Égalité
DLS :	Diagnostic Local de Sécurité
DNS :	Direction de la Sûreté Nationale
DOP :	Direction Des Opérations
DP :	Direction du Personnel
DPC :	Direction de la Protection Civile
DPJ :	Direction de la Police Judiciaire
DPRE :	Direction de la Planification et de la Réforme de l'Éducation
DPS :	Direction de la Protection Civile
DSCOS :	Direction de la Surveillance et du Contrôle de l'Occupation des Sols
DSG :	Direction de la Sûreté Générale
DSN :	Direction de la Sûreté Nationale
DSP :	Direction de la Sûreté Publique
EAI :	École d'Application d'Infanterie
ENASP :	École Nationale des Sapeurs-Pompiers

ENOA :	École Nationale des Officiers d'Active
ENSOA :	École Nationale des Sous-Officiers d'Active
FAA :	Force Africaine en Attente
FAC :	Force en Attente de la CEDEAO
FCIL :	Fonds Canadien d'Initiatives Locales
FDD :	Fonds de Dotation de la Décentralisation
FESU :	Forum Européen de Sécurité Urbaine
FPT :	Fonds de Promotion Touristique
FRONTEX :	Frontières Extérieures de l'Europe
GACY :	Global Action against Cybercriminality
GAINDE :	Gestion Automatisée des Informations Douanières et des Échanges
GEEP :	Groupe pour l'Étude et l'Enseignement de la Population
GIABA :	Groupe Inter-gouvernemental contre le Blanchement d'Argent
GIE :	Groupement d'Intérêt Économique
GIGN :	Groupement d'Intervention de la Gendarmerie Nationale
GIR :	Groupement d'Intervention Rapide
GNSP :	Groupement National des Sapeurs-Pompiers
GRC :	Gestion des Risques de Catastrophes
GSP :	Gouvernance Sécuritaire de Proximité
HALDE :	Haute Autorité de Lutte contre les Discriminations et pour l'Égalité
HANDS :	Haute Autorité Nationale de la Déontologie de la Sécurité
IDE :	Investissement Directs Étrangers
IGSS :	Inspection Générale des Services de Sécurité
IHESI :	Institut des Hautes Etudes de la Sécurité Intérieure
ISDND :	Installation de Stockage de Déchet Non Dangereux
ISP :	Institut Panafricain de Stratégies
LDCP :	Loi sur la protection des Données à Caractère Personnel

LGI :	Légion de Gendarmerie d'Intervention
LOASP :	Loi d'Orientation Agro-Sylvo-Pastorale
LOSI :	Loi d'Orientation sur la Sécurité Intérieure
MFDC :	Mouvement des Forces Démocratiques de Casamance
MFPAA :	Ministère de la Formation Professionnelle, de l'Apprentissage et de l'Artisanat
MICEMA :	Mission de la CEDEAO au Mali
MINUSMA :	Mission Multidimensionnelle Intégrée des Nations Unies pour la Stabilisation au Mali
MISP :	Ministère de l'Intérieur et de la Sécurité publique
MNLA :	Mouvement National de Libération de l'Azawad
MPN :	Ministère de la Protection de la Nature
MUJAO :	Mouvement pour l'Unicité et le Jihad en Afrique de l'Ouest
OACI :	Organisation de l'Aviation Civile Internationale
OCI :	Organisation de la Coopération Islamique
OCIN :	Ouvrage Cartes Instruments Nautiques
OFNAC :	Office National de Lutte contre la Fraude et la Corruption
OGA :	Organisation des Gendarmeries Africaines
OIF :	Organisation Internationale de la Francophonie
OIPC :	Organisation Internationale de la Police Criminelle
OMD :	Organisation Mondiale des Douanes
OMD :	Objectifs du Millénaire pour le Développement
OMS :	Organisation mondiale de la Santé
ONFP :	Office National de Formation Professionnelle
ONU :	Organisation des Nations Unies
ORSEC :	Organisation des Secours
OUA :	Organisation de l'Unité Africaine
PA :	Police Administrative
PACT :	Plan d'Action Contre le Terrorisme
PAD :	Port Autonome de Dakar
PAS :	Politiques d'Ajustement Structurel

PAV :	Point d'Apport Volontaire
PIB :	Produit Intérieur Brut
PLS :	Plan Local de Sécurité
PNSR :	Plan National de Sécurité Routière
PPD :	Plan de Prévention de la Délinquance
PPP :	Partenariat Public-Privé
PRODAC :	Programme des Domaines Agricoles Communautaires
PSAOC :	Plan Stratégique de l'Afrique de l'Ouest et du Centre
PSE :	Plan Sénégal Émergent
PUDC :	Programme d'Urgence de Développement Communautaire
RADDHO :	Rencontre Africaine pour la Défense des Droits de l'Homme
RECAMP :	Renforcement des Capacités Africaines de Maintien de la Paix
RG :	Renseignements Généraux
RGPHAE :	Recensement Général de la Population, de l'Habitat et de l'Élevage
RGST :	Renseignements Généraux et de la Surveillance du Territoire
SNGSP :	Stratégie Nationale de Gouvernance Sécuritaire de Proximité
SSE :	Système de Surveillance Électronique
TAPAJ :	Projet Travail Alternatif Payé à la Journée
TIC :	Technologies de l'Information et de la Communication
TUCS :	Table Universitaire de Concertation Sécuritaire
UAEL :	Union des Associations des Élus Locaux
UCAD :	Université Cheikh Anta Diop de Dakar
UEMOA :	Union Économique et Monétaire Ouest-Africain
UGB :	Université Gaston Berger
UPP :	Unités de Protection civile de Proximité
ZESI :	Zone Économique Spéciale Intégrée

GLOSSAIRE

La criminalité légale : c'est l'ensemble des condamnations prononcées par les Cours et Tribunaux.

La criminalité apparente : c'est l'ensemble des faits portés à la connaissance des autorités de Police (criminalités apparentes policières) ou des organes judiciaires de poursuite (criminalité apparente judiciaire).

La criminalité réelle : c'est l'ensemble des infractions effectivement commises.

L'énoncé de ces définitions permet de comprendre que les statistiques seules ne permettent pas de mesurer la criminalité réelle. La criminalité réelle demeure donc inconnue et il existe, entre cette dernière et la criminalité connue, un écart plus ou moins important, que l'on appelle *le chiffre noir de la criminalité*.

Le chiffre noir ou *la criminalité cachée* : c'est l'ensemble des infractions qui échappent aux statistiques judiciaires, policières et pénitentiaires.

Police (avec grand P) : comme l'institution policière.

Police (avec petit P) : activité menée par des policiers qui sont des agents de sécurité publique. C'est la notion de sécurité publique associée à celle de police. Étymologiquement, le mot « police » signifie organisation de la cité. Au Sénégal, la sécurité publique fait appel à la notion de police au sens large du terme. Ainsi, le terme *Police* revêt plusieurs aspects :

• il décrit l'autorité ayant le pouvoir de prendre des mesures s'imposant au public ;

• il désigne les décisions de police autrement dit la réglementation ;

• il peut s'appliquer à l'action menée pour assurer l'exécution des mesures de police ;

• il définit le personnel chargé de mener cette action. C'est pourquoi le droit administratif distingue la police administrative de la police judiciaire.

Police judiciaire : par opposition à la police administrative, elle se rattache essentiellement à la mission judiciaire. Elle recherche les crimes, les délits et les contraventions, en rassemblant les preuves, et les auteurs lorsqu'ils sont découverts aux tribunaux chargés de les punir et exécute les délégations et réquisitions judiciaires. Elle est exercée par les officiers et agents de police judiciaire sous surveillance du Procureur général, sous le contrôle de la Chambre d'accusation et sous la direction du Procureur de la République, suivant les prescriptions du Code de procédure pénale. En revanche, la police administrative est chargée de la prévention des troubles à l'ordre public. Elle relève du tribunal administratif.

Police militaire : elle entre dans les attributions du Ministère des Forces armées. Elle a un double objet : la police générale qui vise à prévenir le désordre et à maintenir la discipline dans les différents corps de l'armée ; la police judiciaire militaire qui est chargée de constater les infractions relevant de la compétence du tribunal ordinaire à formation spéciale.

Sécurité de proximité : c'est la gestion préventive de la sécurité fondée sur la participation active des citoyens en rapport avec les forces régaliennes de l'État en y associant les acteurs de la vie sociale. Elle se distingue de la police de proximité qui est plus restrictive et qui s'exerce dans le cadre des activités proprement policières.

Sécurité : (selon le Robert)

• Situation dans laquelle quelqu'un, quelque chose n'est exposé à aucun danger, à aucun risque, en particulier d'agression physique, d'accidents, de vol, de détérioration.

• Situation de quelqu'un qui se sent à l'abri du danger, qui est rassuré.

• Absence ou limitation des risques dans un domaine précis.

Sécurité aérienne : Elle procède de l'ensemble des mesures visant à réduire le risque aérien. Il s'agit ici de prévention contre des événements accidentels d'origine mécanique, structurelle, météorologique ou autre.

Sûreté aérienne : Combinaison des moyens réglementaires, organisationnels, humains et matériels visant à protéger l'aviation civile contre les actes d'intervention illicites.

Police de proximité : c'est une technique policière utilisée sous forme d'îlotage et de patrouille consistant à rapprocher la Police de la population. La police de proximité se traduit également par l'implantation des postes de police dans des emplacements plus proches des citoyens.

La sécurité de proximité est plus large que la police de proximité en ce sens qu'elle intègre les citoyens dans le dispositif de la prévention de la délinquance et des incivilités. La notion de sécurité est plus large que celle de police, car elle est transversale. Comme dans la sécurité publique, il existe la sécurité environnementale, la sécurité sanitaire, la sécurité d'hygiène...

Gouvernance sécuritaire : Elle relève de la stratégie nationale de sécurité définie par l'État.

Gouvernance sécuritaire de proximité : Elle est la cogestion de la sécurité pour le maintien de la paix sociale sur l'ensemble du territoire national par le biais de la prévention en y associant tous les acteurs concernés par le phénomène de la délinquance avec une démarche plus proche des citoyens ou encore la gestion de la sécurité par les différents acteurs régaliens de l'État pour la lutte contre la délinquance par le biais de la prévention sur tout le territoire national en y associant d'autres acteurs concernés par le phénomène de la délinquance avec une démarche plus proche des citoyens.

AVANT-PROPOS

La sécurité a toujours été considérée comme une activité sous contrôle exclusif de l'État qui détient « le monopole de la violence légitime sur un territoire donné », selon Max WEBER[1]. La sécurité, incarnée jadis par la Police d'État, symbolise le monopole de la violence légitime. L'État fait donc respecter les lois en s'appuyant exclusivement sur les forces régaliennes telles que, la Gendarmerie, la Police, la Justice et l'Armée. La Police apparaît donc, dans son acception la plus générale, comme une force qui pèse sur l'individu et qui s'impose toujours à lui[2]. Le terme « police » est polysémique, car il décrit l'autorité, désigne les décisions, exécute les mesures et définit le personnel chargé de mener cette action. Ainsi la Police peut-elle être définie comme « l'ensemble des actes d'exécution des lois et règlements administratifs[3] ».

La Police est consacrée force publique par la Déclaration des droits de l'homme et du citoyen de 1789. Elle est, par conséquent, une institution essentielle de l'État qui lui assigne les missions de maintien et de rétablissement de l'ordre dans la société et la protection de chacun de toute infraction.

Depuis l'indépendance en 1960, le Sénégal a toujours disposé d'une Police nationale et d'une Gendarmerie nationale. Si la première dépend du Ministère de l'Intérieur, la seconde, est, en revanche, sous la tutelle du Ministère des Forces armées. Par la suite, la Police municipale verra le jour. Mais la mise en place de ce corps de Police s'est faite dans un contexte particulier. À la suite d'une grève organisée par les agents de la Police nationale en 1987, alors qu'ils n'en avaient pas le droit au regard des dispositions statutaires qui les régissaient, l'Assemblée nationale a voté la loi n° 87-14 du 28 avril 1987 portant radiation de l'ensemble des membres des forces de Police malgré la nécessité de lutter contre la criminalité.

L'évolution de cette criminalité expose aujourd'hui les États dans un monde plus dangereux qu'il ne l'était naguère. Une perception du

---

[1] *Le savant et le Politique*, 1959 (édition 1963).
[2] MAO Tsé-Toung.
[3] MERLE R et VITU, 1979, p. 261, cité par NIANG P. K., (1996), *op. cit.*

sentiment d'insécurité liée à la mondialisation économique et financière qui installe le paradigme de la « société du risque ». Ainsi, « la plus grande pulsion n'est plus la libido mais le besoin de sécurité ». Cette évolution psychologique, s'il s'agit d'une évolution, a très certainement commencé dès l'état nature de l'être humain, avant même la constitution des hommes en sociétés. Un proverbe du XVIe siècle : « qui n'a sûreté, n'a nul bien », confirme l'ancrage de cette notion dans les mentalités. Au début, l'homme a essayé d'assurer ses besoins sécuritaires les plus primaires. Il s'est appuyé sur le groupe social pour élargir la protection de ses intérêts : il s'agit de la vengeance privée, « œil pour œil, dent pour dent ».

Ainsi, en 1937, les bienfaits de la « securitas » sont démontrés de façon pédagogique dans une fresque intitulée « le bon gouvernement », et peinte par LORENSETTI[4]. Selon le professeur Jean DELUMEAUX : « l'enceinte urbaine assure la tranquillité dans les rues, sur les places, les femmes, les animaux, cheminent sans se hâter, on prend le temps de converser, des jeunes femmes dansent au son des tambourins et dans la partie rurale de la composition murale, les champs sont bien ordonnés, les récoltes sont achevées, les bêtes de somme sont chargées de balles rebondies ».

À la fin du moyen-âge, les ordonnances et autres textes législatifs se multiplient et affirment que la « politique » (ou la Police) a pour mission de maintenir les habitants en paix, de contenir chacun en son devoir, de procurer la sûreté du corps, des biens et des marchandises, d'assurer le repos public et de purger des troubles les villes et les campagnes.

Sous les plumes de MACHIAVEL[5], de HOBBES et de LOCKE[6], s'affirme, désormais, l'idée que la raison première et principale de la constitution des sociétés est l'impossibilité, pour les hommes isolés, de résister à leurs semblables. HOBBES, notamment, dans une formule célèbre « … l'homme est un loup pour l'homme »[7] a estimé, dans l'état nature avant la constitution des sociétés, que la fonction et la justification de l'État, c'est la protection qu'il accorde à chacun

---

[4] Débat à l'occasion du Colloque sur la sécurité intérieure à IHESI les 2 et 3 nov. 1989. Voir aussi DELUMEAUX, 1989, p. 119 et suite et LEQUEUX V., 1992, p. 18 et suite, cité par NIANG P. K., (1996), *op. cit.*
[5] Voir BARRINCO, (1952), p. 68 et suite, cité par NIANG P. K., (1996).
[6] Voir BASTIDE, 1906, p. 44 et suite, cité par NIANG P. K., (1996).
[7] Voir *Human Nature* de HOBBES, Trad. (PhD) d'HOLBACH. LONDRES, 1772, p. 123 et suite, cité par NIANG P. K., (1996), *op. cit.*

contre tous. Il faut, par ailleurs, constater que l'insécurité post guerre froide est particulièrement favorisée par la montée des incertitudes liée à l'essoufflement des États providences occasionné par la crise économique mondiale. Or, la sécurité est un attribut fondamental de l'État pour ne pas dire un monopole, Max WEBER n'a-t-il pas, en effet, théorisé la « monopolisation de la violence légitime par l'État »[8].

Cette sémantique confirme la montée du besoin de sécurité au début de la période dite « moderne » et la nécessité, pour l'État, de se faire seconder par des acteurs non institutionnels. Avant, on ne connaissait que le mot « sûreté » et « sauveté ». Au XVIe siècle, « sécurité » apparaît chez plusieurs auteurs notamment VAUGELAS, qui écrivait, en 1647 : « je prévois que ce mot sera un jour fort en usage, à cause qu'il exprime bien cette confiance assurée que nous ne saurions exprimer en un mot que par celui-là. Je l'ai ouï dire même à des femmes de la cour »[9].

Les villes contemporaines se caractérisent par le bruit, le problème de la délinquance, les difficultés de circulation qui incitent à des réactions d'angoisse ou des tensions de plus en plus difficiles à supporter[10]. L'anomie durkheimienne (affaiblissement des normes) devient le principal danger pour tout citadin qui ne peut être et même ne peut vivre que si les besoins sont suffisamment en rapport avec les moyens[11].

Sur un autre registre, ces dernières années, l'Afrique de l'Ouest est devenue une plateforme de conception et de diffusion du terrorisme et, de manière générale, un terrain favorable à la criminalité organisée. Cette situation résulte principalement de la pauvreté persistante, des conflits armés récurrents et de l'inadaptation de la réponse sécuritaire apportée jusque-là. Il n'est pas étonnant donc que depuis quelques années, la partie ouest du continent africain soit le siège d'activités hautement dangereuses pour la sécurité des personnes avec comme conséquences : déplacements de populations, circulation mal contrôlée des armes, activités terroristes, trafics et traites de tous genres et cybercriminalité.

---

[8] *Le savant et le Politique*, 1959 (édition 1963), *op. cit.*
[9] VAUGELAS, (1980), p. 54 et suite et ROCHE S., (1993), p. 311, cité par NIANG P. K., (1996).
[10] DEBUYST C. (1974), p. 274 et ZARAFONITOU V., (1994), pp 29-43, cité par NIANG P. K., (1996).
[11] DURKHEIME E., (1983), p. 274, cité par NIANG P. K., (1996).

Pourtant, la préoccupation de sécurité a toujours été une priorité des décideurs politiques. Et elle s'est manifestée par des approches nationales, développées dans des politiques de sécurité propres à chaque pays, mais aussi dans la sous-région, avec pour cadre, les grands rassemblements politiques qui unissent les pays de l'Afrique de l'Ouest et ceux du sahel. Cependant, compte tenu des mutations et de l'importance de la sécurité dans le processus de développement, il est devenu impératif de repenser et d'adapter ces politiques de sécurité aux nouvelles menaces. Comme l'a si bien dit Cheikh Anta DIOP : « la sécurité précède le développement ».

C'est ce qu'a compris le Chef de l'État sénégalais, Macky SALL qui, dès son accession à la magistrature suprême, a changé de paradigme sécuritaire en orientant sa vision vers le concept de « Gouvernance sécuritaire de proximité », stratégie majeure dans le Plan Sénégal émergent. Cette vision amorce un mode de gestion considérant le citoyen comme sentinelle de la prévention et s'intégrant parfaitement dans l'évolution de la notion de sécurité qui, au Sénégal, est marquée, depuis les années soixante, par une gestion exclusive de l'État.

Le présent ouvrage explicite cette vision mais montre également qu'aucune sécurité n'est possible sans une quantification scientifique, au préalable, de la criminalité et des situations qui génèrent les actes de délinquance, de déviance et d'incivilité. La gestion pluraliste (pluridisciplinaire, participative et inclusive) de la sécurité par les acteurs régaliens (Police, Gendarmerie et autres) doit naturellement s'appuyer sur de nouveaux acteurs non professionnels (les élus locaux, les sociologues, les psychologues, les travailleurs sociaux, les organisations communautaires de base, la société civile, etc.).

Le recrutement de dix mille (10 000) Assistants à la sécurité de proximité (ASP) sur toute l'étendue du territoire national, grâce à cette vision du Chef de l'État, Macky SALL, marque ce changement de paradigme qui consacre la sécurité par tous, pour tous et partout. La nouvelle architecture sécuritaire du pays concerne désormais la Sécurité publique, la Sécurité civile et enfin la Sécurité de proximité.

Quant à la Gouvernance sécuritaire de proximité, elle a trois composantes : les Contrats locaux de sécurité, les Comités départementaux de prévention et de lutte contre la délinquance et l'Agence d'assistance à la sécurité de proximité en appui aux différents acteurs régaliens. L'Acte 3 de la décentralisation qui induit la départementalisation des politiques publiques place le préfet au cœur du dispositif sécuritaire local. Les changements socio-économiques de notre pays nécessitent la formation des acteurs de la sécurité dans les domaines scientifiques et techniques afin de faire face aux nouvelles menaces. Certes, la police de proximité a été pratiquée pour le rapprochement de la Police du citoyen, mais elle a donné la preuve de ses limites.

L'ouvrage propose la sécurité de proximité sans aucune connotation policière, dont le champ est plus large que la Police de proximité qui n'est pratiquée qu'à travers l'îlotage et la patrouille.

Ce livre fait également un inventaire de certains travaux sur des questions relevant de la sécurité au Sénégal et qui sont jusque-là méconnues des milieux professionnels et scientifiques. Il s'adresse, en premier lieu, aux forces de défense et de sécurité, aux députés, aux élus locaux, aux magistrats, aux avocats, aux chercheurs, aux experts, aux sociologues, aux travailleurs sociaux et, plus généralement, à tous ceux qui souhaitent enrichir leur culture propre ou simplement s'initier aux questions de sécurité au sens large.

Mais l'ouvrage est, en même temps, destiné aux élèves des écoles de Police, de la Gendarmerie, des Douanes ainsi qu'aux étudiants des universités et instituts, particulièrement, en criminologie, en droit et en sciences politique et sociale. Son originalité réside dans son approche transversale de la sécurité qui embrasse toutes les activités de la vie économique et sociale.

En définitive, la sécurité des personnes et des biens doit être conciliée avec le respect des libertés individuelles et collectives. Dans cette optique, au-delà des structures de veille et de contrôle déjà en place, une Commission nationale de la déontologie de la sécurité demeure, sans doute, une nécessité pour assurer les exigences d'ordre et de liberté. La Loi d'orientation sur la sécurité intérieure en gestation s'inscrit dans cette nouvelle idéologie sécuritaire.

En outre, ce livre qui dégage une nouvelle doctrine sécuritaire, ouvre des perspectives de coopération pour la prise en charge, non seulement de la question de la sécurité, mais aussi de la prévention des menaces radicales sous toutes leurs formes.

C'est le lieu de rendre un hommage mérité à nos vaillants ASP, volontairement engagés pour la sécurité de leur pays dans son volet prévention ; sécurité sans laquelle aucun développement n'est possible. À ce titre, ils prennent une part active à la mise en œuvre du Plan Sénégal émergent.

INTRODUCTION

Aujourd'hui, avec la mondialisation, la Police fait face à des violences qui se manifestent sous plusieurs formes et des menaces d'ordre intellectuel, culturel, sanitaire, virtuel, naturel voire environnemental. En effet, les questions de sécurité publique prennent des dimensions telles qu'elles constituent actuellement les principales menaces à l'intégrité du pays, à la vie des populations ou au développement économique. Cependant, l'insécurité est multiforme et très évolutive. Aussi le commandement policier et gendarmesque s'attèle-t-il à parfaire, en permanence, ses modes d'action.

Au-delà des agressions physiques et du banditisme organisé, l'insécurité étend ses tentacules dans tous les secteurs de la vie politique, économique et sociale. Ce qui pousse le législateur à mettre en place des mécanismes pour une meilleure prise en charge de la sécurité des personnes et des biens. Toutes les imaginations sont permises pour venir à bout de l'insécurité, justifiant la naissance des agences de sécurité privées et l'organisation de comités de vigilance dans les quartiers. L'Agence d'assistance à la sécurité de proximité (ASP) créée par le décret n° 2013-1063 du 5 août 2013, accroît la galaxie des acteurs chargés des questions sécuritaires dans le pays.

Toutefois, elle se distingue des autres par son approche citoyenne. Elle vient assister les forces régaliennes (Police nationale et Gendarmerie nationale) et entend apporter son appui aux collectivités locales qui ont un déficit en sécurité depuis la disparition officielle des Polices municipales en 2011. Par ce biais, l'État entend doter celles-ci d'un nouvel instrument pour une sécurité décentralisée axée sur la prévention et la surveillance du bon ordre, la tranquillité et la salubrité publique. En effet, considérée comme une structure de recasement des policiers radiés en 1987, à la suite de leur grève jugée illégale, la Police municipale continue d'exister textuellement, malgré l'absence d'effectifs ; le décret n° 93-1324 du 24 novembre 1993 n'étant pas abrogé. De plus, les dispositions la régissant ont été reconduites dans le Code général des Collectivités locales voté le 28 décembre 2013, par l'Assemblée nationale (loi n° 2013-10).

Dans le contexte de l'Acte 3 de la décentralisation, le déploiement de près de 2000 Assistants à la sécurité de proximité (ASP) dans les collectivités locales semble combler ce vide. Ainsi, nous partons de l'hypothèse selon laquelle l'État ne peut pas tout faire, et que l'action citoyenne est nécessaire pour combler le gap sécuritaire. Compte tenu de la spécificité de l'ASP et des missions qui lui sont assignées par le décret n° 2013-1063 du 5 août 2013, cet ouvrage, « Mode d'emploi » se veut un manuel de référence et démarche méthodologique pour la mise en œuvre du concept de « Gouvernance sécuritaire de proximité » dans une nouvelle orientation en matière de sécurité. À ce titre, il se présente comme une contribution à la recherche sur la gouvernance de sécurité de proximité face aux nouveaux enjeux sécuritaires du moment. Ainsi, il constitue un point de départ à la réflexion : « quelle approche sécuritaire faut-il adopter dans le contexte sénégalais afin de mieux déterminer le rôle des différents acteurs chargés des questions sécuritaires ? »

Le Sénégal, après avoir pratiqué, pendant longtemps, une sécurité fondée sur la dualité Police nationale - Gendarmerie nationale, héritée de la conception wébérienne avec un embryon de Police municipale, vient de mettre en pratique une démarche sécuritaire innovante avec le concept de « Gouvernance sécuritaire de proximité ». Ce concept consacre la sécurité par tous, pour tous et partout.

Si cette évolution est possible, c'est grâce à la vision du chef de l'État, Macky SALL qui, dès son accession à la magistrature suprême, a donné respectivement des directives, lors des Conseils des ministres tenus le 7 juin 2012 à Saint-Louis, le 14 juin 2012 à Kaolack, puis le 22 novembre 2012 à Dakar, dans le sens « d'asseoir une Gouvernance sécuritaire de proximité dont le fondement repose sur la mise en place d'un cadre réglementaire pour les Contrats locaux de sécurité entre les collectivités locales, les forces de sécurité et les autorités territoriales », « de mettre rapidement en place les Comités départementaux de prévention et de lutte contre la délinquance », « d'engager le Premier ministre, en relation avec les autres structures concernées, à préparer une stratégie nationale de sécurisation des personnes et des biens qui, à partir d'un diagnostic national, dégagera des orientations en protection des personnes et des biens ». À cet égard, le Chef de l'État a décidé de la création, lors du Conseil des ministres tenu le 15 février 2013, de l'Agence nationale de la sécurité de proximité avec le recrutement de 10 000 jeunes pour apporter son concours aux acteurs régaliens de la sécurité, aux collectivités locales et aux secteurs où la sécurité est nécessaire.

Ces différentes directives dégagent les grandes lignes de la nouvelle stratégie de Sécurité intérieure : la nécessité d'impliquer tous les acteurs dans la prévention et la lutte contre la délinquance, la nécessité d'un diagnostic national de sécurité et la mise en place des cadres de concertation dans les départements.

Au Sénégal, les écrits sur la Police et la Gendarmerie sont très rares. La documentation est quasi inexistante et aucune structure n'est dédiée pour étudier ou centraliser les statistiques de la criminalité. Chaque structure, Police, Gendarmerie, Justice, a ses propres statistiques qu'elle collecte et publie unilatéralement. Or, la sécurité doit être quantifiée avant d'être traitée. Le défunt Colonel Sidy SADY a eu le mérite de publier l'excellent ouvrage intitulé : « La Gendarmerie nationale sénégalaise. Son rôle dans la consolidation de l'État »[12]. Il faudra également évoquer le rôle important qu'a joué le Colonel Mamadou DIOP, ancien maire de Dakar, dans l'enrichissement de la réflexion sur les questions de sécurité.

En tentant d'apporter notre contribution à la construction de la doctrine sécuritaire du Sénégal, nous allons, dans une première partie, faire l'état des lieux de la situation sécuritaire, passer en revue la notion de sécurité et à la conceptualisation de la « Gouvernance de sécurité de proximité » dans le contexte sénégalais. Dans une seconde partie, nous présenterons l'Agence d'assistance à la sécurité de proximité (ASP), depuis sa genèse jusqu'à la mise en œuvre et ses activités. Dans cette même partie, nous déclinerons le mode d'emploi adapté au contexte local avant de terminer avec les champs d'application qui en découlent.

---

[12] Colonel Sidy SADY, (2011).

PREMIÈRE PARTIE

LA POLITIQUE SÉCURITAIRE AU SÉNÉGAL : ÉTAT DES LIEUX

CHAPITRE PREMIER

CONTEXTE DE LA SITUATION SÉCURITAIRE AU SÉNÉGAL

I. 1. DONNÉES SOCIODÉMOGRAPHIQUES

Situé à l'extrême ouest du continent africain, entre les latitudes 12° 30 et 16° 30 Nord et les longitudes 11° 30 et 17° 30 Ouest, le Sénégal est au confluent de l'Europe, de l'Afrique et des Amériques. Au carrefour de grands axes maritimes, routiers et aériens, c'est un pays ouvert à toutes les influences aussi bien climatiques que sociologiques. D'une superficie de 196 722 km^2, il est limité au nord par la Mauritanie, à l'est par le Mali, au sud par la Guinée et la Guinée Bissau et à l'ouest par l'océan Atlantique sur une façade de 700 km. Enfin, il incruste la Gambie qu'il entoure des trois côtés.

Avec ses 13 618 394 habitants, dont 49,9 % d'hommes et 50,1 % de femmes, le Sénégal se caractérise par la jeunesse de sa population[13]. En effet, l'âge moyen de la population est de 22,4 ans et la moitié de la population a 18,7 ans (âge médian), selon l'Agence nationale de la statistique et de la démographie (ANSD, 2013). La population rurale apparaît plus jeune avec un âge médian se situant à 15 ans contre 21 ans en milieu urbain.

Sur le plan de la répartition géographique, la population est en majorité rurale avec 54,8 % contre 45,2 % de citadins. La région de Dakar, avec 3 137 196 habitants, concentre près de 25 % de la population du pays sur moins de 0,3 % du territoire national. Elle est aussi, de loin, la région la plus peuplée, avec une densité de 5735 habitants au Km^2, contre 69 habitants au Km^2 au niveau national. Kédougou, avec ses 151 715 habitants et une densité de 9 habitants au Km^2, se présente comme la région la moins peuplée du pays.

Par ailleurs, le pays compte 181 651 étrangers, soit 1,3 % de la population totale, dont 109 920 hommes (60,5 %) et de 71 731 femmes (39,5 %). Ces étrangers proviennent essentiellement de pays africains (90,9 %, soit un effectif de 165 193 individus) et de l'Europe

---

[13] Les données utilisées ici proviennent du dernier Recensement général de la population, de l'Habitat, de l'Agriculture et de l'Élevage (RGPHAE) de décembre 2013.

(5,2 %, soit un effectif de 9 515 individus). Les ressortissants américains ne représentent que 1,1 % des étrangers résidents au Sénégal, selon les données de l'ANSD. Les immigrés africains viennent principalement des pays de la sous-région comme la Guinée (47,4 %, 86 085 résidents), du Mali (11,4 %, 20 668 résidents), de la Gambie (7,1 %, 12 811 résidents), de la Guinée-Bissau (6,7 %, 12 108 résidents) et de la Mauritanie (3,4 %, 6 124 résidents). À ceux-là, s'ajoutent les ressortissants du Bénin, du Burkina Faso, du Cap-Vert, de la Côte d'Ivoire, du Ghana, du Liberia, le Niger, du Nigeria, de la Sierra Leone et du Togo.

L'analyse de l'incidence de la pauvreté montre une tendance décroissante en passant de 55,2 % en 2001-2002 à 48,3 % en 2005-2006 et de 46,7 % en 2011[14]. Toutefois, ces taux révèlent des disparités selon le milieu. Il en est de même pour le taux de chômage déclaré. Ce dernier est évalué à 25,7 %, avec cependant, des disparités selon le milieu de résidence et le sexe. En effet, en milieu urbain, le taux de chômage est de 17,7 % (12 % chez les hommes contre 28,1 % chez les femmes) ; alors qu'en milieu rural, il est évalué à 33,4 % (23,6 % chez les hommes contre 53 % chez les femmes), selon les résultats du RGPHAE de 2013. Cette disparité de la répartition du taux de chômage est également notée entre les régions. Celle de Matam indique le taux de chômage le plus élevé du pays (54,2 %). Dans cette région, le taux de chômage est de 38,9 % pour les hommes contre 78,1 % chez les femmes.

Malgré toutes les difficultés notées, c'est dans la région de Dakar que l'on observe le taux de chômage le plus faible (14,9 %, avec 9,7 % chez les hommes et 24,1 % chez les femmes). Enfin, sur 10 chômeurs, plus de 9 sont à la recherche du premier emploi (92,9 %). Dakar concentre 55 % du PIB et plus de 80 % de l'activité économique du pays. D'où l'importance de l'exode des jeunes ruraux vers les centres urbains[15], à la recherche d'un travail plus ou moins décent. Ces derniers sont parfois livrés à eux-mêmes et finissent par tomber dans la délinquance à défaut de trouver leur voie dans le secteur informel comme marchands ambulants.

---

[14] DIOP D., (2012), 280 p.
[15] Par exemple, chaque année, la population de Dakar croît entre 80 000 et 120 000 personnes supplémentaires, dont une bonne partie est constituée de jeunes ruraux.

I. 2. LE SENTIMENT D'INSÉCURITÉ : MYTHE OU RÉALITÉ

Au Sénégal, les problèmes de sécurité prennent, de façon spectaculaire, une importance croissante, parce qu'il existe une corrélation certaine, entre le développement de la société et sa vulnérabilité. Cette évolution est, en effet, due comme dans tout pays qui aspire au développement, à la complexité des structures de toutes natures, à la multiplication des automatismes, à l'augmentation de la dimension des entreprises, à l'insécurité réelle, à l'effritement de la valeur des biens, et, au total, à une accumulation générale des risques, à laquelle s'ajoute le problème du chômage.

En fait, l'homme a l'impression d'être menacé dans tous les secteurs, que ce soit chez lui ou dans la rue. C'est pour cette raison qu'il est possible d'affirmer que l'insécurité ou, ce qui est le plus frustrant, le sentiment d'insécurité, a atteint une intensité qui donne naissance à un nouveau phénomène de libéralisation de la sécurité. Cette « insécurité » qui est normale pour toute société développée s'est généralisée inconsciemment dans les villes, même si elle ne présente pas une réalité mesurable au Sénégal[16].

La plupart des habitants de notre planète préfèrent vivre dans les villes[17]. C'est dans les pays les moins développés que les villes se développent le plus rapidement et de manière anarchique. Le manque de ressources et la progression rapide de ce développement ne laissent pas de place à la planification si chère aux urbanistes et aux aménagistes. Alors qu'autrefois, l'urbanisme était un phénomène physique des pays les plus avancés, aujourd'hui, c'est dans tous les pays du monde que se créent les mégalopoles[18]. Les processus de croissance ne peuvent pas être contrôlés, car ils se font par prolifération naturelle plutôt que par immigration[19]. C'est dans les grandes villes que le scénario d'une économie viable se développe aujourd'hui à travers la production, la formation, la recherche et le développement. Une commune d'administration exige la décentralisation du pouvoir et des fonctions de l'État par rapport à des territoires dépourvus de ressources et de potentiels importants. Des

---

[16] NIANG P. K., (2013). « Conceptualisation de la Gouvernance sécuritaire de proximité », Dakar, hôtel *Terrou bi*, 15 et 16 mars.
[17] Selon l'ONU-HABITAT, depuis 2008, la majorité de la population mondiale vit dans les centres urbains, aujourd'hui ce taux dépasse les 52 %.
[18] Forum européen pour la sécurité (1996), *Sécurité et Démocratie. Sécu-Cité*, p. 13 et suite.
[19] *Idem.*

territoires où il serait possible de mobiliser et de promouvoir la participation des citoyens à la prise de décision. Il faut une autorité décentralisée efficace et efficiente, et des citoyens jouant un rôle d'acteurs pour promouvoir, participer et contrôler les activités de base.

Quelles que soient la définition et la taille de la ville, le défi est de construire ou de reconstruire des systèmes, moyens ou petits, intégrés, capables de promouvoir une multiplicité de liens, d'identité, d'appartenance sans lesquels les individus risquent de se perdre, avec comme résultat un coût humain et social incommensurable[20]. Il n'existe pas de système sécuritaire parfait, encore moins de modèle standard à adapter à la complexité des défis du moment. Il nous faut apprendre à raisonner en fonction de système et à circuler entre systèmes.

Notre formation de criminologue, marquée par la pluridisciplinarité de cette science, nous permet également d'utiliser toutes les approches qui sont à notre disposition pour proposer des réponses acceptables au phénomène criminel. Par ailleurs, notre qualité de praticien du droit a facilité l'approche juridique du phénomène tout au long de cette réflexion.

Le Sommet des villes à Vancouver de mars 1996 avait déjà indiqué, dans son document préparatoire, « Une politique urbaine saine doit permettre d'assurer la sécurité de l'environnement urbain auquel participe et contribue la communauté ». Il ressort de ce sommet la résolution finale ci-après :

1) La sécurité et la santé sont les indicateurs clés de la qualité de la vie des centres urbains dans la perspective d'un développement durable, de la vitalité civique et des droits des personnes.

2) La délinquance et les crimes violents sont le résultat du peu d'attention que l'on prête aux situations qui produisent la délinquance ; par exemple, celles qui touchent les femmes, les enfants et la famille. Les Institutions qui, à l'échelle de la communauté, peuvent apporter un remède à ces situations doivent être au centre des politiques de prévention de la délinquance. Celle-ci exige des efforts de collaboration de ceux qui sont responsables des politiques du travail, du logement, des services sociaux, des écoles, des services de Police, de la Gendarmerie et de la Justice afin de faire face aux situations à l'origine de la criminalité.

---

[20] Forum européen pour la sécurité, (1996), p. 13 et suite, *op. cit.*

3) Un meilleur accès à l'assistance technique afin de développer des organisations et des actions préventives de plus grande envergure.

4) Une meilleure formation des administrateurs, des professionnels du secteur de la prévention et de la police.

5) Un développement d'instruments d'évaluation plus précis pour mesurer la viabilité et l'efficacité des mesures de prévention[21].

La participation communautaire dans la prévention et la lutte contre la délinquance a toujours fait l'objet de recommandations fortes mais sans qu'elles ne soient mises en application de manière effective. Le Sénégal s'est inscrit dans cette dynamique, car la Gouvernance sécuritaire de proximité met le citoyen au service de la sécurité et conséquemment à travers cette démarche, crée de l'emploi en réponse aux phénomènes criminels.

Malgré les efforts considérables qui ont été consentis, au Sénégal, dans le domaine de la sécurité, il était indispensable de définir une nouvelle stratégie de sécurité en faisant appel à tous les acteurs concernés par le phénomène. L'article 7 de la Constitution consacre la sacralité et l'inviolabilité de la personne humaine. À ce titre, l'une des premières missions qui incombent à l'État est d'assurer la sécurité des personnes et des biens sur l'ensemble du territoire national.

La Police nationale et la Gendarmerie nationale sont chargées, chacune dans son domaine de compétence, de faire respecter les règles de droit qui ont pour but de garantir les libertés publiques et la tranquillité des citoyens. Elles agissent sous la responsabilité des autorités administratives territoriales et des Procureurs de la République dans leurs ressorts respectifs. Ces actions sécuritaires, à la fois préventives et répressives, sont déterminées par les autorités policières.

Cependant, le fait que la sécurité soit exclusivement une affaire de l'État suscite des débats continus. Les autres acteurs (collectivités locales, familles, éducateurs et enseignants, associations du monde rural, mouvements associatifs en général, chefs religieux et coutumiers, etc.), bien que concernés au premier chef par la question sécuritaire, étaient moins impliqués dans la prévention et la lutte contre la délinquance. Aussi l'instauration d'une sécurité de proximité répondant aux attentes et aux besoins de la population, fondée sur une connaissance réelle du phénomène, s'avère-t-elle nécessaire. Le

---

[21] Extrait de la résolution du Sommet des villes à Vancouver (Canada) de mars 1996.

processus d'acquisition de cette connaissance passe naturellement par des Contrats locaux de sécurité qui doivent être mis en place par un réseau de spécialistes des politiques de sécurité et du domaine social. Par ailleurs, le désengagement déjà effectif à l'égard des Polices municipales impose une reconsidération des pouvoirs de police du maire, et ce, conformément aux articles 118 à 127 de la loi n° 2013-10 du 28 décembre 2013 portant Code général des collectivités locales.

Enfin, parallèlement à la Police nationale et à la Gendarmerie nationale, une offre privée de sécurité est apparue ces dernières années dans notre pays, avec les sociétés privées de gardiennage et les groupes de vigilance des quartiers. Ce qui risque de générer des « Polices parallèles », ce qui pourrait constituer un danger pour la réputation des forces régaliennes et porter atteinte au respect des libertés individuelles et collectives de nos concitoyens. Quelles que soient ces réalités sociologiques et la diversité des acteurs, on ne doit jamais perdre de vue que l'efficacité d'une Police républicaine dans le domaine de la répression dépend de son degré de centralisation, de sa formation et de sa spécialisation que seul l'État doit assumer dans le cadre de son pouvoir régalien à travers la Police d'État et la Gendarmerie nationale[22].

Néanmoins, tenant compte de la nouvelle donne sécuritaire dans les pays modernes, tout acteur devrait trouver sa place dans le dispositif de régulation sociale, à travers la prévention, à condition que les mécanismes de fonctionnement soient organisés et contrôlés par l'État. WEBER, dans son ouvrage *Le savant et le politique*, est revenu sur sa thèse pour dire que « cette monopolisation de la violence légitime pourrait être déléguée à condition qu'elle soit encadrée par l'État »[23]. Il est important de souligner que le manque d'effectif de la Police nationale et de la Gendarmerie nationale ne permet plus de répondre aux préoccupations du pays en matière de sécurité. C'est pourquoi la définition d'une nouvelle stratégie de « Gouvernance sécuritaire de proximité » est indispensable pour prendre en charge les besoins de sécurité sur tout le territoire national, notamment la protection des personnes et des biens (vol de bétail, salubrité publique, violence dans les stades, sécurité touristique, sécurité dans les marchés, etc.) ainsi que les incivilités.

---

[22] NIANG P. K. (2013). Résolution de *Terrou bi, op. cit.*
[23] *Le savant et le Politique*, 1959 (édition 1963), *op. cit.*

La préoccupation de l'auteur s'inscrit dans les directives données par le Chef de l'État lors des Conseils des ministres indiqués plus haut. L'orientation retenue est de concevoir une nouvelle politique sécuritaire articulée autour de Comités départementaux de prévention et de lutte contre la délinquance (CDPLD) qui devront s'appuyer sur des Contrats locaux de sécurité (CLS) ainsi que la mise en place d'une Agence nationale de la sécurité de proximité.

En effet, le président de la République accorde une attention particulière à la sécurité des personnes et des biens. Il l'a renouvelé encore lors du Conseil des ministres tenu le jeudi 12 mars 2015, en insistant sur « l'impératif de préserver la tranquillité des citoyens, quel que soit leur lieu de résidence, devant la recrudescence de l'insécurité et de la délinquance ». Ainsi, il a instruit le « Gouvernement de déployer tous les moyens requis pour faire face à ces fléaux, notamment dans les zones urbaines et périurbaines, à travers le renforcement du maillage sécuritaire du pays ».

Si la perception de l'insécurité est en hausse au sein de la population, la criminalité baisse-t-elle vraiment ? En effet, selon les autorités policières, la criminalité au Sénégal est dans les limites du « soutenable »[24]. Certes, en comparant les chiffres d'année en année, on constate une baisse de la criminalité. Mais, on dispose de peu de chiffres sur la délinquance au Sénégal. Le déficit en statistiques policières et judiciaires est réel et lorsqu'elles existent, elles sont généralement anciennes, incomplètes et disparates[25]. Enfin, la partie la plus importante de la délinquance poursuivie devant les tribunaux est une délinquance de flagrant délit, ce qui laisse entrevoir qu'une partie très significative des délits n'arrive jamais à la police ni à l'appareil judiciaire[26].

De plus, le chiffre noir de la criminalité n'est jamais pris en compte, faute de mécanisme de quantification, alors que cette partie des données statistiques est importante pour déterminer la situation réelle du phénomène criminel.

Selon les statistiques de la Police en 1999[27], 25 000 personnes étaient poursuivies au Sénégal pour des crimes ou des délits, soit 2,5

---

[24] Selon le Commissaire Alioune NDIAYE, porte-parole de la Police nationale, lors d'un point de presse tenu le 18 mai 2011 à Dakar.
[25] SANSFACON D., (2004), cité par DIOP D., (2014).
[26] *Idem.*
[27] Forum sénégalais sur la sécurité urbaine, 1998.

pour 1 000 habitants. 76 % de la population délinquante avaient entre 20 et 44 ans, tranche d'âge qui ne représentait pourtant que 27 % de la population totale du pays ; 3,25 % des délinquants avaient moins de 18 ans, alors que cette tranche d'âge représente 58 % de la population. De même, si 9 délinquants sur 10 étaient des hommes, en revanche, dans la tranche d'âge des 15 à 19 ans, les filles étaient plus nombreuses, soit 11,1 % contre 7,9 % pour les garçons[28]. Pour ce qui est de la localisation géographique de la délinquance, elle était principalement urbaine et se concentrait dans certaines régions, dont près de la moitié, à Dakar. Pour ce qui est des principales formes de délinquance, les infractions contre les biens venaient en tête avec 43 % des actes, ensuite contre la paix publique 31 %. Enfin, les délits contre les personnes représentaient 17,8 % du total des actes de délinquance notés pendant l'année 1999[29].

Pour 2007, 121 crimes avaient été constatés par la Gendarmerie[30]. En 2008, ce chiffre passe à 77 dont 38 meurtres, soit une baisse de 36 %. Cette baisse a été également notée pour les délits. En 2007, ils étaient chiffrés à 8 682 contre 7 185 en 2008, soit une baisse de 17 %[31]. De même, les statistiques de la Police constatent une tendance baissière dans les agressions et les vols (17,69 %), et les cambriolages (30,14 %) entre 2011 et 2012[32]. Avec ce constat, selon les autorités policières, « le Sénégal reste un pays sécurisé, malgré l'absence de moyens »[33]. Toujours, selon elles, « la recrudescence de la violence n'est pas liée à un problème d'insécurité mais plutôt aux rapports heurtés entre les individus »[34]. Enfin, le problème de l'insécurité dans le pays n'est pas un phénomène stable. Ainsi, « ce n'est pas un problème qu'on peut régler en un tour de main. Il évolue selon les

---

[28] En 2007, l'effectif total des enfants pris en charge par l'Éducation surveillée s'élevait à 6 624 individus. Parmi eux, 1009 mineurs étaient en conflit avec la loi, soit 15 %, tandis que ceux qui étaient en danger, représentaient 85 % des effectifs. Parmi les enfants qui étaient en conflit avec la loi, les filles représentaient 14 %, selon le Rapport final des ministères de la Famille et de la Justice, 2011, *op. cit.*
[29] Forum sénégalais sur la sécurité urbaine, 1998, *op. cit.*
[30] Par crime il faut comprendre le terme générique pour qualifier les meurtres, les infanticides et les homicides.
[31] Selon le Commandant Daouda DIOP, chargé de la communication de la Gendarmerie nationale, lors d'une conférence de presse en juin 2009 à Dakar.
[32] Selon Mamadou Ibrahima LÔ, Directeur de cabinet du ministre de l'Intérieur, lors de la cérémonie protocolaire de présentation de vœux au ministre de l'Intérieur, le général Pathé SECK, par le personnel dudit ministère, le mercredi 30 janvier 2013 à Dakar.
[33] Selon le Commandant Daouda DIOP, *op. cit.*
[34] Selon le Commissaire Alioune NDIAYE, *op. cit.*

situations économiques ou politiques »[35]. Néanmoins, malgré leurs assurances, face aux diverses manifestations de la délinquance, le sentiment d'insécurité se développe au sein de la population et en dépit des efforts consentis par les forces de défense et de sécurité.

Pourtant, l'ensemble de ces perceptions ne reflète pas la réalité. Le phénomène criminel ne peut être mesuré qu'à partir de la connaissance empirique ou issue de l'expérience, des statistiques recueillies au niveau de la Police et de la Gendarmerie, mais aussi, et surtout, d'une étude scientifique prenant en compte ces différents éléments et du chiffre noir ou criminalité cachée. Ce dernier élément ne pouvant être obtenu qu'à partir d'une enquête de victimisation ou d'auto-confection nécessitant une démarche sociologique. La seule connaissance issue de l'expérience ne suffit pas pour appréhender le phénomène. Selon Gaston BACHELARD, le familier n'est pas forcément connu.

En définitive, le sentiment d'insécurité devient une réalité quand il est mesuré scientifiquement. Cependant, il devient un simple mythe, donc une construction psychologique lorsqu'il relève d'une simple appréhension.

I.3. DU SENTIMENT D'INSÉCURITÉ AUX INCIVILITÉS

Aux différentes infractions relevées au Sénégal, on peut ajouter celles liées aux règles d'hygiène et de salubrité. Boire son café et jeter, sans souci, son gobelet dans la rue ; entreposer ses ordures n'importe et/ou sans souci des voisins ou des maladies que cela pourrait engendrer, sont devenus des actes banals de la vie quotidienne des Sénégalais. On urine dans la rue sans pour autant en prendre conscience. C'est ainsi que la rue et les espaces publics sont devenus des dépotoirs d'ordures de toute sorte.

Selon le rapport 2014 du Service d'Hygiène, rien que pour le département de Dakar, quelque 6585 infractions ont été relevées pour une amende de 33,55 millions de FCFA ; 10 personnes ont été arrêtées et présentées au Procureur de la République pour divers délits, comme le dépôt de gravats, d'ordures ménagères, de ferraille ou d'épaves sur la voie publique.

Les concessionnaires chargés du ramassage des ordures sont parfois plus animés par la logique de profit que celle de service public.

---

[35] DIOP D., (2014), *op. cit.*

Il semblerait que la loi du plus fort règne dans ce domaine. Certains concessionnaires abusent parfois du système de pesage en collectant dans le domaine privé pour rentabiliser la journée. Également, ceux qui disposent de gros moyens franchissent leurs secteurs pour aller ramasser dans celui réservé aux plus faibles, selon Moussa TINE[36]. En vue de restaurer le caractère de service public dans ce domaine, Moussa TINE entend mettre en place un système de géolocalisation qui apportera une réponse appropriée aux abus et assurera une protection aux concessionnaires de faibles moyens. Nous encourageons cette initiative, car l'efficacité et la pérennité de tout système dépendent des mécanismes de contrôle qui l'accompagnent.

Les efforts consacrés à la lutte contre la grande criminalité, notamment les homicides, les vols organisés et les agressions font que certains actes, pourtant antisociaux, sont laissés aujourd'hui impunis parfois même banalisés. Les forces de sécurité et de défense consacrent leurs énergies aux faits les plus graves. Les incivilités constituent des actes moins graves qui alimentent le sentiment d'insécurité. On a peur pour soi et pour ses proches sans pour autant avoir la certitude de la motivation de cette peur. Les incivilités sont un ensemble de faits qui augmentent l'insécurité et modifient la perception qu'ont les gens de leurs institutions policières.

Elles remettent en cause le commun vouloir de vie commune, avant que des choses plus graves ne se produisent. Ce sont des choses considérées comme peu graves et peu condamnables par la population, car elles ne nuisent pas à l'intégrité physique. Les incivilités modifient le comportement des gens vis-à-vis de leurs concitoyens et constituent un frein à la promotion des valeurs civiques indispensables au développement d'un pays.

Les études sociologiques montrent que la fréquence des incivilités a une incidence sur la peur, sur les comportements d'évitement et sur la sécurité. Elles se traduisent également par une augmentation de la défiance vis-à-vis des institutions publiques (Justice, Police, Gendarmerie, l'administration locale, institutions sociales…). Cette méfiance éloigne les citoyens de leurs institutions. Ceux-ci portent de moins en moins plainte en tant que victimes et ils sont également moins enclins à porter témoignage sur des actes qu'ils considèrent,

---

[36] Selon le Directeur général de l'entente CADAK-CAR, invité de la 2STV, le 16 mai 2015.

eux-mêmes, comme de petits vols[37]. La vie sociale du quartier se modifie progressivement, car chacun développe ses propres systèmes de protection et de défense, faute de bénéficier d'une protection de l'État. Ce dernier peut-il s'occuper de ces incivilités ?

En 1970, en France, la gauche pensait que la Police permettait l'exploitation capitaliste. Aujourd'hui, elle pense qu'il est juste que chacun ait la sécurité[38]. La demande de sécurité des citoyens est considérée comme légitime. Si la gauche s'est fortement appuyée sur la Police de proximité, en revanche, la droite a développé une politique répressive pour lutter contre l'insécurité.

Le Sénégal, après avoir développé la Police de proximité, exercée à la fois par la Police nationale et la Gendarmerie nationale, a fait entrer en jeu un nouvel acteur qu'est le citoyen. C'est en cela que les Assistants à la sécurité de proximité (ASP) constituent une innovation majeure pour apporter une réponse aux incivilités. Par exemple, pour un jeune, le fait de sortir d'une soirée et d'entrer dans une maison, la nuit, pour soustraire frauduleusement une chèvre, n'est pas considéré comme un vol mais simplement « faire du Seguin » qui retrace une histoire de chèvre apprise à l'école primaire et appartenant à un Monsieur du nom de « Seguin ». Les individus conscients sont tous responsables des incivilités. La prise de conscience collective et la volonté de « vivre ensemble » doivent nous guider à se débarrasser ou à limiter les incivilités. On ne doit plus déplacer le problème sur les acteurs régaliens de la sécurité, car ces derniers doivent s'occuper de la grande criminalité qui demande plus de moyens humains, matériels et financiers. Quand les incivilités se développent, c'est que tout le monde y contribue. Nous pouvons même dire que ceux qui commettent les actes et ceux qui les tolèrent contribuent au même titre à son développement.

La tâche de la Police devient difficile, car elle doit lutter contre la criminalité objective et en même temps prévenir les facteurs subjectifs qui construisent la représentation de l'insécurité dans un univers complexe d'émotion où domine la peur ou le sentiment de peur.

Dans son approche, la sécurité de proximité « sénégalaisement » conçue est en adéquation avec le degré d'émancipation démocratique du pays. La sécurité de proximité n'a de raison d'être que dans une

---

[37] Forum Européen, Conférence internationale sur le thème « Les Polices de Proximité : Sécurité et Démocratie », tenue à Lisbonne les 14 et 15 décembre 1998.
[38] *Idem.*

société ouverte, à l'intérieur de laquelle le pouvoir politique assure le lien de proximité avec les citoyens qui l'ont élu.

Contrairement à la police de proximité, mode opératoire policier de surcroît assuré par la Police et la Gendarmerie, la Sécurité de proximité est exercée entièrement par les citoyens. Ces derniers ont l'avantage d'être mieux outillés pour lutter contre les incivilités, car celles-ci sont générées par eux-mêmes. Alors que la Police de proximité consiste à demander aux policiers de s'approcher de ceux qui ne veulent pas se laisser approcher. Pour le citoyen, on ne doit se rapprocher de la Police que si l'on a des problèmes, sinon, c'est un rapport de méfiance vis-à-vis d'elle.

La sécurité de proximité a alors un sens dans un pays où les incivilités se développent. Elle constitue le seul moyen de rapprochement des acteurs régaliens des populations qui sont, elles-mêmes, parties prenantes du dispositif sécuritaire. C'est la sécurité participative et inclusive qui constitue la locomotive de la sécurité de proximité.

Toutefois, la Police de proximité ne doit pas être abandonnée, elle n'a d'efficacité que si elle encadre la sécurité de proximité. Cependant, il ne faut pas perdre de vue que la Police de proximité, fondée sur l'îlotage et la patrouille, n'est pas trop valorisée par les policiers, car elle n'est pas quantifiable, contrairement aux activités répressives policières qui sont souvent mises en valeur par la presse et la publication des statistiques. Cette manière de considérer les choses est une erreur, car une bonne prévention entraîne l'économie de moyens et permet d'éviter la production du mal.

I. 4. DES INCIVILITÉS À LA DÉVIANCE

Les comportements individuels ont un caractère social. Les individus entretiennent des relations sociales entre eux et ils font partie de groupes sociaux plus ou moins importants. Il faut des normes de vie commune à l'ensemble du groupe. Ces règles de vie en société appelées aussi normes sociales s'adossent à un ensemble de valeurs propres aux groupes. Les valeurs sont formalisées et orientent nos conduites. La liberté, l'égalité, l'honnêteté, la probité sont des valeurs sociétales auxquelles les sociétés accordent une très grande importance. Ces normes peuvent être formelles, c'est-à-dire sous forme de réglementations, ou informelles, sans réglementation écrite[39]. Les individus doivent s'y conformer sous peine de sanctions par le groupe ou la société.

La déviance se définit alors par rapport à la violation des normes sociales. Sa prévention demande un contrôle social qui désigne l'ensemble des processus par lesquels les membres d'un groupe entraînent les acteurs sociaux à respecter et à produire les modèles de comportements conformes aux valeurs et aux normes en vigueur. La déviance correspond donc à un comportement jugé non conforme aux normes sociales d'un groupe, à un moment donné et qui s'accompagne de sanctions. En revanche, la variance concerne les conduites qui interprètent la norme et qui sont tolérées (phénomène check down avec les jeunes, par exemple).

La délinquance ne représente qu'un aspect de la déviance qui se définit comme un comportement déviant vis-à-vis de la loi, réprimée par l'application des sanctions formelles négatives. Le domaine des normes sociales est donc bien plus large que celui des normes juridiques. Toutes les normes juridiques (crimes, délits, contraventions) ne sont pas des normes sociales. En revanche, les incivilités sont des actes qui dérangent la vie quotidienne et portent atteinte aux valeurs civiques. Certaines sont sanctionnées par la loi sous la forme de contravention par le tribunal de Police (tapage nocturne, non-respect du passage piéton...). D'autres ne sont pas du domaine de la loi, mais relèvent du simple respect dû aux autres (sonnerie du portable dans les lieux de culte ou en réunion...).

L'implantation de boîtes de nuits, de bistros et d'auberges dans les quartiers, induit des facteurs criminogènes : la débauche, la circulation de la drogue, la nuisance sonore, etc. Les familles, et particulièrement les enfants, jusque-là épargnés des effets pervers de ces milieux, se trouvent ainsi exposés à tous les risques de déviance. À cela s'ajoute le phénomène des piscines *party* et autres soirées *party* qui échappent au contrôle des parents souvent désarmés face à ces fléaux. Il importe d'assainir ces quartiers et de donner des moyens à la brigade des mineurs afin d'interdire l'accès des jeunes à ces milieux et de normaliser la vente de boisson alcoolisée. La question des enfants dans la rue mérite aussi une attention particulière compte tenu de son impact sur la délinquance juvénile.

---

[39] Selon Émile Durkheim.

En conclusion, le phénomène criminel recouvre non seulement la délinquance, mais aussi la déviance et les incivilités. La politique criminelle d'un État doit prendre en charge tous ces aspects de la délinquance en leur apportant les réponses adéquates. Cette prise en charge doit se faire par la resocialisation qui est un moyen par lequel un individu apprend et intériorise, tout au long de sa vie, les normes et les valeurs en vigueur dans la société. Si l'individu est bien régulé, il a intériorisé les normes et les valeurs de la société. Il va adopter un comportement conforme par un simple contrôle social interne. Le contrôle social externe fait intervenir la Justice, la Police, etc.[40].

I. 5. DE LA PETITE DÉLINQUANCE AUX RÉSEAUX MAFIEUX

Si en délinquance, le Sénégal est l'un des pays d'Afrique qui a le plus faible taux d'actes violents, celle-ci est, cependant, en constante évolution. Les vols, agressions, arnaques et cambriolages sont devenus un fléau généralisé. Il n'épargne plus aucun secteur et s'accroît de manière exponentielle. Les agressions prennent de plus en plus d'ampleur aussi bien dans les centres urbains que dans les banlieues, alors que les braquages armés, les vols de bétails commencent à inquiéter les populations en milieu rural. De même, les meurtres crapuleux et le viol de petites filles envahissent, de plus en plus, le quotidien des populations. Les agressions se font désormais en plein jour et les auteurs sont le plus souvent jeunes, avec une moyenne d'âge entre 15 et 35 ans. Ils opèrent soit en bandes soit en solo pour commettre leurs forfaits[41].

La grande délinquance, symbolisée ces dernières années par des braquages armés et le trafic de drogues dures en provenance d'Amérique latine et de certains pays limitrophes, prend aussi, de plus en plus, ses marques dans le pays. Les prisons sénégalaises regorgent de ressortissants étrangers. Selon les récents chiffres, ces derniers sont au nombre de 3 156 pour 62 nationalités, soit 8,75 % des pensionnaires[42]. L'accroissement de la violence urbaine et l'incapacité de l'État à endiguer le phénomène semblent être la voie toute tracée à l'infiltration de réseaux mafieux et criminels.

En effet, depuis quelques années déjà, le Sénégal est dans le viseur des cartels de drogue. La criminalisation du trafic de drogue au

---

[40] Contribution Boubacar SONKO (ASP) 1ère promotion.
[41] DIOP D., (2014), *op. cit.*
[42] Selon le Rapport 2014 de l'Administration pénitentiaire.

Sénégal, la *loi* dite « *Latif GUEYE* » ne décourage pas les trafiquants qui ont fini par faire de Dakar leur point de rencontre. Par sa situation géographique, le Sénégal est devenu une importante plaque tournante du trafic de la drogue en Afrique occidentale, comme en attestent les importantes saisies faites par les Forces de défense et de sécurité, ces dernières années[43].

Les délinquants qui peuplent les prisons sénégalaises sont répartis en plusieurs groupes, mais les crimes liés aux stupéfiants sont plus nombreux. Si la plupart des condamnations ne concernent que l'usage et la vente de *yamba* (cannabis)[44], le nombre de trafiquants d'héroïne et de cocaïne a connu une croissance exponentielle ces dernières années[45]. En outre, le nombre de Sénégalais incarcérés pour viols, agressions, pédophilie ou homosexualité tend également à s'accroître. Les détenus pour vol, escroquerie, abus de confiance ou détournement de fonds constituent, quant à eux, un bon tiers de la population carcérale du pays. En 2007, le vol simple constituait l'infraction la plus fréquemment commise par les mineurs et représentait 56,1 % des causes d'arrestation, suivie des coups et blessures volontaires (12,0 %) et les vols aggravés (10,1 %). Le taux chez les enfants en conflit avec la loi était de 21 % des effectifs à Dakar, juste après la région de Diourbel qui présentait le plus grand taux, avec 22 %[46].

Il faut, cependant, noter qu'une grande partie des pensionnaires des prisons sénégalaises est en détention préventive donc en attente de jugement. En effet, beaucoup de détenus attendent des années en prisons avant de passer devant un juge pour être déclarés coupables ou

---

[43] La saisie record de drogue dure en juin 2007 par la Gendarmerie de Mbour portant sur 2,4 tonnes de cocaïne dans le secteur de Nianing, une station balnéaire au sud de Dakar avec l'arrestation de trois Sud-américains à savoir un Vénézuélien, un Colombien et un Équatorien. La même année, selon les informations fournies par les Douanes lors de la Conférence internationale sur la toxicomanie prévue du 14 au 16 février 2008 à l'UCAD II, 5 176 kg de drogue ont été saisis, toutes catégories confondues. Par ailleurs en 2008, les douanes britanniques avaient mis la main sur un cargo contenant 168 kg de cocaïne dans le port de Tilbury en provenance du Sénégal.

[44] 25,6 % des détenus dans les prisons sénégalaises le sont pour délit de détention, d'usage ou de trafic de drogue.

[45] Les saisies de drogue ont doublé au Sénégal, passant de 11,3 tonnes en 2013 à 23 tonnes, en 2014. Par ailleurs, pendant que le nombre d'usagers interpellés est en baisse, en revanche le nombre de trafiquants demeure lui constant, selon le Directeur de l'OCRTIS, le Commissaire Mame Seydou NDOUR, lors de l'incinération des 4 tonnes de *Yamba*, 15g d'héroïne et 27g de cocaïne saisis entre le 6 novembre et le 19 mars 2015, le 20 mars 2015, à Dakar.

[46] Rapport final des ministères de la Famille et de la Justice, (2011), intitulé *Cartographie et analyse des systèmes de protection de l'enfance au Sénégal*, 172 p.

non. Or, même si dans les textes une indemnisation est prévue, l'application de celle-ci n'a jamais été effective en cas de non-lieu, de relaxe ou d'acquittement. Ainsi, la prison de Rebeuss, sise au quartier du même nom, en centre-ville de Dakar, est devenue le site d'incarcération le plus peuplé du pays, alors qu'il ne s'agit que d'une maison d'arrêt.

Dans la population carcérale, on dénombre aussi, de plus en plus, de femmes dont une petite partie est incarcérée pour voies de fait. La majorité des détenues, pour la plupart très jeunes, sont en détention pour infanticide. En effet, un nombre inquiétant de jeunes filles en grossesse hors mariage préfèrent donner la mort à leur nouveau-né plutôt que de subir la honte de la famille ou de l'entourage. En 2012, sur les 200 femmes emprisonnées au Sénégal, environ 30 % l'ont été pour infanticide, 18 % pour vol, 20 % pour prostitution sans carnet sanitaire, 18 % pour trafic de drogue et 6 % pour coups et blessures volontaires.

La population carcérale au Sénégal s'élève à 36 028 pensionnaires en 2014, répartis entre 37 établissements pénitentiaires organisés en six districts pénaux, contre 34 617 en 2013, soit une hausse de 1 411 détenus, selon le rapport annuel de l'Administration pénitentiaire. En 2012, elle était chiffrée à 23 700 personnes. En 2014, le nombre des mineurs se trouvant dans les lieux de la prévention se chiffre à 1 781 cas, dont 48 jeunes filles, et celui des femmes à 1 557 détenues, ce qui représente 4,32 % de l'effectif total. En 2011, le budget de l'Administration pénitentiaire tournait autour de 700 FCFA par jour et par détenu, alors que la population carcérale croit de manière considérable chaque année. Le budget de 2015 destiné aux détenus est de 500 millions de FCFA.

Depuis 1863, le Sénégal n'a pas réalisé d'infrastructures pénitentiaires. Toutes les prisons existantes dans le pays datent de l'époque coloniale, comme celle de Saint-Louis, construite en 1863, celle de Rebeuss en 1929 et celle du Camp pénal de liberté VI bâtie en 1944[47]. Le Gouvernement s'est engagé à remédier à cette situation en construisant de nouvelles infrastructures afin de lutter contre cette surpopulation carcérale. Le projet d'une Maison d'arrêt à Sébikotane, à 45 km de Dakar, pour délocaliser la prison de Rebeuss pourrait être

---

[47] NIANG P. K. et LY Ciré Clédor, (2011), pp. 133-352.

un acte salutaire dans ce sens[48]. Car une prison n'est pas seulement un bâtiment pour entasser des prisonniers, c'est aussi un instrument de réadaptation, de rééducation, de formation et de préparation à la réinsertion sociale des détenus[49].

En effet, le surpeuplement et les mauvaises conditions de vie dans les prisons sénégalaises restent un problème majeur. Par exemple, la prison de Rebeuss contenait 1943 détenus à la fin de l'année 2012, bien qu'elle n'ait été conçue que pour 800 personnes. Pour soulager la surpopulation carcérale, le Gouvernement avait accordé la libération conditionnelle à 184 prisonniers condamnés en 2012 et à 684 en 2013. Le président de la République vient de prendre une décision importante tendant à l'humanisation des peines en accordant la grâce présidentielle à 469 détenus (463 remises totales de peine et 6 remises partielles). Mais, au-delà de ces importants efforts, il est nécessaire de penser à une loi d'orientation pénitentiaire visant à réorganiser la prison et à rendre l'univers carcéral plus humanisé. Les détenus doivent être jugés dans un délai raisonnable. À l'image de ceux de certains pays, au Sénégal, le détenu devrait bénéficier automatiquement de la réduction de peine en cas de bonne conduite ou de présentation d'une volonté d'insertion sociale et professionnelle réelle attestée par le travailleur social de la prison.

Dans le même ordre d'idée, il est important d'instaurer des mécanismes de célérité du procès pénal en recrutant des étudiants titulaires de master en droit pour en faire des juges de proximité dans les quartiers où sont installées les Maisons de Justice afin de connaître des affaires mineures. Les magistrats, les commissaires de Police, les officiers supérieurs de la Gendarmerie à la retraite pourraient aussi être sollicités comme juge de proximité pour la médiation. La justice ne sera saisie qu'en cas d'échec de ces médiations.

Notre Justice doit trouver des alternatives à la privation de libertés. En effet, la présomption d'innocence veut que la liberté soit le principe et la détention l'exception. En raison des lenteurs judiciaires et du mécanisme de justice très lourd, les juges sont obligés de placer les personnes en détention préventive. Pour les courtes peines privatives de liberté, il est possible, tout en le confinant chez lui, de faire porter un bracelet électronique au condamné afin de restreindre

---

[48] Le Sénégal a mobilisé 650 millions de FCFA pour la construction de cette nouvelle Maison d'arrêt à Sébikotane.
[49] Selon maître Sidiki Kaba, Garde des Sceaux, Ministre de la Justice.

sa liberté d'aller et de venir. De la même manière, le travail d'intérêt général doit être institué afin que le condamné répare le préjudice causé à la société.

Également, pour éviter une très longue attente des jugements, il serait possible d'instaurer la composition pénale devant le Procureur de la République pour les prévenus qui souhaiteraient faire spontanément une déclaration de culpabilité. C'est un aveu permettant au juge de prononcer une peine négociée devant le Procureur en présence de l'avocat du prévenu. Ce qui éviterait la tenue d'un procès classique.

Au-delà de toutes ces considérations de politique alternative à la détention et de la célérité du procès, une réflexion doit être menée sur le surpeuplement des prisons. La prison est un lieu de privation de liberté mais également d'insertion sociale. Après avoir payé sa peine à la société, le détenu est en droit de réclamer en retour une insertion sociale. Cela sera non seulement bénéfique pour le détenu, mais aussi pour la société qui a l'obligation de prévenir la récidive. Le partenariat public-privé pourrait être aussi exploré afin de rationaliser le coût résultant de la détention. Il est possible d'instaurer une prison à gestion privée, c'est-à-dire construite et gérée par le privé, à charge au pensionnaire de payer ses frais de séjour carcéral. Une telle approche permettrait aux personnes de conditions modestes de bénéficier d'un séjour carcéral correct dans les prisons publiques respectant les droits de l'Homme. En revanche, il est normal que toute personne aisée ayant causé un tort à la société prenne en charge les conséquences financières de sa détention. Étant entendu que le séjour carcéral payant ne devrait pas être imposé au détenu, mais offert sur demande de celui-ci.

Enfin, l'administration de ces prisons resterait toujours du ressort de l'Administration pénitentiaire et les règles de procédures pénales seraient toujours applicables. Il importe de préciser qu'il ne s'agira point d'instaurer des prisons de luxe mais de les adapter aux normes pénitentiaires internationales.

Notre justice est très encombrée par les petites affaires pénales qui devraient être réglées dans les commissariats ou par le délégué de quartier voire faire par la médiation. En matière civile, les procédures de divorce doivent être réformées par l'institution du divorce indifférencié, sans évocation de la faute, prononcé par simple signature de procès-verbal dès la première convocation, si les parties portaient le choix sur une telle procédure. En France, si le juge l'estime, l'enfant est auditionné dans la procédure en vue de recueillir son avis sur le droit de garde et de résidence. Le choix de l'attribution du domicile principal de l'enfant retarde souvent les procédures de divorce. Le Sénégal gagnerait à expérimenter cette possibilité.

En définitive, au Sénégal, l'encombrement des prisons résulte du volume des contentieux, de l'absence d'alternative à la peine et enfin, des mécanismes réels de réduction de la peine en cours d'exécution. En outre, à défaut de la réaction de la justice pénale, les populations préfèrent assurer leur propre sécurité.

I. 6. LA JUSTICE POPULAIRE

L'insécurité a atteint des proportions telles que le sentiment d'insécurité s'est, aujourd'hui, développé dans les pays. En effet, la sécurité des personnes et des biens est devenue une préoccupation majeure des populations. Cette situation fait recourir à la loi du talion œil pour œil dent pour dent et fait revenir les réflexes de la société primitive. En effet, lorsqu'un voleur ou un agresseur est pris en flagrant délit, il prie pour que la Police intervienne rapidement. Sinon, c'est la mort assurée ou tout au mieux le tabassage en règle. Il arrive parfois qu'un voleur soit ligoté ou brulé vif ou balancé en pleine mer en présence des enfants.

La mort qui est un acte grave devient banale pour les enfants dont la capacité d'imitation expose toujours à des excès. Ce n'est pas pour rien que les films contre-nature sont interdits aux mineurs. Par ailleurs, les journaux regorgent de faits divers relatant des vols entre voisins. Par ces pratiques, certes hors-la-loi, les populations tentent donc, par divers moyens, de décourager les délinquants.

I. 7. LA MENACE TERRORISTE

Si en Afrique de l'Ouest, le Sénégal fait exception en stabilité politique, en revanche, comme la plupart des pays de la bande sahélo-saharienne, du Sénégal au Tchad, nul pays n'est à l'abri de la menace terroriste[50]. Les attaques et l'invasion de groupes djihadistes du nord

---

[50] En 2012, les forces de sécurité étaient obligées d'intervenir à Dagana (nord) pour arrêter dix présumés terroristes, membres d'AQMI. Il s'agissait de trois Sénégalais et de sept Mauritaniens. Par ailleurs, en juin 2012, cette organisation terroriste avait également brandi des menaces d'attaques contre le Sénégal. C'était après la décision du chef de l'État d'envoyer des troupes au Mali, dans le cadre de la Mission de la CEDEAO

Mali, ces dernières années, illustrent bien cet état de fait, avec lequel il faut désormais composer. En effet, avec des frontières poreuses, la guerre civile en Libye, suite à la chute du régime du colonel Kadhafi en octobre 2011, on observe une facilité dans la circulation d'armes de guerre dans toute la sous-région. Ce contexte ne fait que renforcer la situation d'insécurité[51].

Ainsi, l'Afrique de l'Ouest est devenue, ces dernières années, une plateforme de conception et de diffusion du terrorisme mondial et, de manière générale, un terrain favorable à la criminalité organisée (trafic de divers ordres)[52]. Cette situation résulte principalement de la pauvreté persistante des populations, des conflits armés récurrents et de l'inadaptation de la réponse sécuritaire apportée jusque-là[53]. Il n'est donc pas étonnant que, depuis quelques années, la partie ouest du continent africain soit une plateforme d'activités hautement dangereuses pour la sécurité des personnes et des biens.

Cette insécurité tend à prendre une dimension sous-régionale, notamment avec les différents conflits qui secouent cette partie du continent depuis plusieurs décennies. En effet, suite aux guerres civiles au Liberia et en Sierra-Léone, dans les années 1990, à l'instabilité politique en Côte d'Ivoire et dans les deux Guinées, depuis le début des années 2000, et aux récents événements survenus au Mali en 2012, c'est toute cette partie du continent qui se trouve désormais prise dans une tourmente sécuritaire[54].

(MICEMA), remplacée plus tard par la Mission multidimensionnelle Intégrée des Nations Unies pour la stabilisation au Mali (MINUSMA). Ainsi, depuis 2013, la France et les États-Unis ont alerté le Sénégal de la menace terroriste qui pèse sur le pays.

[51] Trois individus, un Mauritanien et deux Sénégalais, avaient été arrêtés par la Section de recherche de la Gendarmerie le 20 janvier 2015. Ce qui a permis de mettre la main sur un important lot d'armes à feu de petits calibres qu'ils tentaient d'écouler sur le marché noir.

[52] Récemment un responsable du mouvement djihadiste, Al-Mourabitoune, a annoncé l'allégeance de ce groupe à Daech (l'État islamique). Ce groupe est né en août 2013 de la fusion du MUJAO et des « Signataires par le sang », un groupe de l'Algérien Mokhtar Belmoktar, dissident d'Al Qaïda au Maghreb Islamique. Ce fut le cas aussi pour Boko Haram en mars 2015.

[53] La porosité des frontières favorise l'infiltration de plusieurs djihadistes qui rêvent d'instaurer des cellules terroristes au Sénégal. Par exemple, en janvier 2015, trois Saoudiens et un Soudanais soupçonnés d'appartenir à des réseaux terroristes ont été refoulés à l'aéroport de Dakar. En mars 2015, Ibrahima Ly, un Franco-sénégalais perçu en France comme le cerveau d'un réseau de recrutement de jeunes pour le djihad a été arrêté à Mbour.

[54] Les conflits et rébellions armés et l'instabilité politique dans la sous-région favorisent le trafic et la circulation d'Armes Légères et de Petit Calibre (ALPC) ainsi que des armes de guerre malgré l'existence de différentes législations.

C'est dans ce contexte mouvementé que l'Afrique de l'Ouest est devenue une zone de repli et d'émergence pour de nombreux groupes terroristes. Al-Qaïda au Maghreb Islamique (AQMI), implanté au sud de l'Algérie et au nord du Mali[55], le Mouvement pour l'Unicité et le Jihad en Afrique de l'Ouest (MUJAO), du Mouvement national de libération de l'Azawad (MNLA), le groupe Ansar Dine au nord du Mali, le groupe salafiste Al-Mourabitoune au sud de l'Algérie, en passant par le sud de la Libye et le nord de la Mauritanie et la secte terroriste Boko Haram au Nigeria et dans les pays voisins comme le Cameroun, le Tchad et le Niger, en sont des exemples patents. Par ailleurs, le conflit en Casamance qui perdure depuis 1982 constitue à la fois une source d'insécurité et une préoccupation majeure pour les autorités du pays. Toutefois, le Gouvernement sénégalais et le Mouvement des forces démocratiques de Casamance (MFDC) sont dans les dispositions de négocier pour aller vers une paix définitive.

Les États de la sous-région, avec l'appui de leurs partenaires[56], s'efforcent de développer des mécanismes pour contenir le phénomène. Cependant, l'invasion du nord Mali par les groupes djihadistes en janvier 2012 et les agressions de plus en plus violentes de la secte Boko Haram ont, cependant, fini par mettre en évidence l'extrême fragilité des capacités sécuritaires des États à faire face, seuls, à cette menace de groupes surarmés et idéologiquement déterminés[57]. Cette situation doit conduire le Sénégal à adopter une posture de vigilance et de prévention afin de se prémunir contre cette menace qui, chaque jour, devient préoccupante. Dans ce sens, il devient tout aussi nécessaire d'établir une coopération transfrontalière efficace et une mutualisation des moyens d'action comme confirmé par la CEDEAO.

Malgré ce contexte trouble, la préoccupation de sécurité a toujours été présente chez les décideurs politiques et elle s'est manifestée par des approches nationales développées dans les politiques de sécurité propres à chaque pays, mais aussi au niveau sous-régional, avec pour cadre, les grands ensembles politiques qui unissent les pays de

---

[55] Comme en témoigne les nombreuses prises d'Otages dans la région.
[56] AFRICOM pour les États-Unis et les Opérations *Barkane* après *Serval* au nord Mali, mais aussi le programme RECAMP et le Plan d'action contre le terrorisme (PACT) pour renforcer les capacités du Sénégal à travers un programme de formation pour la France, entre autres.
[57] Voir sur le sujet *Boko Haram. Du problème nigérian à la menace régionale* du Dr Bakary Sambe, (2015). Editions Timbuktu, 125 p.

l'Afrique de l'Ouest et ceux du sahel[58]. Cependant, compte tenu des mutations et de l'importance de la sécurité dans les processus de développement, il est devenu impératif de repenser et d'adapter ces politiques de sécurité aux nouvelles menaces.

En effet, « la menace terroriste et la criminalité transfrontalière représentent non seulement un défi régional, mais aussi continental et ne peut être relevés de façon unilatérale par un seul pays ». Dès lors, « le renforcement de la coopération, le partage, la synergie des actions collectives et concertées et la mutualisation des moyens sont les seuls gages de succès contre ces fléaux des temps modernes »[59].

C'est ainsi que, pour mieux lutter contre la cybercriminalité, le trafic de drogue et l'émigration irrégulière, entre autres, 26 pays africains (regroupant près de 260 millions de personnes) se sont réunis à Dakar, le 3 avril 2008, pour mettre sur pied l'Organisation des Gendarmeries africaines (OGA). Cette institution qui a germé lors d'un colloque tenu à Dakar, en octobre 2001, a pour but de favoriser les échanges d'informations en temps réel pour une meilleure harmonisation et une plus grande interopérabilité des Gendarmeries africaines, notamment la lutte contre la criminalité transfrontalière. À ce titre, elle entend faire face à toutes les formes de délinquance qui se mondialisent et qui, souvent, utilisent des moyens supérieurs à ceux des forces de l'ordre. L'OGA se veut une réponse « adaptée à un monde changeant et en perpétuel renouvellement, une adaptation à une criminalité, chaque jour plus ingénieuse, et une adaptation aux aspirations profondes des populations à plus de liberté et à davantage de sécurité »[60].

Par ailleurs, dans le sillage du Sommet de l'Élysée pour la « Paix et la sécurité en Afrique » tenu les 6 et 7 décembre 2013, à Dakar, un autre sur « Paix et Sécurité » du 14 au 16 décembre 2014. Plusieurs chefs d'État et de gouvernement y ont pris part à côté du Chef de l'État sénégalais, Macky SALL[61]. Plus de 300 participants ont également assisté à cette rencontre placée sous l'égide de l'Union

---

[58] Comme la CEDEAO, l'UEMOA, la CEN-SAD…
[59] Abdoulaye Daouda DIALLO, ministre de l'Intérieur et de la Sécurité publique lors de la 3e revue du PACT en février 2015.
[60] Selon le Général Abdoulaye FALL, ancien Haut Commandant de la Gendarmerie sénégalaise, lors de cette rencontre.
[61] Notamment, les Présidents Ibrahim Boubacar KEITA du Mali, Mohamed Ould ABDEL AZIZ de Mauritanie, Idriss DÉBY du Tchad ainsi que l'ancien Président du Nigeria Olusegun OBASANJO, le ministre Français de la Défense, Jean Yves LE DRYAN, le Président de la Croix Rouge et du Croissant Rouge International.

africaine (UA). Tous ont dénoncé la situation d'insécurité qui règne dans le continent et les perspectives très inquiétantes pour son développement, favorisées notamment par :

- Le stock impressionnant d'armes accaparé à la fin de la guerre en Libye par les djihadistes qui sèment le désordre surtout dans les pays proches ;
- La porosité des frontières offrant aux djihadistes et mouvements terroristes la facilité de les traverser et de nouer des alliances au-delà ;
- La pauvreté et surtout le chômage dans les pays africains et même occidentaux poussant une frange de la jeunesse à rejoindre les rangs des djihadistes afin de trouver meilleure fortune ;
- La circulation et le blanchiment de l'argent sale par des narcotrafiquants en relation avec ces mouvements terroristes permettant à ces derniers de disposer d'armes toujours plus sophistiquées.

Face à tous ces périls, l'Afrique a besoin de solidarité et de mutualisation de ses forces et moyens pour assurer sa stabilité politique et économique. En effet, toutes ces causes aux conséquences incalculables doivent amener les États africains et leurs partenaires à mettre en place des stratégies concertées pour venir rapidement et résolument à bout de ce fléau du 21e siècle. Car aucun État pris à part ne peut faire face à ce nouveau péril. Il faut une alliance ou encore un tandem sécuritaire.

Parmi les actions retenues dans la résolution finale du Sommet de Dakar, il y a, entre autres recommandations :

- Ériger les questions de sécurité en priorité dans le budget des États. Tous les États, surtout ceux d'Afrique, doivent apporter une part importante au budget d'armement de leurs pays ;
- Adapter les méthodes et stratégies de combat des militaires, gendarmes et policiers de ces pays à celles des terroristes ;
- Former des armées nationales fortes et créer des forces sous-régionales sous la supervision de l'UA ;
- Créer des armées régionales fortes, sous la supervision de l'UA ;
- Créer ensuite une armée africaine forte représentée par ces différents démembrements, sous la supervision de l'UA ;

- Mutualiser les forces pour le financement en priorité du fonctionnement de cette armée en armement moderne et en formation diversifiée, adaptée aux changements d'attitudes des djihadistes ;

- Développer des programmes de lutte contre la pauvreté et de réponse au sous-emploi des jeunes pour créer beaucoup plus d'espoir chez les populations en général et les couches les plus vulnérables en particulier, les jeunes surtout.

Le monde de la criminalité évolue plus vite que la technique policière et la technologie.

CHAPITRE 2

LES ACTEURS RÉGALIENS DE LA SÉCURITÉ

II. 1. LA POLICE NATIONALE

II. 1. 1. Bref historique de la Police sénégalaise

Il est fort probable que, tout comme dans les cités antiques, la Police existait bel et bien, sous une forme ou une autre, dans les sociétés sénégalaises précoloniales[62]. Ce fut le cas du rôle joué par le *Jaraaf* dans les sociétés Lébou et Sérère et le *Jagaraaf* chez les Toucouleurs du Fouta. Mais dans sa conception moderne, l'organisation d'un service de Police n'a été instituée qu'avec l'arrêté n° 317 du 15 mai 1878 du Gouverneur général de l'Afrique-Occidentale française (AOF), Brière de l'ISLE qui considérait « qu'il importe, dans l'intérêt d'une bonne administration, d'organiser d'une manière complète et uniforme pour toute la Colonie, la Police locale, et de mettre son personnel plus en rapport avec les besoins du service »[63]. Cet arrêté définissait les diverses formes de la Police en tant que service public et déterminait, pour la première fois au Sénégal, la hiérarchie des fonctionnaires qui devaient exercer la fonction de Police, le rôle de chaque catégorie ainsi que les sites devant accueillir les commissariats de Police[64].

À l'époque, il existait, en tout et pour tout, deux arrondissements de Police. Le premier s'étendait sur la commune de Saint-Louis et sa banlieue et était placé sous l'autorité d'un commissaire assisté d'un commissaire adjoint. Le deuxième arrondissement couvrait la commune de Gorée-Dakar et la ville de Rufisque. Il avait, à sa tête, un commissaire secondé par deux commissaires adjoints dont l'un était à Gorée et l'autre à Rufisque. Quant aux sergents de ville et aux gardes

---

[62] DIOP M., (1999).
[63] Ce bref rappel historique de la Police sénégalaise est extrait du fascicule intitulé « La Police au Sénégal » rédigé par le Bureau d'Études et Méthodes de la Direction de la Police nationale, p. 2, *op. cit*.
[64] Le personnel était composé de : commissaires de Police, commissaires de Police adjoints, sergents de ville, brigadiers et gardes de Police.

de Police, ils étaient autour de cent (100) agents. Un arrêté du Gouverneur général, n° 780 d'août 1906, porta leur nombre à 264 dont 110 hommes à pied et 154 à cheval.

Cette organisation embryonnaire de la Police est restée presque stable jusqu'en 1922, date à laquelle l'arrêté du 10 septembre du Gouverneur général MERLIN institua un Service central de la Police et de la Sûreté générale. Ce service devait assurer tant la Police préventive que répressive sur toute l'étendue de l'Afrique occidentale française. Toutefois, dans les territoires où la nécessité se faisait sentir, un arrêté du Gouverneur général pourrait créer un Service spécial de Police et de Sûreté siégeant au chef-lieu de la Colonie sous l'autorité du Lieutenant-gouverneur. Pour le Sénégal, le Directeur de la Police et de la Sûreté générale était en même temps Chef de la sûreté du Sénégal dont le siège était à Dakar. Il dépendait donc en même temps du Gouverneur général que du Gouverneur du Sénégal.

Cela n'allait pas tarder à compliquer les choses d'autant plus que le même chef de service était encore commissaire central de Dakar. Face à cette situation, les protestations, aussi bien des élus que des personnalités administratives du Sénégal affluèrent sur le bureau du Gouverneur général. Il convient, toutefois, de noter que le Service de sûreté du Sénégal n'était chargé que de la police judiciaire et de la police administrative. La sûreté politique faisait l'objet d'une organisation spéciale, placée sous la direction du chef du Bureau politique ayant ses agents propres et pouvant recruter son personnel hors de la Police officielle (cf. Lettre n° 267/AP adressée au Lieutenant-gouverneur du Sénégal par le Gouverneur-général, Jules CARDE).

Ce système, malgré sa complexité, a, cependant, subsisté jusqu'en 1931. Entre temps, par arrêté du 31 mars 1926, le service de Police spéciale des réseaux de chemin de fer de Dakar à Saint-Louis (D.S.L) et de Thiès au Niger (TN) a été créé. Ce dernier, placé sous l'autorité du directeur de la Police du chemin de fer ainsi que de la recherche des contraventions, délits et crimes, opérait sur toute l'étendue des deux réseaux. Il était assuré par des fonctionnaires de la Police sur le réseau Dakar-Saint-Louis et par des gendarmes sur le réseau Thiès-Niger. Ainsi, comme on peut le constater, ce service était, lui aussi, assez hybride.

Dans ce prolongement, par arrêté du 31 janvier 1931, annulant les textes précédents, le Gouverneur général, Brière de l'ISLE, réorganisa la Police de l'AOF en créant un Service central de sûreté et de Renseignements généraux rattaché à la Direction des affaires politiques. Les attributions de ce service, dont le chef avait le titre de directeur de la Sûreté générale, étaient ainsi fixées :

• Organisation et contrôle des services locaux de Police et de sûreté ;

• Organisation et contrôle de la Police des Chemins de fer ;

• Organisation et contrôle des services locaux de l'émigration et de l'immigration ;

• Régime de l'émigration et de l'immigration ;

• Régime et contrôle des étrangers - expulsions - régime des passeports ;

• Recherche dans l'intérêt des familles ;

• Régime et contrôle de la presse.

En outre, ce service centralisait toutes les informations intéressant l'ordre public et la sûreté politique, ainsi que les dossiers anthropométriques.

Consécutivement à l'arrêté du 31 janvier 1931, six autres arrêtés ont été pris au cours de la même année pour réorganiser les services de Police du Sénégal. Il s'agit de :

• L'arrêté n° 690/A.P du 28 mars 1931 du Gouverneur général instituant à Dakar un service spécial de Police et de sûreté placé sous l'autorité du Gouverneur, administrateur de la circonscription de Dakar et dépendances comme organisé depuis 1924 ;

• L'arrêté n° 1256/A.P du 31 mars 1931 pris par le Gouverneur général portant création, au Sénégal (hors Dakar et dépendances), d'un Service spécial de Police et de sûreté avec siège à Saint-Louis ;

• L'arrêté n° 982/A.P du 30 avril 1931, pris par le Gouverneur général instituant un service spécial de Police et de sûreté, placé sous l'autorité du Gouverneur de la circonscription de Dakar et dépendances, pour le réseau du chemin de fer de Dakar à Saint-Louis et du chemin de fer du Djoloff ;

• L'arrêté n° 983/A.P du 30 avril 1931, pris par le Gouverneur général et créant un service de Police et de sûreté, placé sous l'autorité du Lieutenant-gouverneur du Sénégal pour le réseau de Chemin de fer de Thiès au Niger ;

- L'arrêté n° 992 bis du 22 juin 1931 de l'Administrateur de la circonscription de Dakar et dépendances organisant le service de Police et de sûreté de la circonscription ;

- L'arrêté n° 2637/B.P du 08 décembre 1931 pris par le Lieutenant-gouverneur du Sénégal fixant la répartition des effectifs du service de Police du Sénégal hors Dakar.

Comme on peut le constater, cette organisation policière était assez complexe. Toutefois, la Police sénégalaise ne s'identifiait plus à celle du Gouvernement général, couvrant toute l'AOF. Elle était plutôt découpée en deux entités : celle propre à la circonscription de Dakar et celle hors de Dakar dont chacune avait une compétence sur une partie des réseaux ferroviaires.

Pour ce qui est de la Police de Dakar, elle comportait :

- Une section de la Police municipale et une autre de la Police administrative ;

- Une Police spéciale du port, la Police de l'émigration et de l'immigration ;

- Un service spécial du Chemin de fer qui couvrait, outre la ville de Dakar, les secteurs de la Médina, de Gorée, de Ouakam et de Thiaroye.

Comme personnel, le Chef de service avait, à sa disposition, 5 commissaires de Police, 17 inspecteurs, 2 dactylographes, 5 écrivains, 2 chauffeurs et 147 brigadiers et gardes.

Hors de Dakar, on retrouvait des commissaires de Police à Saint-Louis, Rufisque, Thiès, Kaolack, Ziguinchor, Diourbel et Louga. Dans les autres communes du territoire, la police devait être assurée par les militaires de la Gendarmerie ayant sous leurs ordres des agents de Police (75 agents pour 9 communes). L'effectif total du personnel de Police dans la colonie du Sénégal se chiffrait à 7 commissaires, 6 inspecteurs, 9 gendarmes et 275 agents de Police.

Ensuite, l'arrêté n° 1441/A.P du 21 juin 1933 fusionne les deux services spéciaux de la Police du Chemin de fer et les place, sans intermédiaire, sous la responsabilité du Directeur de la sûreté générale. Les chefs des sûretés de Dakar et de Saint-Louis n'avaient plus compétence dans l'enceinte ferroviaire.

Ainsi constituée, la Police du Sénégal allait, tant bien que mal, poursuivre son action difficile jusqu'en 1941. La Seconde Guerre mondiale qui avait débuté en 1939 faisait rage en Europe, ce qui rendait les liaisons difficiles entre la métropole et les colonies. Le Gouverneur général, Pierre BOISSON (1940-1943), prit alors l'arrêté n° 3124/D.S du 03 septembre 1941, par lequel il remania une nouvelle fois l'organisation de la Police du Sénégal. Il institua ainsi la Direction de la sûreté générale de l'Afrique-Occidentale française ; une innovation de taille due aux circonstances ; l'ensemble des services de Police devait désormais dépendre directement du service central. Les relations des chefs locaux de sûreté avec les responsables du commandement aux divers échelons territoriaux devenaient ainsi de pure forme ou de courtoisie plutôt que hiérarchique.

Dans son rapport de présentation du projet de l'arrêté de réorganisation des services de Police, LEFÈVRE, Directeur de la sûreté générale, écrivait : « les événements, depuis les hostilités, ont fait apparaître que les services de Police et de sûreté, tels qu'ils ont été organisés par l'arrêté du 30 janvier 1931, gagneraient à être adaptés à leurs obligations actuelles. (...) La nécessité de liaisons directes et rapides entre le Service central et les Sûretés locales, l'application des directives données et principalement la surveillance de leur exécution obligent le Haut-commissariat à mieux avoir en main les services de sécurité et à suivre directement leurs activités sur les territoires dont il a la garde. »

Une autre innovation a été opérée dans cette réorganisation ; une Brigade Inter-coloniale de sûreté chargée des missions et des enquêtes jugées nécessaires sur toute l'étendue des territoires de l'AOF a été instituée. L'effort de centralisation était donc manifeste, d'autant plus qu'il était prévu que tous les fonctionnaires et agents ayant des attributions de Police générale (commandants de cercle et chefs de subdivision notamment) devaient fournir sous le timbre « Sûreté » toutes les informations intéressant l'ordre public ou la sûreté du territoire.

À l'échelle du Sénégal, il est institué, par ailleurs, par l'arrêté n° 547/SU du 24 février 1942, une Brigade mobile de sûreté (BMS) divisée en quatre secteurs. Le premier, celui de Saint-Louis, couvrait les cercles du Bas-Sénégal, de Louga, de Linguère, de Podor et de Matam ; le second, de Thiès, couvrait les cercles de Thiès et de Diourbel ; le troisième, de Kaolack, prenait en charge les cercles de Foundiougne, de Kaolack, de Tambacounda et de Kédougou ; enfin le quatrième, de Ziguinchor avait la charge des cercles de Ziguinchor et de Kolda. Quant à la Police de Dakar, réorganisée par arrêté n° 1346/D.S du 03 avril 1943, elle ne comportait pas de Brigade mobile. La capitale fédérale était placée sous la responsabilité de la Brigade internationale de sûreté.

Les années qui suivirent la fin des hostilités n'ont pas vu beaucoup de changements dans l'architecture des services de Police. Cependant, c'est en 1945 qu'on a commencé à s'intéresser à l'amélioration des conditions de carrière du personnel africain, notamment avec la création du cadre des assistants de Police. En 1948, la plupart de ces assistants de Police étaient nommés dans le cadre commun secondaire des inspecteurs-adjoints de Police, ce dernier sera transformé en cadre commun supérieur par l'arrêté du 09 septembre 1950 et en corps des inspecteurs en 1956.

Par ailleurs, en 1947/1948, un commissariat spécial de l'aéroport de Yoff fut créé et le Service de sécurité publique fut réorganisé en six arrondissements dépendant du commissariat central de Dakar. Selon les autorités, ces mesures étaient indispensables, car d'une part, l'aéroport de Yoff était en passe de devenir de classe internationale et le nombre de passagers en partance ou en transit ne cessait d'augmenter. D'autre part, l'agglomération dakaroise ne cessait de s'étendre[65]. Ainsi, il devenait essentiel de surveiller tous les quartiers de la ville, chose impossible à partir du seul commissariat central qui existait précédemment. La refonte des services de Police se posait alors comme une nécessité.

Avec la Constitution du 27 octobre 1946, l'Empire était devenu l'Union française, et les sujets étaient devenus maintenant des citoyens de la République. Aussi, les élus d'outre-mer se manifestaient, tant au niveau des territoires qu'au niveau des assemblées françaises, par d'intenses activités politiques pour mieux sensibiliser les autorités sur les situations vécues par les populations indigènes dans les colonies. Il fallait donc que la Police fût capable d'endiguer les mouvements de masse nés de ces manifestations politiques tout en évitant des émeutes ou des répressions brutales.

L'arrêté n° 4613/P du 13 octobre 1948 du Gouverneur général institua une Direction générale de l'Intérieur en regroupant les activités de la Direction des affaires politiques, de la Direction du personnel et de la Direction de la Sûreté générale. Celle-ci sera très

---

[65] Création de la Médina 1915 et Pikine Dagoudane par l'arrêté du 23 avril 1952 et son intégration à l'agglomération à partir de 1953.

rapidement remplacée par une Inspection générale des Services de sécurité, instituée par arrêté n° 1558 bis/P du 23 mars 1949. En même temps qu'il organisait, de manière plus appropriée les services centraux de la Police, ce texte « rendait la liberté » aux Sûretés locales dont les chefs n'étaient plus, en principe, subordonnés à l'Inspecteur général que sur le plan technique et ne devaient dépendre, sur les autres plans, que du Chef du territoire. Dans la colonie du Sénégal, le chef local de la Sûreté devait avoir, sous son autorité, l'ensemble des services de Police du territoire, y compris ceux de Dakar. C'est dans ce contexte que le Gouverneur du Sénégal a pris l'arrêté no 4313/CP réorganisant les services de Police et de Sûreté.

Cet arrêté prévoyait :

• L'installation, à Saint-Louis, d'un service de Police du Sénégal contrôlant et coordonnant, sous l'autorité du Gouverneur, l'action sur tout le territoire des diverses branches de la Police. Il dirigeait personnellement le service des Renseignements généraux et de la surveillance du territoire.

• Le maintien des commissariats de Saint-Louis ; Thiès ; Kaolack ; Ziguinchor ; Diourbel ; Louga et Tambacounda ;

• L'ouverture de commissariats à Podor ; Matam ; Tivaouane ;

• Le fonctionnement des Brigades mobiles de police judiciaire et de Renseignements généraux à Saint-Louis (pour les cercles du Bas-Sénégal ; de Linguère et de Louga) ; à Thiès (pour le cercle de Thiès), à Kaolack (pour les cercles de Kaolack ; Diourbel ; Tambacounda et Kédougou), à Ziguinchor (pour toute la Casamance) ; et à Matam (pour les cercles de Bakel, Matam, Podor) ;

• Le fonctionnement du service de Police spéciale du Dakar-Niger, avec siège à Thiès et comprenant trois commissariats spéciaux de gares (Dakar, Thiès, Guinguinéo), chargé de la Police des gares, des voies ferrées et de leurs annexes ainsi que de la surveillance et de la Sûreté de la circulation dans les trains.

Un Chef de la sûreté responsable des communes de Dakar et de Rufisque et des territoires de la Délégation fut installé à Dakar, ayant sous son autorité :

• Une section de police judiciaire ;

• Une section de Renseignements généraux ;

• Un commissariat aux délégations judiciaires ;

- Un commissariat spécial au port et à l'aéroport ;
- Un commissariat central à Dakar et six commissariats d'arrondissements ;
- Un commissariat à Rufisque.

Les mêmes attributions ont été dévolues à son collègue de Saint-Louis au nord. Les années qui suivirent ont vu l'ouverture d'un commissariat à Tivaouane dans le cercle de Thiès et la création d'un septième arrondissement de sécurité publique à Dakar à Dagoudane (Pikine). En revanche, celui de Podor n'avait jamais vu le jour, alors que celui de Matam a été fermé, quelques mois après son ouverture. Par la suite, par l'arrêté n°69/APA du 7 janvier 1957, des commissariats de sûreté publique et de police urbaine ont été érigés à Kébémer, Mékhé, Mbour, Fatick, Gossas, Foundiougne, Guinguinéo, Mbacké, Bambey, Khombole et Kolda. Toutefois, ces entités n'ont jamais été dotées de personnel.

Si peu de changements ont été notés dans la structuration de la Police sénégalaise, en revanche, elle a vu, en revanche, ses activités accroître au fur et à mesure que la Direction des services de sécurité (nouvelle appellation depuis 1951 de l'Inspection générale) prenait de l'importance avec notamment la création de la Division du contrôle de l'immigration et des frontières dont la mission était de rechercher les grands trafics et de centraliser les renseignements intéressant la sécurité extérieure.

En 1957, dans les institutions découlant de la mise en place de la Loi-Cadre du 23 juin 1956, on notait d'une part, les services d'État relevant du Chef du territoire et d'autre part, les services territoriaux. Cependant, cette scission était illusoire, car les mêmes fonctionnaires exécutaient les mêmes tâches et dépendaient du même chef, le Chef de territoire.

Enfin, après le référendum du 28 septembre 1958, le Sénégal, en tant qu'entité autonome, commençait à avoir le visage qu'on lui connaît aujourd'hui. Jusqu'à la proclamation de l'indépendance de la Fédération du Mali, le 4 avril 1960[66], ce fut le Haut-Commissaire du Sénégal qui assurait la sécurité extérieure du pays et il accordait, avec l'aval du Ministère de l'Intérieur, les visas d'entrée et de séjour au Sénégal. Tandis que l'École de Police, et la police des Chemins de fer

---

[66] Formée par le Soudan (actuel Mali) et le Sénégal.

dépendaient du Gouvernement fédéral, et ceci jusqu'au 20 août 1960, date de l'éclatement de la Fédération du Mali.

C'est dans cette continuité qu'intervient le décret no 60-296 du 1er septembre 1960. Ce décret regroupe tous les services de Police au sein de la Direction de la sûreté nationale (DSN) placée sous l'autorité du ministre de l'Intérieur. Par la suite, les services de la DSN seront renforcés par la réforme du 1er mars 1969 qui circonscrit les missions de la Police nationale. Ainsi, le matériel et les installations de la garde républicaine[67], de même que le personnel non officier ont été intégrés dans le corps des gardiens de la paix.

II.1.2. Organisation et fonctionnement de la Police sénégalaise

C'est le décret n° 69-1361 du 6 décembre 1969 qui fixe, pour la première fois, l'organisation de la Sûreté nationale dans le Sénégal post-indépendance[68]. Auparavant, la loi n° 66-07 du 18 janvier 1966 fixait le statut du personnel des forces de Police. Le décret de 1969 régularise la structuration instituée en 1949, mettant ainsi fin à la situation anarchique qui régnait. Si le décret du 6 décembre 1969 est venu combler un vide juridique, très vite, on s'est rendu compte que l'organisation mise en place ne répondait pas aux impératifs d'une Police moderne apte à faire face aux situations de plus en plus complexes et délicates.

Après un constat des carences et des manquements dans le dispositif, l'arrêté no 9390/M.INT/CAB.5 du 31 juillet 1971 pris par le ministre de l'Intérieur, en application des articles 7 et 9 du décret n°71-877 du 30 juillet 1971, réorganise le département ainsi que la Police nationale. L'article 7 dudit décret établit les attributs de la Direction de la Sûreté nationale (DSN) comme suit :

• Maintien de l'ordre et exécution des règlements de Police générale, municipale ou rurale, plus spécialement dans les agglomérations urbaines ;

• Recherche et constatations aux lois pénales conformément au Code de procédure pénale ;

---

[67] Qui avait succédé à la Garde territoriale en 1960 appellation donnée en 1958 aux anciens gardes de cercles du Sénégal créé par le décret du 18 octobre 1904.
[68] Fascicule intitulé « La Police au Sénégal » rédigé par le Bureau d'Études et Méthodes de la Direction de la Police nationale, *op. cit.*

- Recherche de renseignements généraux ;
- Lutte contre la subversion et les ingérences nuisibles à la sécurité publique ;
- Surveillance des frontières, contrôle de la circulation des personnes et police des étrangers ;
- Contrôle de l'importation et du commerce des armes et minutions ;
- Assistances aux autorités administratives locales.

Après cette réforme, plusieurs autres textes interviendront pour l'organisation du service de la Police nationale, notamment :

- Le décret n° 78-148 du 13 février 1978 fixant les modalités d'application de la loi 66-07 du 18 janvier 1966 relative au statut du personnel des forces de la Police ;
- Le décret no 89-558 du 16 mai 1989 portant respectivement et abrogeant des articles du décret no 78-148 du 13 février 1978 modifié fixant les modalités d'application de la loi 66-07 du 18 janvier 1966 relative au statut du personnel des forces de la Police ;
- Le décret n° 2005-1259 du 26 décembre 2005 abrogeant et remplaçant l'alinéa 2 de l'article 115 du n° 78-148 du 13 février 1978 fixant les modalités d'application de la loi 66-07 du 18 janvier 1966 relative au statut du personnel des forces de la Police ;
- Le décret n° 2008-1442 du 12 décembre 2008 relative au statut du personnel de la Police nationale faisant suite au projet de loi n°2008-66 ;
- Le décret n° 2009-490 du 28 mai 2009 fixant les modalités d'application de la loi n° 2009-18 du 9 mars 2009 relative au statut du personnel de la Police nationale et qui a été abrogé par la loi n° 66-07 du 18 janvier 1966 devenue inadaptée aux exigences de bonne gouvernance, de modernité et d'équité, selon le rapport de présentation.

Toutefois, depuis la réforme de 1990, les missions de la Police nationale ont été réorganisées comme suit :

- Protection des personnes et des biens ;
- Garantie des libertés, de la paix et de la tranquillité publiques, et défense des institutions de la République ;
- Maintien et rétablissement de l'ordre public ;

• Lutte contre la délinquance, le grand banditisme, la criminalité transnationale organisée, le terrorisme ;

• Recherche et constatations des infractions à la loi pénale, et mise en œuvre des moyens propres à leur répression, conformément au Code pénal et au Code de procédure pénale ;

• Surveillance du territoire national, information des Autorités sur la situation politique, économique et sociale ;

• Contrôle aux frontières, sécurité et sûreté aux ports et aéroports ;

• Application de la législation relative aux conditions d'entrée, de séjour et d'établissement des étrangers au Sénégal ;

• Établissement de titres de voyage ;

• Concours à l'exécution de missions diplomatiques et consulaires et au sein d'organismes internationaux ;

• Mise en œuvre participative du concept de sécurité humaine.

Actuellement, la Direction générale de la Police nationale (DGPN) comprend dix directions[69] :

• La Direction de la surveillance du territoire (DST) ;

• La Direction de la police judiciaire (DPJ) ;

• La Direction de la Sûreté publique (DSP) ;

• La Direction de la Police de l'air et des frontières (DPAF) ;

• La Direction de la police des Étrangers et des titres de voyages (DPETV) ;

• La Direction de l'école nationale de la Police et de la formation permanente (DENPFP) ;

• La Direction des personnels ;

• La Direction du budget et des matériels (DBM) ;

• La Direction de l'Office central de répression du trafic illicite des stupéfiants (OCRTIS) ;

• La Direction du Groupement mobile d'intervention (DGMI).

Pour la poursuite de la mise en place d'une police de proximité, plusieurs polices de quartier ont été instituées, ces dernières années. En vue d'un bon maillage du territoire national, il est prévu la construction de 51 hôtels de Police. De même, dans la reconfiguration

---

[69] La Direction de l'automatisation des fichiers (DAF) est rattachée au cabinet du ministre.

des forces de l'ordre, pour mieux s'adapter au contexte, le Groupement d'intervention rapide (GIR), mis en veilleuse depuis longtemps a été réactivé pour renforcer la sécurité dans la capitale. Pour la première fois de son histoire, la Direction générale la Police nationale (DGPN), est dirigée par une femme, Anna Sémou FAYE qui, dès son arrivée, a fixé comme objectif de « permettre à la Police de rester debout » face à la recrudescence des agressions. En outre, depuis le 6 février 2014, la Police dispose d'un Centre de veille opérationnel (CVOP). Comme outil d'alerte et de veille pour aider à la prise de décision, le CVOP sert à la coordination de l'action de l'ensemble des permanences des services opérationnels dans un flux continu. La nouvelle Directrice générale tient beaucoup à la qualité de la formation du personnel des forces de Police. Lors d'une rencontre, alors Directrice de la police judiciaire, elle disait : « mon seul souhait, c'est d'aller à l'École de Police pour développer la politique de formation et pourtant certains de mes collègues considèrent ce poste comme une contrainte ».

Au Sénégal, comme partout ailleurs, l'avènement de la société de l'information a favorisé l'apparition d'une nouvelle forme de criminalité appelée cybercriminalité. Ce phénomène a également relancé la question de la sécurisation des personnes et des biens. Face à cette problématique, le Sénégal a entrepris, dès 2005, un vaste chantier de réformes du cadre juridique des technologies de l'information et de la communication. Ces initiatives ont donné naissance à plusieurs textes dont la loi n° 2008-611 du 25 janvier 2008 portant répression de la cybercriminalité et les infractions liées aux technologies de l'information et des télécommunications comme la pornographie infantile et l'atteinte aux données informatisées[70].

Ces initiatives ont également été traduites par la mise en place effective de la Brigade spéciale de lutte contre la cybercriminalité logée au sein de la Division des investigations criminelles (DIC) de la DPJ qui constitue le bureau national de l'Organisation internationale de la Police criminelle (OIPC–Interpol). Cette Brigade s'est spécialisée dans la recherche, l'analyse et la conservation de preuves électroniques. Le Sénégal a été même félicité par ses partenaires pour les efforts consentis afin de rendre plus efficaces les forces de sécurité.

---

[70] Le Forum Africain sur la Protection des Données Personnelles (FA/PDP) s'est tenu récemment à Dakar du 18 au 20 mai 2015 dont le thème portait sur : « Comprendre les enjeux et savoir protéger les données personnelles en Afrique ».

Parallèlement, le pays s'est mis au diapason de la lutte contre les nouveaux défis en matière de sécurité. Par exemple, au cours de l'année 2014, la Police a élucidé des affaires d'escroqueries par Internet associées à une séquestration d'étrangers. Le Sénégal a aussi introduit des modules sur la cybercriminalité dans la formation des magistrats et des officiers de police judiciaire. Ainsi, le leadership du Sénégal dans ce domaine dans la sous-région ouest-africaine lui a valu d'être choisi parmi les pays prioritaires pour accueillir le projet GACY (*Global Action against Cybercriminality*) initié par le Conseil européen[71]. Par ailleurs, le Sénégal s'est engagé à adhérer et à ratifier les instruments juridiques pertinents en cyber-sécurité, notamment la Convention de Budapest sur la cybercriminalité, la Convention africaine sur la cyber-sécurité et la convention no 108 du 28 janvier 1981 pour la protection des personnes à l'égard du traitement automatisé des données à caractère personnel[72].

Le statut du personnel de Police est fixé par la loi n° 66-07 du 18 janvier 1966, modifiée ou complétée à plusieurs reprises, notamment par le décret no 71-761 du 21 juin 1971. Toutefois, diverses catégories de personnels servent dans la Police nationale, notamment :

• Les membres des cinq corps hiérarchisés[73] constituant le personnel des forces de Police ;

• Les fonctionnaires de l'Administration générale et des agents non titulaires spécialisés dans certaines disciplines administratives ou techniques ;

• Des officiers et sous-officiers des Forces armées placés en position hors-cadres auprès du ministère de l'Intérieur.

Les personnels des deux dernières catégories gardent leur statut d'origine. Ils peuvent, cependant, être commissionnés dans des emplois de Police. Certaines règles disciplinaires leur sont alors applicables comme pour les agents de Police.

Enfin, la Police nationale joue un rôle important dans la recherche et la répression des infractions liées à l'usage et à la consommation de drogues et divers stupéfiants. Dans la lutte contre la grande criminalité, la Police sénégalaise met en synergie l'ensemble de ses

---

[71] Yaya Abdoul KANE, ministre des Postes et des Télécommunications, in *Le Soleil* du vendredi 17 avril 2015, p. 16.
[72] *Idem.*
[73] Les commissaires de Police, les officiers de Police, les officiers de la paix, les inspecteurs de Police et les gardiens de la paix.

composantes opérationnelles. Les actions conduites par l'OCRTIS ont permis l'arrestation de 84 personnes et la saisie de 1180 kg de chanvre indien, 22 képas d'héroïne, 236 grammes de haschich et 2687 comprimés vendus illicitement en 2014. Quant aux services de la Direction de la Sécurité publique (DSP), ils ont eux aussi mené la lutte contre le trafic, la détention et l'usage de stupéfiants. Ce qui a permis l'arrestation de 2771 personnes et la saisie de 2478 kg, 778 cornets, 793 joints et 76 paquets de chanvre indien ; 160 képas d'héroïne, 70,03 grammes de cocaïne et 12,15 grammes de haschich. Dans ce même registre, la Direction de la police judiciaire a arrêté 70 usagers et trafiquants et saisi 48 kg, 282 cornets et 20 joints de chanvre indien[74].

II. 1. 3. Insuffisance et contraintes de ses moyens d'action

Malgré les efforts entrepris, ces dernières années, par les autorités pour renforcer les effectifs des forces de l'ordre[75], notamment avec le recrutement d'auxiliaires de Police et de Gendarmerie[76], leur nombre reste encore en deçà des normes de sécurité urbaine. Pour la Police qui représente la première force de sécurité en milieu urbain, la norme internationale est de 1 policier pour 1000 habitants en temps normal et de 1 policier pour 500 habitants en temps de troubles. Or, au Sénégal, on est encore très loin de cette norme.

Il faut, cependant, noter que les choses sont en train d'évoluer. En effet, si le ratio était de 1 policier pour 3 500 habitants en 2009[77], en 2014, il est passé à 1 policier pour 1426 habitants et il sera de 1 pour 1221 en 2015, avec les recrutements projetés[78]. Ce qui se rapproche de la norme universelle. Selon le ministre de l'Intérieur et de la Sécurité

---

[74] Les données présentées ici proviennent du Rapport d'Activités 2014 du ministère de l'Intérieur et de la Sécurité publique, pp. 13 à 20.

[75] Le budget du ministère de l'Intérieur et de la Sécurité publique est chiffré en 2015 à 65 029 191 600 de FCFA contre 57 381 109 000 de FCFA en 2014, soit une hausse de 7 648 082 600 de FCFA, en valeur absolue et 13,33 % en valeur relative, dont 44 773 191 000 de FCFA pour le fonctionnement et 19 036 000 000 de FCFA pour l'investissement, selon Abdoulaye Daouda DIALLO, ministre de l'Intérieur et de la Sécurité publique, in *L'Observateur* n° 3299 du vendredi 19 septembre 2014.

[76] En 2010 par exemple, 600 élèves policiers avaient été recrutés pour rajeunir le corps qui vieillissait, après plusieurs années de *statu quo*, alors que chaque année, près d'une centaine d'agents part à la retraite.

[77] Selon Cheikh Tidiane SY, ministre de l'Intérieur, lors de son passage devant le Sénat, le 25 février 2009. À Grand Yoff, par exemple, ce ratio est de 1 policier pour plus 20 000 habitants.

[78] Ces ratios sont calculés sur la base des chiffres du dernier recensement de la population de 2013.

publique, Abdoulaye Daouda DIALLO, le renforcement des effectifs par les recrutements opérés en 2014 et les autorisations accordées pour l'année 2015, permettront de combler le déficit en personnel suite aux nombreux départs à la retraite.

II. 1. 4. Les moments troubles de la Police sénégalaise

Une histoire sans précédent a secoué la Police sénégalaise lorsque le 28 avril 1987, l'Assemblée nationale a adopté la loi n° 87-14 par laquelle tous les personnels des forces de Police ont été radiés. Cette mesure qui concernait 6 265 agents a eu des conséquences dramatiques pour les familles et avait créé un dysfonctionnement majeur dans l'organisation de la sécurité du pays. La Gendarmerie devait prendre, seule, en charge la sécurité des personnes et des biens sur toute l'étendue du territoire national.

Le conflit qui a déclenché cette crise policière est né de « l'affaire Baba NDIAYE », un jeune commerçant arrêté la nuit du 30 au 31 janvier 1983 par la Police pour recel de biens. D'après les allégations de sa famille, sa mort en garde à vue dans les locaux du Commissariat central de Dakar serait occasionnée par les tortures que lui auraient infligées les policiers. Après une procédure judiciaire intentée par la famille, les policiers impliqués dans cette affaire ont été condamnés par le Tribunal correctionnel de Dakar, le 7 avril 1987. Malgré l'appel interjeté par l'agent judiciaire de l'État pour calmer le mécontentement des policiers, ces derniers avaient fait circuler, dans la nuit du 10 au 11 avril, des tracts critiquant la décision judiciaire.

Dans la matinée du 13 avril, après un regroupement devant le Commissariat central, certains policiers avaient réussi à marcher jusqu'au Ministère de l'Intérieur malgré l'interdiction qui leur avait été notifiée. Le Capitaine Abdoulaye FALL, adjoint au Commandant de la compagnie de Gendarmerie de Dakar, avait fort heureusement réussi à détourner, vers l'Assemblée nationale, l'escadron de la LGI déployé sur place pour canaliser les manifestants. Le 14 avril, les policiers manifestants empruntèrent des artères de la capitale et se positionnèrent face aux forces de la Gendarmerie mobile qui avaient reçu des instructions fermes de s'opposer, par tous les moyens, à la marche vers le Palais de la République.

À Thiès, le même jour, deux compagnies du Groupement mobile d'intervention (GMI) attaquent le Tribunal, évacuent les magistrats et le public, saccagent des locaux et détruisent documents, tables et chaises ainsi que portes et fenêtres. D'après certains témoins, un avocat et un greffier avaient même été molestés[79].

Ce sont ces événements malheureux qui allaient aboutir à la radiation de presque tout le corps policier du pays avec le vote de la loi n° 87-14 du 28 avril 1987. Le régime du Président Abdou Diouf a été marqué par la radiation de l'ensemble du corps de la Police sénégalaise. Le dossier était géré au plus haut sommet par le Secrétaire général de la Présidence de la République, Jean COLLIN, alors puissant ministre d'État.

Cette crise fut traitée de manière froide avec comme conséquence immédiate le limogeage de Ibrahima WONE, ministre de l'Intérieur, de Amsata SALL, Directeur général de la sûreté nationale (DGSN), de Sadibou NDIAYE, Directeur de la sécurité publique (DSP), de Gabriel Ndar FAYE, Directeur de la sûreté de l'État et de Cheikh Tidiane KANE, commissaire central de Dakar.

L'heure était grave et les menaces qui pesaient sur la stabilité du régime ainsi que sur l'intégrité nationale ne laissaient aucune marge de manœuvre au Président Abdou DIOUF contraint de saisir l'Assemblée nationale pour le vote et l'application de la mesure de radiation de l'ensemble des personnels de Police. Le ministre d'État Jean COLLIN convoqua, à Dakar, tous les commissaires de Police du pays et les dessaisit de leurs responsabilités qu'il confia aux gendarmes. Les différents directeurs du Ministère de l'Intérieur furent remerciés et Jean COLLIN eut alors les coudées franches pour assurer l'intérim du département ministériel, cumulativement avec ses fonctions de ministre d'État. Dans la foulée, El hadji Malick BA, alors Gouverneur de la région de Thiès fut nommé Directeur général de la sûreté nationale, le Commissaire Cheikhna SAMASSA, en fonction au Secrétariat général de la Présidence de la République, hérita de la Direction de la sûreté de l'État et le Général Lamine CISSE de la Direction de la sécurité publique. Ce dernier, marqua son passage à la Police par deux faits inédits : l'un lorsqu'il prit, comme Directeur de la sécurité publique, la décision d'incinérer, désormais, la drogue saisie par les Forces de Police et l'autre, en sa qualité de ministre de l'Intérieur, lorsqu'il demanda au Président DIOUF d'appeler son adversaire, maître Abdoulaye WADE, pour le féliciter de sa victoire, à l'issue de l'élection présidentielle de 2000.

---

[79] In *Le Soleil* du 16 et 15 avril 1987, p. 3.

Cet épisode de la radiation a été douloureusement vécu par les policiers, surtout avec la disparition inattendue de l'un des leurs, en l'occurrence le Commissaire Sadibou NDIAYE, Directeur de la Sécurité publique, victime, selon l'enquête de la Gendarmerie, d'un accident de voiture survenu sur les hauteurs des mamelles de Dakar.

Cette radiation a causé beaucoup de difficultés aux policiers qui ont connu, pour la plupart, des drames familiaux avec comme conséquences des ménages brisés, des enfants abandonnés à eux-mêmes, des espoirs déçus, des troubles du comportement, pour ne citer que ces cas de détresse. Bien des années après, l'État du Sénégal consentit à reprendre quelques-uns des policiers radiés avec l'avènement de la Police municipale. Ce n'est qu'en 2011, que le Président Abdoulaye WADE fit voter la loi de réadmission des policiers radiés dans la Police nationale. Cette mesure ne concernera que deux cents (200) agents encore en activité sur le millier de policiers radiés.

Avec la radiation généralisée, certains soupçonnaient « une manière de débarrasser la Police des intellectuels qui gênaient le pouvoir ». Il faut retenir que la Direction générale a toujours été dirigée par un administrateur civil. Le premier Directeur de la sûreté nationale fut Leity NIANG qui a occupé ce poste de 1960 à décembre 1962. C'est de 1981 à 1983 qu'un commissaire de police, Mactar DIALLO, en assura l'intérim. Il cédera sa place à El Hadji DIEYE, un autre administrateur civil jusqu'en mai 1986. Le premier Directeur général de la sûreté nationale, commissaire de Police, fut Amadou Moustapha SARR dit « Toto » nommé en 1996. Depuis lors, les commissaires se sont succédé à la tête de la Direction jusqu'au mois d'août 2001. En juin 2005, Chékhou CISSE, administrateur civil, prendra la Direction de la sûreté nationale. Il fut le dernier administrateur civil à occuper ce poste.

La Police connut son premier Inspecteur général en 2000, en la personne du Commissaire divisionnaire de classe exceptionnelle, Codé MBENGUE, rang que lui confère son poste de Directeur général de la Sûreté nationale. Il sera remplacé à ce poste par le Commissaire divisionnaire de classe exceptionnelle, Anna Sémou FAYE, devenue, en outre, Inspectrice générale depuis sa nomination à la tête de la sûreté nationale.

La Police sénégalaise a jusque-là compté, dans ses rangs, deux Inspecteurs généraux et il n'y a jamais eu de nomination pour les postes de Contrôleurs généraux qui avaient pourtant été créés dans le nouveau statut de la Police. Devant être des Gradés hors-classe, les commissaires pourtant remplissant les conditions requises n'ont jamais été nommés. Il est alors temps de régulariser cette situation pour que les aspirants puissent atteindre ce grade avant d'aller à la retraite.

II. 2. LA GENDARMERIE NATIONALE

II. 2. 1. Bref historique de la Gendarmerie nationale

Dans le dispositif sécuritaire du pays, la Gendarmerie occupe un maillon central. En effet, cette force militaire, dédiée à la sécurité publique, est au cœur du dispositif de sécurité intérieure. Son organisation et ses modes d'action lui confèrent une posture centrale, grâce à la combinaison de sa « militarité » aux capacités de police, le « continuum » entre la période normale et le temps de crise, voire de guerre. Elle participe activement au maintien du bon ordre et de la paix dans le pays[80]. En outre, son implantation territoriale, le « continuum territorial » en reprenant la belle formule du Général français, Vartin AUGUARD, ses moyens d'intervention matériels et humains, lui permettent d'être à cheval entre les forces de Police, les Armées et la Justice. La Gendarmerie contribue au bon fonctionnement de la police judiciaire, car, dans cette mission, elle est sous la responsabilité du Procureur de la République.

L'histoire de la Gendarmerie sénégalaise est étroitement liée à celle de sa Garde rouge née au XIVe siècle sur les rivages de la Méditerranée. Pour assurer sa protection et la cohésion de ses armées, Amurat 1er, Prince et Guerrier Ottaman (1319-1389), crée un corps de cavaliers qu'il baptisa *Spahis*, qui signifie en Turc ou Persan « Cavalier du matin ». Entraînés et bien armés, les *spahis* confirment leur réputation de redoutables guerriers sur tout le pourtour de la Méditerranée et en Afrique du Nord.

Au XVIe siècle, ils assoient le pouvoir des *Beys* d'Alger et deviennent les gardiens de la tradition équestre militaire turque. Après la défaite des *Beys*, le 5 juillet 1830, les autorités françaises, en charge du territoire algérien, intègrent peu à peu ces guerriers à leurs bataillons d'éclaireurs. Elles reprennent le concept des cavaliers *spahis* dans leur armée, et permettent ainsi à ces guerriers de perpétuer

---

[80] Colonel SADY S., (2011), *op. cit.*

leur art. C'est ainsi qu'est née la « cavalerie indigène », qui portera successivement les noms de : « Escadron Mamelouk » ; « Chasseurs d'Afrique » puis « Chasseurs *Spahis* ». Un escadron spécial de *Spahis* est détaché à Saint-Louis du Sénégal où il arrive le 26 janvier 1843 en provenance d'Algérie pour régler les différends entre les tribus le long du fleuve Sénégal. Ce qui allait donner naissance aux premiers *Spahis* sénégalais (ancêtres des gardes rouges). Par la suite, l'Amiral Louis Éduard Comte BOUET WILLAUMEZ, alors Gouverneur de la colonie du Sénégal, proposa l'affectation de gendarmes en provenance de la métropole. Ces derniers arrivèrent au Sénégal en 1954 et furent mutés aux postes de Gorée et de Saint-Louis. La fusion, en 1928, après dissolution de l'escadron des *Spahis*, donna naissance à la Gendarmerie sénégalaise[81]. Auparavant, les *Spahis* prirent part également à tous les combats de la conquête coloniale, du Sénégal au Soudan (Mali), en passant par la Mauritanie, et dans des expéditions, jusqu'au Dahomey (Bénin). Ils prirent le nom de « Garde coloniale », puis celui de « Garde sénégalaise » lors de l'indépendance du pays.

La Gendarmerie est également une unité de parade et d'escorte. L'escadron de *Spahis* du Sénégal a été pendant longtemps la meilleure troupe indigène. « La force noire », selon le Lieutenant-colonel MANGIN en 1910. Le Sénégal se dotera, par la suite, de quatre escadrons de cavaliers. En 1928, l'escadron de *Spahis* se transforme en escadron monté de la Gendarmerie coloniale du Sénégal. En 1960, à l'indépendance, elle devient Garde présidentielle sous le nom de Garde rouge de Dakar.

La Gendarmerie nationale sénégalaise a tiré son héritage de son homologue français dont les origines remontent au XIIIe siècle. Les compétences de cette dernière furent étendues par l'ordonnance du 20 janvier 1514 et par la déclaration du 25 janvier 1536. Mais c'est la déclaration de 1536 qui constitua l'acte fondateur de la Gendarmerie française, notamment le caractère mixte de son service entre Armées et Police. À la fin de l'Ancien régime, la Maréchaussée était parfaitement organisée. Après la Révolution en 1790, l'institution prendra désormais l'appellation de Gendarmerie nationale et elle aura comme mission exclusive d'assurer le maintien de l'ordre et l'exécution des lois. Ce fut l'objet de la loi du 16 février 1791 qui

---

[81] Général Abdoulaye FALL, Haut Commandant de la Gendarmerie et Directeur de la Justice militaire, pp. 82-83 dans *Les insignes militaires françaises et sénégalaises au Sénégal*.

constitue, encore, la charte fondamentale de l'Armée française. Ces lois ont été suivies de plusieurs textes d'application en particulier, les décrets du 20 mai 1903 pour le service de la Gendarmerie et celui du 10 septembre 1935 relatif à son organisation. Après l'accession à l'indépendance en 1960, ces dispositions seront adaptées à la Gendarmerie sénégalaise notamment par :

• Le décret no 63-316 du 17 mai 1963, premier décret organique de la Gendarmerie sénégalaise ;

• Le décret n° 74-571 du 13 juin 1974, qui abroge et remplace le décret de 1963, organisant et réaménageant le statut de la Gendarmerie. Désormais, un Officier général prendra le commandement de cette force ;

• Le décret n° 79-50 de janvier 1979 modifié par le décret no 83-1013-PR/MFA du 23 septembre 1983 ;

• Le décret no 84-947 du 24 août 1984 (J.O. 5026 du 22 septembre 1984), réorganise la Gendarmerie nationale. De nouvelles subdivisions d'Armes appelées à être commandées par des Officiers généraux ont vu le jour. La Gendarmerie est désormais érigée en corps d'Armée ;

• Le décret n° 2002-668 du 04 juillet 2002.

L'action de la Gendarmerie nationale s'exerce aussi bien sur toute l'étendue du territoire national que sur tout terrain d'opérations où interviennent les armées. Sa compétence est donc générale ; elle s'étend autant dans les villes que dans les campagnes. Tel est le cas de la compagnie de Dakar qui a la totalité de ses unités en zone urbaine.

La prépondérance des questions de Sécurité intérieure place, aujourd'hui, la Gendarmerie au cœur du dispositif de défense et de sécurité. En effet, la presque totalité des menaces n'est plus du champ strictement militaire. Elles entrent désormais dans le domaine policier fondé sur la prévention avec comme clé de voûte, la protection territoriale des personnes et des biens. La Gendarmerie, dont le caractère militaire n'a jamais été remis en cause, a participé à plusieurs opérations extérieures, dont l'opération Fodé Kaba 2 en Gambie, en 1984. L'importance de ce corps, reconnue comme une force incontournable dans la stabilité des institutions du pays, s'est accrue ainsi que ses capacités opérationnelles. Ainsi, depuis plus d'un siècle et demi, cette unité militaire participe à la vie de la Nation sénégalaise.

II. 2. 2. Organisation de la Gendarmerie sénégalaise

C'est à la suite de l'éclatement de la Fédération du Mali que la Gendarmerie sénégalaise a effectivement vu le jour, placée sous la tutelle du ministre de l'Intérieur[82]. Les premiers officiers de la Gendarmerie viendront des rangs de l'Armée. Les événements de 1962 ont eu comme conséquence, le rattachement de la Gendarmerie au Ministère des Forces armées. C'est ainsi que la Direction de la Gendarmerie a été créée en 1963 au sein de ce ministère. En 1968, la direction est remplacée par un commandement. Mais pour une courte durée, car en 1972, le commandement des forces de Gendarmerie sera à nouveau remplacé par une direction de la Gendarmerie. Par la suite, dans un souci de mieux coordonner les activités de la Gendarmerie, il a été décidé de rendre ce corps autonome, avec l'institution d'un Haut Commandant de la Gendarmerie, le 1er juillet 1973. Dans ce prolongement, en juillet 1977, le titre de Haut Commandant de la Gendarmerie et Directeur de la Justice militaire fut institué. Ce titre sera officialisé par décret, en 1984.

D'autres changements toucheront la Gendarmerie sénégalaise. La réforme de 1974 a donné naissance à la Légion de sécurité et à la Légion d'intervention. En 1991, elle connaîtra, à nouveau une réorganisation. En 2006, une nouvelle réforme est mise en œuvre avec comme objectif, l'optimisation des structures de commandement, la réduction des délais d'intervention et le renforcement des moyens. Cela s'est traduit par l'augmentation du nombre de divisions qui passe de 7 à 15 et la création de postes d'adjoints au Haut Commandant[83]. De même, un Centre opérationnel de la Gendarmerie nationale (COGN) est mis en place en 2006 pour renforcer les capacités de veille et d'écoute. Par ailleurs, les structures de soutien ont été regroupées en deux entités : le Centre administratif de la Gendarmerie nationale (CAGN) et le Centre technique de la Gendarmerie nationale (CTGN). Enfin, en 2009, la modernisation de la Gendarmerie s'est poursuivie avec la mise en place d'un Intranet et la géolocalisation sur le parc automobile.

Si à toutes les époques de son existence, la Gendarmerie nationale a subi plusieurs changements fondamentaux, tant du point de vue

---

[82] À l'époque, en 1961, ce Département était dirigé par Valdiodio NDIAYE.
[83] Adjoint chargé des Opérations, adjoint chargé des Ressources humaines, adjoint chargé de l'Administration-logistique.

statutaire qu'organisationnel, toujours dans un souci de l'améliorer et de l'adapter à l'évolution de la société, toutefois, ces changements n'ont jamais mis en cause le fonctionnement de l'institution. Ce sont plutôt des innovations qui ne pouvaient pas se faire sans incidences. En effet, ces différentes réformes ont eu un impact sur le statut du personnel qui n'est plus considéré comme des hommes de rang, mais comme des sous-officiers.

En raison de son organisation militaire et de la nature mixte de son service, la Gendarmerie est mise en mouvement : a) sur ordre du président de la République en toutes matières et en toutes circonstances ; b) sur ordre du ministre des Forces armées en ce qui concerne les matières titre IV, chapitre II dudit décret, ou c) sur demande de concours ou sur réquisition par les autorités habilitées à employer la Gendarmerie (Article 2).

Le service de la Gendarmerie a essentiellement pour objet d'assurer l'action directe de la police administrative, judiciaire et militaire. En outre, la Gendarmerie est chargée d'accomplir des missions de défense nationale et de prêter son concours aux autorités judiciaires, administratives et militaires ainsi qu'à la plupart des départements ministériels. Sa mission essentielle de police consiste à assurer l'ordre public, c'est-à-dire la sécurité, la salubrité, la tranquillité et la paix publiques.

Ses éléments prennent rang à la droite des troupes de toutes les autres Armées. Les dispositions générales des lois et règlements militaires lui sont applicables, sauf modifications et exceptions motivées par la spécialité de son organisation et de son service. À ce titre, le service spécial de la Gendarmerie a essentiellement pour objet d'assurer en tout temps, et sur tous les points du territoire national, l'action directe de la police judiciaire, de la Police administrative et de la Police militaire. Ainsi, selon feu Colonel SADY, « la participation de la Gendarmerie à la formulation des politiques publiques de sécurité peut revêtir une forme verticale ou une forme horizontale ».

La participation verticale est réalisée par la présence de la Gendarmerie nationale à tous les stades de formulation des politiques de sécurité. Au niveau local et administratif, elle collabore avec les sous-préfets, les préfets et les gouverneurs ; alors qu'au niveau central et politique, soit au plus haut niveau de l'État, elle contribue à l'orientation de l'action et à la définition de la politique de la Nation. Quant à la participation horizontale, elle signifie que la Gendarmerie nationale contribue à la formulation des politiques publiques de sécurité et son action est transversale, car elle n'épargne aucun domaine, de la sécurité routière à la lutte contre le grand banditisme en passant par le vol de bétail ou encore la campagne de commercialisation de l'arachide[84].

L'article 1 du décret n° 74-571 du 13 juin 1974 portant règlement sur l'emploi et les services de la Gendarmerie nationale, faisant suite au décret n° 63-316 du 17 mai 1963 portant réglementation de l'emploi et le service de Gendarmerie ainsi que le décret no 68-929 du 28 août 1968 portant réorganisation de la Gendarmerie nationale, modifié par le décret no 70-1285 du 20 novembre 1970, disposent que : « une surveillance continue, préventive et répressive, constitue l'essentiel de son service. Son action s'exerce sur toute l'étendue du territoire national ». La prévention est alors un but fondamental de la police administrative de la Gendarmerie nationale. L'article 34 dudit décret précise qu'elle veille à : « la tranquillité et la salubrité du pays, le maintien de l'ordre et l'exécution des lois et des règlements de l'administration publique ».

La Gendarmerie est, par essence, une institution polyvalente. Force publique à caractère militaire, elle relève du Ministère des Forces armées et est placée sous l'autorité d'un officier général ayant le titre de « Haut Commandant de la Gendarmerie nationale et Directeur de la Justice militaire », depuis 1984. De cette autorité, dépendent essentiellement :

• Les organes de commandement de la Gendarmerie territoriale (Légions, Compagnies, Escadrons et Brigades territoriaux) ;

• Les organes de commandement de la Gendarmerie Mobile (Légion de la Gendarmerie d'intervention [LGI], Légion de La Garde présidentielle, Légion de sécurité, escadron Moto) ;

• Les organes de commandement des écoles de Gendarmerie nationale (École des Officiers, École des Sous-officiers, Centre de perfectionnement de la Gendarmerie mobile à vocation sous-régionale) ;

• Les organes administratifs et techniques de soutien – (Centre administratif, Centre technique, Service de santé) ;

---

[84] Colonel SADY S. (2011), *op. cit.*

- Les formations spécialisées (Groupement d'intervention de la Gendarmerie nationale [GIGN], Cynogroupe, etc.).

L'effectif de la Gendarmerie, plus important que celui de la Police, est composé de professionnels et d'auxiliaires. La Gendarmerie nationale est constituée :

- D'un État-major, démembrement de l'Administration centrale du Ministère des Forces armées ;
- D'une Inspection interne ;
- De deux grandes subdivisions d'Arme (LA GT – LA GM) ;
- D'un commandement des Écoles (l'École des Officiers et l'École des Sous-officiers) ;
- De six Légions territoriales ;
- De trois Légions mobiles ;
- D'une Légion hors rang ;
- D'une Section de recherches ;
- D'une Section de l'Environnement ;
- D'un Groupe d'intervention ;
- D'un Groupe cynophile ;
- Des Organes de soutien.

Les légions territoriales comprennent un nombre variable de compagnies, lesquelles sont articulées en brigades territoriales. Les commandants de légion coordonnent l'action de surveillance générale des unités placées sous leur autorité directe. Chaque légion dispose, outre d'un escadron mobile, d'une brigade de recherches et d'une brigade routière. Six chefs-lieux de région sur les quatorze existants abritent un État-major Légion : Dakar, Kaolack, Saint-Louis, Tambacounda, Thiès, et Ziguinchor[85]. Alors que toutes les trois Légions de la Gendarmerie mobile sont implantées à Dakar. Chacune d'elles a des attributions spécifiques.

Quant à la Légion de Gendarmerie d'intervention, comme unité de réserve générale à la disposition du président de la République, elle est instruite et équipée pour exécuter des missions de maintien de l'ordre.

---

[85] Pour faire face à l'insécurité qui étend de plus ne plus sa toile sur l'ensemble du territoire, la Gendarmerie a renforcé son maillage territoriale avec la création de nouvelles Brigades comme celle de Yang-Yang et celle de Rosso Sénégal, récemment inaugurées par le Général Gueye FAYE.

Toutefois, elle peut prendre part aussi aux opérations militaires. La légion de sécurité et de protection assure, elle, la protection des institutions et des organes vitaux de l'État. La Légion de la garde présidentielle assure la sécurité, les services d'honneur et d'escorte de la Présidence de la République et de ses annexes. Le Commandement des Écoles assure la formation, l'instruction et le perfectionnement des personnels officiers, sous-officiers et des gendarmes auxiliaires. En outre, il y a la légion hors rang, le personnel et le matériel des états-majors, des services et des personnels détachés et hors cadres. Les organes de soutien sont le Centre administratif, le Centre technique et le service de santé. Le personnel des brigades constitue la cheville ouvrière dans l'exécution de l'essentiel des missions dévolues à la Gendarmerie nationale.

L'un des atouts majeurs de la Gendarmerie est sa présence presque partout sur le territoire national. Cette implantation garantit une gestion territoriale de la sécurité, c'est-à-dire la capacité à assurer le continuum territorial en tous points du territoire national, et à offrir un standard de sécurité à la fois homogène et diversifié, prévention répression.

Tant dans le domaine de la police judiciaire que dans celui de la police administrative, la Gendarmerie est un acteur incontournable. Les actions de police judiciaire occupent environ 25 % des activités de ses unités, notamment dans la lutte contre la petite et moyenne délinquance[86]. Sur plainte d'une victime ou suite à un ordre ou une délégation judiciaire, les unités territoriales de la Gendarmerie effectuent des enquêtes judiciaires pour situer les responsabilités. Ainsi, en 2010, la délinquance globale constatée par la Gendarmerie nationale se chiffrait à 109 crimes et 6745 délits, contre respectivement 160 et 238 en 2009, soit une baisse de 46,7 % et de 22,13 %. Elle a arrêté, en 2009, près de 10 407 délinquants pour diverses infractions commises sur toute l'étendue du territoire national.

Outre la protection des personnes et des biens, un effort particulier est mis, ces dernières années, dans la lutte contre le trafic de drogue, le vol de bétail, l'émigration clandestine et l'extraction illicite de sable marin. Toujours pour l'année 2009, la Gendarmerie nationale a

---

[86] Afin de faciliter une approche sectorielle des phénomènes criminels constatés par la Gendarmerie, les statistiques de police judiciaire sont regroupées en quatre grandes catégories et les différentes infractions recensées en fonction de leurs principales caractéristiques.

enregistré un accroissement des saisies de drogues dures par rapport à l'année 2008 : 54,730 kg de cocaïne saisis contre 34,10 kg en 2008. En conséquence, 744 usagers et trafiquants ont été arrêtés et mis à la disposition de la Justice contre 559 en 2008. Dans la lutte contre le trafic et l'usage du chanvre indien (*yamba*), la Gendarmerie nationale s'est également montrée très efficace. Elle a saisi, en 2009, 6050,990 kg contre 4015,090 kg, en 2008.

Dans le domaine du vol de bétail, sur 3866 animaux volés et portés à la connaissance de la Gendarmerie nationale en 2009, 1908 ont été retrouvés, contre 2519, en 2010, soit une diminution de 53,4 %. En 2008, ces chiffres étaient de 3734 volés et 1505 retrouvés. La Légion nord qui couvre la zone sylvo-pastorale a été le secteur le plus touché, avec 1140 têtes de bétail, suivie de la Légion centre-ouest avec 1117 cas[87]. Malgré le recul noté dans cette criminalité ces dernières années, le vol de bétail reste une préoccupation. C'est ainsi qu'il occupe une place importante dans la Loi d'orientation agro-sylvo-pastorale (LOASP)[88].

Comme autre acteur institutionnel, il y a par ailleurs, la Brigade des contrôles des sols (BCS) rattachée au Ministère de l'Urbanisme et sous la direction de la Gendarmerie nationale, dont la mission est de contrôler les occupations illégales. En outre la Direction de la surveillance et du contrôle de l'occupation des sols (DSCOS) a été créée au sein de la Gendarmerie nationale par le décret n° 2004-84 du 23 janvier 2004 portant organisation du Ministère de l'Urbanisme et de l'Aménagement du territoire, à la suite d'une prise de conscience de l'ampleur des occupations et des constructions irrégulières dans le pays. La DSCOS est chargée notamment :

- De la surveillance et du contrôle de l'occupation du sol en zone urbaine et dans les agglomérations ;
- De la constatation des infractions aux règles d'occupation du sol ;
- De l'assistance aux collectivités locales pour le contrôle des occupations et constructions irrégulières.

La Gendarmerie a été aussi au front de la lutte contre l'émigration clandestine depuis le début des années 2000. Comme force de police rurale, elle est présente sur tout le long des 700 km de côtes du pays. La Gendarmerie a occupé une place centrale dans le dispositif

---

[87] Ces statistiques proviennent de la Gendarmerie nationale.
[88] Loi d'orientation agro-sylvo-pastorale préconise l'alourdissement des peines.

« FRONTEX » mis en place, en collaboration avec les partenaires européens. Celui-ci regroupait différents corps (Police, Gendarmerie et l'Armée) permettant de réduire, très sensiblement, en amont comme en aval, les départs à partir des côtes sénégalaises. Sur l'année 2009, seules 42 personnes ont été interpellées contre 283 en 2008[89].

La protection de l'environnement est aujourd'hui une des préoccupations majeures des autorités du pays, notamment dans le contexte du changement climatique. Ainsi, le Gouvernement a défini une stratégie nationale de lutte contre l'érosion côtière et un projet de loi d'Orientation sur le littoral est en élaboration. Dans ce domaine, la Gendarmerie joue aussi un important rôle. Pour l'année 2009, elle a arrêté 21 contrevenants qui s'adonnaient à cette activité illicite et a immobilisé 116 véhicules hippomobiles. Outre l'action des unités territoriales, l'Institution dispose d'une Section de l'Environnement dont la mission est la protection contre les atteintes à l'environnement.

Enfin, dans le domaine de la police administrative, la Gendarmerie joue son rôle dans la tranquillité des citoyens et la salubrité du pays, le maintien de l'ordre et l'exécution des lois et règlements d'administration publique. À ce niveau, elle joue autant sur le registre de la prévention que de la répression, notamment dans les domaines de la circulation, du maintien de l'ordre et du renseignement.

Dans le domaine du Renseignement, la Gendarmerie joue aussi un rôle de premier plan notamment avec son maillage du territoire national. En production, les unités de Gendarmerie ont fourni 114 325 rapports et fiches de renseignement en 2009. Tant dans le décèlement précoce des situations pré-conflictuelles que la capacité d'alerte, la Gendarmerie joue un important rôle. Ainsi, dans le contexte de la lutte mondiale contre les radicalismes, le renseignement est une action à améliorer particulièrement pour être en phase avec les capacités opérationnelles.

II. 2. 3. Insuffisance et contraintes de ses moyens d'action

Malgré cette organisation, son maillage du territoire et les résultats enregistrés ces dernières années, la Gendarmerie nationale présente encore d'importantes insuffisances parmi lesquelles il y a : les effectifs, les moyens de mobilité, les équipements et les infrastructures. Dans les effectifs, cette carence se manifeste par les

---

[89] Colonel SADY S. (2011), *op. cit.*

départs massifs à la retraite, alors que les recrutements ne suivent pas la tendance.

La Gendarmerie compte une centaine de brigades et 17 postes sur tout le territoire. Parmi ces unités élémentaires, il y a quatre (4) brigades routières, six (6) brigades de recherches, une (1) section domaniale et une (1) section environnementale pour la surveillance des 196 722 km^2 de superficie que compte le pays et de la façade maritime sur 700 kilomètres. Or, l'implantation de ces unités opérationnelles n'épouse toujours pas le découpage administratif du pays. Par ailleurs, si la Gendarmerie est compétente sur 80 % du territoire national, le ratio reste encore faible avec un gendarme pour 2000 habitants contre un gendarme pour 500 habitants en Europe. Enfin, si elle dispose en escadrons mobiles pour le maintien de l'ordre, comme la LGI, et qui sont compétents sur tout le territoire. En revanche, leurs interventions, dans certaines régions éloignées de Dakar, posent des problèmes logistiques pour être opérationnelles.

II.3. Conclusion partielle sur les organes régaliens

Il est manifeste que l'ensemble des dispositions qui définissent les attributions des organes régaliens chargés de la sécurité, la Police nationale et la Gendarmerie nationale, est consacré à la répression, notamment la lutte contre la grande criminalité, alors que c'est la petite délinquance et les incivilités qui alimentent le sentiment d'insécurité des citoyens et perturbent leur quotidien. De plus, la notion de sécurité a pris une nouvelle dimension qui nécessite une prise en charge, car elle embrasse toutes les activités de la vie économique et sociale : sécurité environnementale, sanitaire, alimentaire, aéroportuaire, routière, scolaire, dans les activités sportives, etc.

Au Sénégal, la sécurité dans les aéroports a toujours été assurée par les forces de défense et de sécurité qui, vraisemblablement, ne sont pas bien outillées pour répondre aux normes établies par l'Organisation de l'aviation civile internationale (OACI).

La sécurité se distingue de la sûreté. Par exemple, la *sûreté aérienne*, selon l'OACI, est la « combinaison des moyens réglementaires, organisationnels, humains et matériels visant à protéger l'aviation civile contre les actes d'intervention illicites », alors que la *sécurité aérienne* procède de « l'ensemble des mesures visant à réduire le risque aérien. Il s'agit, ici, de prévention contre des événements accidentels d'origine mécanique, structurelle, météorologique ou autres ».

Dans tous les aéroports modernes du monde, actuellement, les activités de sécurité et de sûreté sont confiées à un personnel formé et certifié, conformément aux normes internationales de l'OACI. Ce dysfonctionnement mérite d'être corrigé pour être en phase avec la modernité. Il pourrait constituer, par ailleurs, un important gisement d'emplois pour la jeunesse.

II. 4. LES ACTEURS RÉGALIENS COMPLÉMENTAIRES

II. 4. 1. Bref historique de la Douane sénégalaise

Depuis sa création, la Douane sénégalaise est au service du développement du pays[90]. La naissance de l'Administration des Douanes au Sénégal peut être située en 1819, date à laquelle le premier chef de service des douanes du Sénégal et dépendances a été nommé. Les premiers douaniers sénégalais sont Latyr FAYE, « préposé provisoire » en 1867 et le contrôleur Blaise DIAGNE surnommé « le père de la Douane africaine ». Il est recruté au surnumérariat le 1er juin 1892[91]. Le premier responsable des Douanes sénégalaises fut Abdourahmane DIA, nommé en 1962.

En effet, chargée de la perception des droits et taxes à l'importation des marchandises, de l'application des mesures de contrôle du commerce extérieur, des changes et de la lutte contre la fraude, la Douane a très tôt constitué une des principales sources de recettes pour le budget national. Ce double rôle d'alimentation du Trésor public et de protection de l'économie nationale s'est poursuivi et consolidé au fil des années. La fiscalité douanière s'est, au fur et à mesure, adaptée au contexte. Ainsi, plusieurs réajustements du régime tarifaire ont eu cours dont le point commun était d'assurer une augmentation des recettes douanières par la hausse de la fiscalité nominale d'entrée.

L'année 1979 constitue un tournant majeur qui consacre la simplification et l'allègement de la structure tarifaire avec notamment l'uniformisation du droit de douane. Elle coïncide également avec

---

[90] Les informations utilisées dans cette partie proviennent du site Internet de la Douane sénégalaise : http://www.douanes.sn/
[91] Boubacar CAMARA. *Réflexions sur la place du juge dans le traitement des infractions.* Thèse de doctorat en droit soutenue le 30 mai 2005 à l'Université Pierre Mendès-France de Grenoble 2 (France) avec publication.

l'érection de l'Administration des Douanes en Direction générale à la faveur de la réorganisation du Ministère des Finances et des Affaires économiques. Auparavant, la militarisation de la Douane, intervenue en 1969, avait supprimé toutes velléités d'actions syndicales dans ce corps, d'où le concept de « Soldats de l'économie ».

La Douane connaîtra plusieurs autres évolutions, notamment la réforme tarifaire de 1986 dans le sillage de la Nouvelle politique industrielle (NPI), caractérisée par une importante baisse des droits de porte pour les intrants de l'industrie locale et l'adoption d'un nouveau Code des Douanes en 1987. En 1995, la création de l'Union économique et monétaire ouest-africaine (UEMOA), consécutivement à la dévaluation du franc CFA, permet l'établissement d'un marché commun. Ensuite, une évolution notable interviendra en 2000 avec l'entrée en vigueur du Tarif extérieur commun (TEC) de l'espace UEMOA. L'arrivée du Directeur général Boubacar CAMARA a été déterminante dans la modernisation de l'Administration des Douanes et dans l'amélioration des conditions sociales du personnel. Le scanner douanier et la mutuelle des Douanes, ainsi que la création, en 2000, de l'École des auxiliaires de la Douane marqueront son passage à la tête de l'institution.

Les missions qui sont dévolues à l'Administration des Douanes se sont accrues dans un contexte de libéralisation du commerce marqué par l'avènement de l'économie de marché. La mondialisation et la globalisation des échanges d'une part, le développement des Technologies de l'information et de la communication (TIC) et la prise en charge des concepts de sûreté et de sécurité des échanges d'autre part, ont requis une adaptation des moyens et un renforcement des capacités des ressources matérielles et humaines. Dans ce processus, les années 2000 marquent une étape importante dans l'évolution des Douanes sénégalaises. Ces efforts, combinés avec le TEC, ont favorisé l'accroissement des performances des Douanes en termes de résultats.

L'utilisation de l'outil informatique, Gestion automatisée des informations douanières et des échanges (GAINDE), à la place des opérations manuelles, à partir des années 1990, a créé une véritable révolution dans les opérations douanières au Sénégal. Cette version est exportée au Kenya et certains pays ont sollicité un test de fiabilité en vue d'une option d'achat. La version récente dite GAINDE 2010 intègre les systèmes de collecte électronique de documents (ORBUS) et de paiement électronique (CORUS). D'autres investissements sont également notés dans des technologies de pointe. La Douane a acquis en plus des scanners d'une valeur de plus de 4 milliards de FCFA pour favoriser une meilleure fluidité des activités portuaires. Elle a aussi adopté le Système de Surveillance électronique (SSE) des marchandises en transit.

Les moyens navals pour lutter contre la fraude et les autres activités illégales en mer ne sont pas également en reste. L'État du Sénégal a permis, en 2007, l'acquisition, par la Douane, d'une flotte navale de 11 vedettes d'une valeur de 6 milliards de FCFA. La Douane ne cesse d'innover et d'anticiper pour faire face convenablement aux défis actuels et futurs à relever. Elle intègre déjà, dans son dispositif, les procédures appropriées, notamment autour de la Zone économique spéciale intégrée (ZESI) et de l'Aéroport international Blaise DIAGNE de Diass.

II. 4. 2. Organisation de la Douane sénégalaise

Actuellement, l'Administration des Douanes du Sénégal est organisée par l'arrêté n° 7282/MEF/DGD du 30 juillet 2009. L'apparition de nouveaux défis a amené les autorités à apporter des réaménagements au dispositif opérationnel pour mieux s'adapter au contexte du moment. Il s'agit notamment de l'intensification du trafic des marchandises, des nouvelles formes de criminalités, de la nécessité de contribuer au rayonnement du Port autonome de Dakar (PAD), du renforcement de la représentation de l'Administration des Douanes au niveau régional et de la définition d'une politique de gestion optimale des ressources humaines, financières et matérielles. Pour faire face à ces défis, il était opportun d'asseoir une nouvelle organisation basée sur :

• La coordination optimale de l'action du service avec la création d'un poste de coordonnateur auprès du Directeur général ;

• La promotion et le renforcement de la facilitation des procédures et du partenariat avec l'entreprise avec notamment la création d'une direction chargée de la facilitation et du partenariat avec l'entreprise ;

• La meilleure maîtrise des ressources humaines, matérielles et financières, ainsi qu'en gestion et de maintenance du matériel et la rationalisation de la surveillance douanière.

L'Administration des Douanes, en raison de sa position stratégique aux frontières, joue un rôle prépondérant dans le développement économique et social du pays. Placée sous la tutelle du Ministère de l'Économie, des Finances et du Plan, elle assure une mission fiscale, économique et de sécurisation de la chaîne logistique internationale.

II. 4. 3. Les missions de la Douane sénégalaise

Pour ce qui est des missions de la Douane sénégalaise, elles sont au nombre de cinq.

II. 4. 3. 1. La mission fiscale

La Direction générale des Douanes (DGD) est chargée de la liquidation des droits des taxes d'entrée et de sortie du territoire national. Cette mission est essentielle pour un pays en développement comme le Sénégal dans la mesure où les recettes douanières représentent plus du tiers du budget de l'État. Pour l'année 2013, les recettes douanières se sont élevées à 575 milliards de FCFA, soit le tiers des recettes ordinaires de l'État.

Cette mission est à deux niveaux :

• La liquidation des recettes douanières. Il s'agit, ici, de la perception des droits de douanes inscrits au Tarif douanier. Ces droits sont des impôts indirects exigibles à l'importation comme à l'exportation ;

• La liquidation des recettes non douanières. En effet, à côté des droits de porte, la Douane s'est vue confier la liquidation d'autres taxes et prélèvements tels que la TVA, le COSEC[92], le Fonds pastoral, etc.

II. 4. 3. 2. La mission économique

La Douane assure la protection de l'économie nationale en effectuant une surveillance des échanges extérieurs, d'où le nom de « soldat de l'économie ». Pour cela, les marchandises qui franchissent la frontière sont assujetties à des droits et taxes dont les taux sont modulés de manière à rendre les produits locaux compétitifs. Elle veille également au respect des pratiques commerciales loyales (lutte contre le dumping).

Par ailleurs, en élaborant des statistiques sur les activités douanières, l'Administration des Douanes permet aux opérateurs économiques de procéder à des études de marché et aux pouvoirs

---

[92] Conseil sénégalais des chargeurs.

publics de disposer d'informations précises sur le commerce extérieur. La Douane contribue également au dynamisme de l'économie nationale en facilitant les échanges, en accordant aux opérateurs économiques des avantages liés aux régimes douaniers économiques ou aux régimes particuliers.

II. 4. 3. 3. La mission d'assistance

Parallèlement aux activités fiscales, économiques et budgétaires qui circonscrivent l'essentiel de sa mission, mais aussi par sa présence permanente aux frontières, l'Administration des Douanes apporte son concours à d'autres administrations.

Pour le Ministère de l'Économie, des Finances et du Plan, la Douane procède à la liquidation de la TVA et perçoit les autres taxes intérieures pour le compte de la Direction générale des impôts et domaines (DGID).

Pour le Ministère de la Santé, l'Administration des Douanes est chargée de faire respecter les règles de circulation et de commercialisation de certains produits pharmaceutiques ou issus du règne végétal ou animal (police de santé et de salubrité, lutte contre le trafic illicite des organes).

Pour le Ministère de l'Environnement, la Douane assure la Police phytosanitaire, la lutte contre les déchets et les produits dangereux.

Pour le Ministère de l'Intérieur et de la Sécurité publique, l'Administration des Douanes apporte son concours à la Direction générale de la Police nationale notamment dans le contrôle du mouvement des armes et munitions.

Pour le Ministère du Commerce, l'Administration des Douanes veille au respect des règles de qualité, de conditionnement, de la métrologie et du marquage.

Pour le Ministère de la Culture, la Douane assure la lutte contre la pornographie et la pédophilie. Dans ce domaine, la Douane s'oppose à l'importation de films pornographiques et à toutes publications obscènes, la protection de la propriété littéraire et artistique.

Pour le ministère de l'Industrie, des Mines et de l'Artisanat, l'Administration des Douanes assure la protection de la Propriété industrielle. Elle promeut l'industrie et s'oppose aux pratiques commerciales déloyales (contrefaçon, fausses marques de fabriques...). La Douane contribue à la compétitivité des entreprises en facilitant les échanges extérieurs (régimes économiques).

II. 4. 3. 4. La mission de sécurisation

La sécurisation de la chaîne logistique internationale et la lutte contre la criminalité transnationale organisée constituent également une préoccupation majeure de l'Administration des Douanes.

Enfin, l'Administration des Douanes concourt, au même titre que d'autres administrations (Police, Gendarmerie, Eaux et forêts) à la lutte contre le blanchiment des revenus illicites, la protection des espèces menacées d'extinction et de la lutte contre le trafic illicite des stupéfiants.

II. 4. 3. 5. La mission de facilitation

La mission de facilitation de la chaîne logistique internationale implique une simplification des procédures douanières. Elle a pour objectif, non seulement de simplifier les documents exigés pour le dédouanement des biens, mais également les procédures appliquées par les agents de l'Administration des Douanes.

Au-delà de ses missions traditionnelles, l'Administration des Douanes joue un rôle important dans le domaine de la sécurité intérieure. L'ensemble de ses attributions démontre, en substance, que les douaniers sont non seulement les acteurs de la sécurité économique, mais aussi sanitaire, environnementale, alimentaire... En cela, elle occupe une place transversale dans le dispositif de sécurité intérieure aux côtés des forces de défense et de sécurité. La loi n° 2014-10 du 28 février 2014 crée un nouveau Code des Douanes.

II. 4. 4. L'Armée nationale

L'Armée nationale, dont la devise est « on nous tue, mais on ne nous déshonore pas » a pour mission de défendre, en tout temps, en toutes circonstances la sécurité et l'intégrité du territoire national. Le président de la République est le Chef suprême des Armées. En ce sens, il définit la politique de défense de la Nation. Le Chef d'état-major général des Armées (CEMGA) assiste le ministre chargé des Forces armées pour l'organisation générale, la mise en condition des forces et la coordination interarmées. Il est, en outre, chargé de la préparation des plans et des opérations militaires.

L'Armée nationale est organisée par la loi n° 84-62 du 16 août 1984 complétée par la loi n° 89-02 du 17 janvier 1989 faisant suite à la loi n°72-4 du 12 juin 1972 relative à l'organisation générale des Forces armées. En 2008, pour la première fois de son histoire, 300 jeunes femmes ont été incorporées dans des unités combattantes. Par ailleurs, compte tenu de son professionnalisme, plusieurs unités de *Jambars*[93] participent à diverses opérations extérieures, notamment dans des opérations de maintien de la paix de l'ONU, aussi bien sur le continent africain qu'ailleurs dans le monde. Dans le concept « Armée-Nation », l'Armée sénégalaise se met aussi au service des populations, chaque fois que de besoin. Elle est constituée de trois corps : Armée de terre, Marine nationale et Armée de l'air.

II. 4. 4. 1. L'Armée de terre

Doyenne et noyau des armées sénégalaises, l'Armée de terre a opéré des mutations continues depuis son institution, ce qui a fortifié ses capacités d'intervention et conforté, au fil des années, son rôle dans l'opérationnalisation des unités. Elle est organisée en deux divisions (opération et logistique).

Dans son évolution historique, trois grandes périodes ont marqué l'Armée de terre.

- La première période de 1960 à 1971 :

✓ Création de quelques bataillons et participation à la sécurisation de la frontière sud dans la guerre de libération de la Guinée-Bissau et aux opérations de maintien de la paix au Congo (ONUC).

- La seconde période de 1972 à 1988 :

✓ Avènement d'un commandement de l'Armée de terre (COMTER) qui se transformera d'abord en État-major terre (EMTER) pour enfin être l'État-major de l'Armée de terre (EMAT) ;

✓ Couverture de l'ensemble du territoire national par des bataillons d'infanterie et de divers corps de troupe ;

✓ Création des Écoles de formations, l'École nationale des Sous-officiers d'active (ENSOA) en 1971, l'École nationale des officiers d'active (ENOA) en 1981, et la Division d'application d'infanterie (DAI) en 1984 devenue École d'application d'infanterie (EAI) en 1990.

✓ Participation à des opérations de maintien de la paix au Tchad, au Zaïre au Sinaï (FINUS), au Liban (FINUL) et en Gambie (FODE KABA II).

- La troisième période de 1988 à nos jours :

---

[93] Signifiant les braves, surnom donné aux vaillants soldats sénégalais sur les théâtres d'opération.

✓ Montée en puissance des formations et des opérations de la paix dans plusieurs zones de conflits à travers le monde.

Celle-ci a permis à l'Armée de terre de faire la preuve de ses capacités, tant à l'intérieur du territoire qu'à l'extérieur, notamment lors de la Guerre du Golfe (Bouclier et Tempête du Désert), de la guerre civile du Liberia (ECOMOG et MINUL), de la guerre civile du Rwanda (MINUAR et Opération Turquoise), de la Centrafrique (MISAB, MINURCA et MINUSCA), de la Guinée-Bissau (GABOU), au Mali (MINUSMA) et en Arabie Saoudite. S'agissant de ce dernier terrain d'opération, qui a posé tant de polémiques au sein de la classe politique du pays, il relève d'une part, exclusivement des pouvoirs du président de la République, conformément à la Constitution (Articles 36 et 39) et d'autre part, des relations étroites entre pays, notamment du principe de la solidarité en matière de coopération militaire et sécuritaire.

II. 4. 4. 2. La Marine nationale

Situé à l'extrême ouest du continent africain, le Sénégal demeure une position stratégique de choix grâce à une façade maritime de 700 km avec une Zone économique exclusive de 200 miles particulièrement riche en ressources halieutique et pétrolière[94]. De cette situation découle toute l'importance de la Marine nationale chargée de préserver les intérêts de l'État en mer. Les missions de la Marine nationale, créée le 22 janvier 1961, s'inscrivent dans le cadre général des missions de défense et de développement confiées aux Forces armées du pays. Elle comporte quatre catégories : les missions militaires, de défense économique, de service public et de sécurité de la navigation maritime.

Les missions à caractère militaire de la Marine s'inscrivent dans la défense maritime du territoire afin d'affirmer et d'asseoir la souveraineté nationale dans les eaux sous juridiction sénégalaise. Elles comportent notamment :

- La défense du littoral ;
- La protection des frontières maritimes ;

---

[94] Récemment les explorations faites par la société Britannique, *Cairn Energy* dans le bloc « Sangomar profond » donnent un potentiel de près de un milliard de barils de pétrole aux larges des côtes sénégalaises. Par ailleurs, régulièrement la marine sénégalaise arraisonne des navires qui pêchent frauduleusement dans les eaux sénégalaises, comme ce fut le cas du navire de pêche russe, *Oleg Naïdenov*, 4 janvier 2014.

- La surveillance du territoire maritime ;
- Le soutien aux autres composantes des Forces armées.

Pour ce qui est de la défense de l'économie, il s'agit de sauvegarder les ressources nationales du domaine maritime par :

- La surveillance des pêches ;
- La lutte contre la pollution marine (hydrocarbures, déchets toxiques…) ;
- La lutte contre la contrebande et le trafic des drogues.

Quant au service public, il s'agit de se mettre à la disposition de la population sous forme :

- De recherche, de secours et d'assistance dans une région maritime qui va de la Sierra Leone à la Mauritanie ;
- De transport au profit des services publics ou privés ;
- D'évacuation sanitaire en cas de nécessité.

Enfin, la Marine nationale assure aussi une mission de sécurisation de la navigation maritime dans les eaux territoriales sénégalaises. À ce titre, elle :

- Est responsable de la diffusion de l'information nautique ;
- Anime un service « Ouvrage-Cartes-Instruments nautiques (OCI) » pour les spécialistes de la mer.

En dehors de ces missions classiques, la Marine nationale assure la représentation du pavillon national en haute mer, sur les rivages et dans les ports étrangers.

Pour ce qui est de son organisation, la Marine nationale comprend un état-major et trois (03) corps :

- Le Groupement naval opérationnel chargé de la mise en œuvre des unités navales regroupées en flottilles de patrouilleurs de haute mer, de Bâtiments de surveillance côtière et de vedettes côtières rapides et en groupe de transport ;
- Le Groupement de soutien de la Marine nationale chargé d'assurer la sécurité des infrastructures portuaires, l'entretien et la réparation des unités navales, la formation du personnel et le soutien logistique ;
- Le Groupement de surveillance fluvio-maritime chargé de la surveillance et de la protection des zones maritimes et fluviales.

II. 4. 4. 3. L'Armée de l'Air

L'Armée de l'air a été créée le 1er avril 1961, avec essentiellement du personnel de l'assistance technique française et du matériel aéronautique prêté par l'Armée française. Les deux premiers pilotes sénégalais sont sortis d'école en 1964, et le premier officier mécanicien et le premier pilote commandant de bord en 1966[95].

Mais dès cette année, le commandement du 1er Groupement aérien a été « sénégalisé » ; il s'en suit le commandement, dès le 1er juillet 1972. Depuis 1974, l'Armée de l'air ne compte, dans ses rangs, que deux assistants techniques français, un officier et un sous-officier comme conseillers techniques du Commandement.

Embryonnaire à ses débuts, elle a été restructurée à partir des années 1980 avec des moyens matériels et humains adaptés. Les missions de l'Armée de l'air sont :

• La défense de l'espace aérien sénégalais ;

• La protection et la défense des zones aéroportuaires ;

• L'appui des autres forces dans le transport et l'aérolargage de matériels et des hommes ;

• L'évacuation sanitaire ;

• La surveillance et la protection des ressources halieutiques ;

• La recherche et le sauvetage des avions et bateaux en perdition.

L'Armée de l'air est organisée comme suit :

• Un état-major (EMAIR) avec deux divisions : une Division opérations et une Division logistique ;

• Un Groupement de soutien chargé de l'administration des personnels, du soutien logistique et de la défense des bases ;

• Un Groupement opérationnel chargé des missions aériennes ;

• Une École chargée de la formation technique et professionnelle des personnels de l'Armée de l'air.

II. 4. 5. La protection civile

Dans la protection et les secours aux populations contre les intempéries, accidents et autres catastrophes, essentiellement, deux acteurs interviennent ; il s'agit de la Brigade nationale des sapeurs-pompiers (BNSP) et de la Direction de la protection civile (DPS).

---

[95] Le premier pilote sénégalais fut le Sergent Mamadou BALDÉ.

L'accroissement rapide de la population, notamment dans les centres urbains du pays, particulièrement à Dakar, ne s'est pas accompagné d'une offre conséquente de services sociaux de base. Cette situation expose davantage les populations à une vulnérabilité extrêmement élevée, dans un contexte environnemental marqué par les effets du changement climatique. Par ailleurs, la forte concentration dans la région de Dakar, tant de l'activité productive (90 % des installations économiques et industrielles) que de la population (25 % de la population), fait qu'elle est l'un des endroits du pays les plus exposés à toutes les formes de risques[96]. Tout ceci a un coût aussi bien en terme humain qu'économique[97].

II. 4. 5. 1. La Brigade nationale des sapeurs-pompiers

La Brigade nationale des Sapeurs-pompiers (BNSP) est placée sous les ordres d'un officier supérieur ou d'un officier général nommé par décret. Le Commandant de la Brigade, de statut militaire, est chargé de l'exécution des instructions du Ministère de l'Intérieur et de la Sécurité publique pour tout ce qui concerne l'organisation et le fonctionnement des services d'incendie et de secours. Il a le rang et les mêmes avantages que le Chef d'état-major de l'Armée de terre. Le Général Papa Samba CAMARA dirige la Brigade depuis juillet 2013.

Pour ce qui est de son organisation, la BNSP comprend : un état-major de brigade avec ses divisions, des sous-groupements régionaux et des unités isolées. L'arrêté ministériel n° 13205 MINT-CAB-BNSP du 31 décembre 2012 fixe l'organisation et le fonctionnement des divisions du Cabinet et des chaînes de son état-major. Auparavant, l'article 4 du décret n° 2012-1434/PR érige le Groupement national des sapeurs-pompiers (GNSP) en Brigade nationale des sapeurs-pompiers (BNSP)[98].

Après cette réforme institutionnelle, BNSP est chargée, sur toute l'étendue du territoire national :

• des secours et de la protection tant contre les incendies que les périls ou accidents de toute nature menaçant la sécurité publique, la

---

[96] Comme l'illustre bien l'explosion de la citerne d'ammoniac de la SONACOS de Bel Air en 1992, les incendies récurrents dans les marchés, les noyades sur les plages, l'impact des inondations intervenues, notamment en 2005, 2008, 2009 et 2012.
[97] La Banque Mondiale avait estimé l'impact négatif de l'hivernage 2009 à 44,351 milliards de FCFA sur l'économie sénégalaise.
[98] Rapport d'activités 2014 du ministère de l'Intérieur et de la Sécurité publique, *op. cit*, pp. 48-51.

sauvegarde des biens publics et privés et la protection de l'environnement ;

• De l'exécution des mesures susceptibles d'assurer la protection des personnes, des installations, des ressources et des biens publics et privés, en temps de paix comme en temps de guerre ;

• De la coordination des opérations en cas de grand sinistre nécessitant, soit l'engagement de moyens autres que ceux des sapeurs-pompiers, soit le déclenchement du plan organisation des secours (ORSEC) ;

• Du suivi de la construction et l'équipement des casernes et d'infrastructures en rapport avec la Direction des constructions.

De cette réforme, est ainsi attendu le renforcement de la professionnalisation et la spécialisation de ce corps, en élargissant ses missions de prévention des risques, de prévision et de lutte contre les catastrophes. Cette réforme est caractérisée par une conceptualisation et une redéfinition doctrinale de l'action des sapeurs-pompiers dans le dispositif de protection et de sécurisation des populations et de leurs biens[99].

Dans cette perspective, l'option est prise pour un maillage serré du territoire national en casernes de sapeurs-pompiers. Ainsi, il est prévu d'ici à l'horizon 2017, d'implanter des casernes régionales, des centres de secours départementaux et des postes de secours, notamment dans les zones à fort potentiel économique ou à forte fréquentation en vue de rapprocher davantage les secours des populations, en particulier en milieu rural. Actuellement, 24 départements sur les 45 que compte le pays et deux régions sur les 14 sont dépourvus de casernes de sapeurs-pompiers.

Pour atteindre ces objectifs fondamentaux, les autorités se fixent les priorités ci-après :

• Renforcer les capacités des ressources humaines de la BNSP par la maîtrise du recrutement, le développement de partenariat avec les écoles militaires et établissements d'enseignement supérieur ainsi que la création d'une École nationale des Sapeurs-pompiers (ENASP) ;

• Développer les capacités du Groupement d'incendie et de secours, du Groupement des unités spécialisées et du Groupement

---

[99] Rapport d'activités 2014 du Ministère de l'Intérieur et de la Sécurité publique, *op. cit.*, pp. 48-51,

Sécurité de proximité : mode d'emploi

prévention prévision gestion des risques de catastrophes en mettant en adéquation les moyens opérationnels de la BNSP ;

• Compléter le maillage du territoire national en casernes de sapeurs-pompiers en l'inscrivant dans la nouvelle architecture territoriale née de l'Acte 3 de la décentralisation qui vise à restituer aux collectivités locales leurs capacités opérationnelles notamment en protection civile[100].

Sachant que l'efficacité des secours doit être tout au plus de 13 km à partir d'une caserne, l'étendue de certaines collectivités locales du pays réduit les performances et accentue les délais d'intervention des sapeurs-pompiers. À ce titre, les superficies des régions de Kaolack et de Tambacounda sont hors normes. Au-delà de la protection et des secours aux populations contre les dangers, sinistrés ou victimes d'accidents de la route, il s'agit également de renforcer les capacités des sapeurs-pompiers pour leur permettre de mieux assurer la sécurité des institutions et des installations stratégiques du pays et de mieux prévenir les risques pouvant porter atteinte aux efforts de développement.

Ainsi, après la construction de l'École nationale des sapeurs-pompiers, prévue en 2014-2015, il est aussi envisagé le recrutement et la formation de 3 500 jeunes sénégalais entre 2014 et 2017. Des efforts sont aussi prévus pour l'acquisition de matériels et d'équipements de secours d'autant plus que le parc automobile n'a pas été renouvelé depuis 2006, et commence à être vétuste[101]. Et enfin, il s'agit d'implanter des unités de sécurité et de protection de proximité avec des capacités d'action. Une idée déjà murie par l'Agence d'assistance à la sécurité de proximité à l'image du programme qu'elle déroule dans la Gouvernance sécuritaire de proximité[102]. La polyvalence de ces unités leur permettrait de prendre en charge les risques (industriels et chimiques) liés à l'urbanisation galopante dans les zones urbaines et dans les zones rurales (feux de forêt, de brousse ou de village).

---

[100] Relative à la troisième réforme de la décentralisation au Sénégal.
[101] Rapport d'Activités 2014 du ministère de l'Intérieur et de la Sécurité publique, pp. 48-51, *op. cit.*
[102] Voir sur ce sujet plus loin, dans le chapitre portant sur les champs d'application de la Gouvernance sécurité de proximité « Domaine de la sécurité routière ».

II. 4. 5. 2. La Direction de la Protection civile

La Direction de la protection civile (DPC) dépend du Ministère de l'Intérieur et de la Sécurité publique. Elle est régulièrement consultée pour « un avis motivé » dans la procédure de délivrance des autorisations de construire, par les services du Ministère en charge de l'Urbanisme, sur les demandes d'autorisation pour les établissements recevant du public, les immeubles de grande hauteur, les établissements classés et certains bâtiments à usage d'habitation. Environ, chaque année, la DPC émet un avis défavorable sur 30 % des dossiers reçus[103]. Par ailleurs, dans ses missions, elle met en place des commissions interministérielles pour procéder à l'évaluation du niveau d'exécution des recommandations d'ordre sécuritaire déjà formulées ou à l'analyse des risques en vue de prescrire des mesures de sécurité appropriées.

II. 4. 6. Les Eaux, Forêts et Chasses

Devant l'ampleur et les graves conséquences de la dégradation continuelle des ressources forestières et la menace de disparition qui pèse sur le patrimoine faunique, un ensemble de mesures d'ordre conservatoire ont été prises à partir des années 1960 pour assurer une gestion rationnelle et durable des ressources naturelles et partant, préserver durablement la diversité biologique dans les écosystèmes du pays[104].

C'est ainsi que fut créé, en 1973, un Secrétariat d'État à la protection de la nature. Cette structure n'ayant pu répondre aux défis de l'époque, le Secrétariat d'État aux Eaux et Forêts fut créé en 1978. En 1983, la lutte contre la désertification et la protection des ressources naturelles devenant un impératif dans le processus de développement économique et social du pays, le Secrétariat d'État fut érigé en ministère de la Protection de la Nature (MPN) pour lui donner plus d'envergure et d'efficacité requises dans l'accomplissement de ses missions.

Parallèlement, le Service des Eaux et Forêts et le Service des parcs nationaux, structures ayant en charge l'application de la politique de conservation des ressources naturelles et de la biodiversité, ont été

---

[103] DIOP D. (2012), *op. cit.*
[104] Exposé des motifs de la loi n° 2005-10 du 3 août 2005 portant statut du personnel des Eaux, Forêts et Chasses adoptée par l'Assemblée nationale en sa séance du vendredi 15 juillet 2005.

réorganisés. Dans réorganisation, le Conseil interministériel du 6 janvier 1975 sur les Parcs nationaux avait recommandé l'adoption d'un statut particulier militarisé pour le personnel des Parcs nationaux ainsi que celui des Eaux et Forêts. Comme pour le Service des Parcs nationaux, la militarisation du Service des Eaux, Forêts et Chasses s'avère, à l'expérience, indispensable en raison des contraintes liées à la servitude, à la sujétion et aux risques qui caractérisent leurs missions : protection des forêts, lutte contre les feux de brousse, contre le braconnage et contre la fraude. Ainsi, le port de la tenue et l'armement permettent de dissuader et de mieux positionner les agents face à d'éventuels fraudeurs.

Le personnel des Eaux, Forêts et Chasses est réparti en six corps hiérarchisés (Article 2 de la loi n° 2005-10 du 3 août 2005) :

- Les trois corps des ingénieurs des Eaux, Forêts et Chasses ;
- Le corps des ingénieurs des Travaux des Eaux, Forêts et Chasses ;
- Le corps des Agents techniques des Eaux, Forêts et Chasses ;
- Le corps des gardes des Eaux, Forêts et Chasses. La coupe de bois constitue un fléau très préoccupant pour le pays, car elle détruit près de 4 000 ha de forêt, chaque année, selon le ministre chargé de l'Environnement et du Développement durable. Le manque d'effectifs et de moyens des agents des Eaux et Forêts montre les limites de la politique menée jusque-là. Or, les trafiquants ne reculent devant rien pour atteindre leur objectif. Profitant de l'insécurité qui règne dans certaines zones frontalières, les trafiquants s'adonnent à une forme de troc, moto *Jakarta* contre bois. À cela, s'ajoute la vulnérabilité des populations exposées à toutes sortes de trafics, notamment du bois, culture de chanvre indien, braconnage, etc. Pour faire face au phénomène, les populations de Bounkiling se sont organisées en groupes de veille et d'intervention pour préserver leurs forêts. L'ASP a tiré profit de ce vivier pour constituer la première génération d'Assistants à la sécurité de proximité intervenant dans ce secteur. Leurs interventions courageuses et efficaces, au prix de leur intégrité physique, aux côtés des agents des Eaux et Forêts, pour faire face à ce fléau, attestées par la presse, montrant ainsi, la pertinence du partenariat entre le Département chargé de l'Environnement et l'Agence. Compte tenu des gros risques encourus, il est temps de doter les agents des Eaux et Forêts d'armes de défense pour répondre à toute attaque mettant leur vie en danger. Après le meurtre du chef de

village de PK12 en juin 2015, l'attaque, le 20 août 2015, à Médina Yéro Foula, dans la région de Kolda d'un agent des Eaux et Forêts accompagné de cinq (5) ASP, justifie amplement l'armement des agents des Eaux et Forêts.

Chapitre 3

La Police Municipale ou Police de Circonstance

III.1. L'expérience de la Police municipale au Sénégal

Au Sénégal, les Polices municipales sont nées dans un contexte particulier. Rappelons qu'à la suite de la radiation des 6265 policiers en 1987, 1485 ont été intégrés en qualité de policiers municipaux[105]. Après le vote des lois n° 96-06 et n°96-07 portant respectivement Code des Collectivités locales et transfert de compétences aux collectivités locales en 1996, une disposition de création d'une Police municipale dans les communes a été votée. En effet, le Code des Collectivités locales qui consacre la libre administration des collectivités locales justifiait le fondement de la responsabilisation des organes communaux de traiter toute question d'intérêt local. Ainsi, le maire a été responsabilisé, sous le contrôle du conseil municipal pour l'institution d'une Police municipale (Articles 124 à 133 de la loi n° 96-06 portant Code des Collectivités locales). La création de la Police municipale est justifiée par l'extension des pouvoirs de police du maire par les lois sur la décentralisation consécutive à la levée de la tutelle. Le contrôle *a posteriori* (contrôle de légalité ou juridictionnel) s'est substitué au contrôle *a priori* (contrôle d'opportunité ou hiérarchique) des actes des collectivités locales.

Avec le vote de la loi n° 2013-10 du 28 décembre 2013 portant Acte 3 de la décentralisation, ce dispositif a été reconduit à travers les articles 118 à 127 du Code général des Collectivités locales. Selon l'article 127, « en matière de police municipale, le conseil municipal peut émettre des vœux et avis mais n'a, en aucun cas, qualité pour adresser des injonctions au maire ». En réalité à travers cette réforme, le maire peut créer une Police municipale, après avis consultatif du Conseil municipal, contrairement à l'ancienne disposition où ce dernier devait se soumettre à l'avis conforme du Conseil municipal.

---

[105] C'était le 28 avril 1987 la suite des manifestations organisées par les forces de Police, les 13 et 14 avril 1987, que les autorités d'alors avaient pris un décret suspendant l'ensemble des agents.

Ce qui lui octroie une large compétence d'attribution touchant la circulation, les permissions de voiries, l'hygiène publique, la protection contre les incendies et les fléaux et calamités divers, ainsi que le bon ordre et la moralité publique. Toutefois, il faut noter que ces pouvoirs du maire sont assortis de deux exceptions. D'une part, le préfet est responsable de la police administrative sur l'ensemble du département. D'autre part, en cas de carence du maire, le préfet peut, dans certains cas, se substituer à lui. Ce droit ne peut être exercé par le représentant de l'État à l'égard d'une seule commune qu'après une mise en demeure au maire restée sans effet (Article 124 du CGCL). Le pouvoir de Police du maire ne peut pas être exercé sans le contrôle du représentant de l'État[106].

Néanmoins, comme le Code des Collectivités locales de 1996, celui de 2013 reconnaît au maire le rôle de premier magistrat dans sa commune et lui confère des attributions de Police administrative qui sont préventives, notamment pour le bon ordre et la paix sociale dans sa cité. Il peut prendre les mesures nécessaires contre toute dégradation de biens appartenant à l'État ou intéressant la chose publique, selon les dispositions prévues par les lois et règlements en vigueur (Article 225 du Code pénal)[107].

Concrètement, le décret n° 93-1324 du 24 novembre 1993 portant création, organisation et fonctionnement de la Police municipale dispose, dans son article 1 alinéa 1 : « En application de l'article 92 du Code de l'administration communale, les communes sont autorisées à créer, par délibération, une Police municipale ». Toutefois, la loi n° 2013-10 précise que : « la création d'un service de Police municipale est autorisée par décret qui en fixe les attributions, les moyens et les règles de fonctionnement ». La volonté du législateur de mettre la Police municipale sous le contrôle du préfet d'une part, et de lier sa création à un décret présidentiel d'autre part, montre que les pouvoirs de police du maire sont néanmoins encadrés.

Toujours dans cette même optique, l'article 5 du décret n° 93-1324 du 24 novembre 1993 dispose : « sans préjudice de la compétence générale de la Police nationale ou de la Gendarmerie nationale, les membres de la Police municipale exécutent, dans les limites de leurs attributions des tâches que leur confie le maire dans le cadre de ses pouvoirs de Police ». Entre autres, « ils sont notamment chargés

---

[106] Cf. Articles 120, 121, 122, 123 et 124 du Code général des Collectivités locales.
[107] Loi n° 74-54 du 4 novembre 1974.

d'exécuter les actes de Police du maire. Ils constatent, par procès-verbaux, dans les conditions prévues par l'article 21 du Code de procédure pénale les contraventions aux dispositions pour lesquelles le règlement prévu à l'article 3 les y autorise expressément ».

Par cette disposition, les policiers municipaux peuvent alors constater toute infraction qui entre dans le règlement de coordination élaboré par le préfet et le maire. Ce règlement selon l'article 3 *alinéa* 3 précise « la nature et le lieu d'application des interventions des membres de la Police municipale en matière de prévention et de surveillance du bon ordre, de la tranquillité et de la salubrité publiques ». Il précise aussi les modalités selon lesquelles les membres de la Police municipale informent les officiers de la police judiciaire et sollicitent leur assistance.

Les policiers municipaux exercent leurs fonctions exclusivement sur le territoire de la commune dont ils dépendent (Article 2 du décret n° 93-1324). Les missions des agents de Police municipale s'exercent de jour ; elle peut s'exercer de nuit, dans les conditions prévues par le règlement de coordination (Article 4 du décret n° 93-1324). Toutefois, en cas de trouble ou de menace à l'ordre public, l'autorité administrative compétente peut placer tout ou une partie des membres de la Police municipale sous l'autorité du chef de service régional de la sécurité publique.

Cependant, aucun texte n'a été pris pour organiser l'entrée dans la fonction. Il a tout simplement été écrit dans l'exposé des motifs que les policiers municipaux sont recrutés, formés et rémunérés dans les mêmes conditions que leurs homologues de l'État. Il existe un vide juridique sur la question de la formation.

En effet, le décret no 94-222 du 28 février 1994 portant approbation du modèle type de règlement de coordination pour l'emploi de la Police municipale marque la volonté de faire une nette différence entre Police nationale et Police municipale quant à leurs moyens d'identification et à leur contrôle. Ainsi, l'arrêté du ministre de l'Intérieur n° 010950/MINT/CT4 du 08 décembre 1993 définit les moyens d'identification des policiers municipaux. En ce qui concerne la Police municipale, depuis sa création jusqu'à l'admission de ses membres au sein de la Police nationale, on pourrait faire état de de l'absence d'évaluation.

III. 2. RELATIONS POLICE NATIONALE ET POLICE MUNICIPALE

Pendant toute son existence, la Police municipale n'a pas toujours eu une cohabitation heureuse avec la Police d'État pour des raisons diverses. La Police municipale n'a pas bénéficié de l'ouverture et de la collaboration qu'elle était en droit d'attendre de la Police nationale. En effet, les policiers municipaux ont toujours reproché à leurs homologues de la Police d'État de n'avoir jamais manifesté de solidarité à leur égard. Si ces deux catégories de fonctionnaires ont effectué le même travail (Police municipale et Police nationale), elles ont cependant reçu un traitement différencié.

Par exemple, les policiers radiés puis intégrés dans les Polices municipales ont perdu leur titre d'origine. Les commissaires sont devenus « contrôleurs de Police » ; les officiers « surveillants en chef » ; les inspecteurs « surveillants » et les gardiens de la paix « agents de Police ». Selon ses initiateurs, ce remodelage de grade excluait ainsi toute confusion sur les appellations entre agents de Police municipale et agents de la Police nationale. Par ailleurs, l'article 9 du décret n° 93-1324 du 24 novembre 1993 dispose que « la carte professionnelle, la tenue et les véhicules des membres de la Police municipale sont distincts de ceux de la Police nationale et de la Gendarmerie nationale. Ils sont les mêmes dans toutes les communes ».

Enfin, contrairement à leurs collègues de la Police nationale, selon l'article 8 du décret n° 93-1324 du 24 novembre 1993, « Les membres de la Police municipale sont munis, dans l'exercice de leurs fonctions, d'une arme de 5e catégorie (matraque). Toutefois, sur la demande du maire, le ministre de l'Intérieur peut, à titre individuel, les autoriser à détenir et à porter, pour les besoins du service, une arme de 2e et 4e catégorie lorsque les circonstances le justifient ».

En définitive, les rapports entre la Police d'État et la Police municipale dépendent de la manière dont fonctionne cette dernière. Par Police d'État, il faut entendre Police nationale et Gendarmerie nationale. En effet, certaines personnes utilisent souvent et à tort seulement le concept de Police nationale pour parler des fonctions policières alors que celles-ci englobent aussi des activités de la Gendarmerie nationale.

Une Police municipale, pour être efficace, doit être complémentaire à la Police nationale et à la Gendarmerie nationale et non être concurrentielle ou supplétive à ces dernières. Elle doit aider la Gendarmerie et la Police à se décharger des missions sociales qu'elles ne peuvent accomplir à cause du manque d'effectifs et de l'accroissement de la grande criminalité. Certes, une Police municipale, très sophistiquée, avec un matériel excessif, pourrait déboucher sur des rivalités avec les Polices d'État, de surcroît, si ces dernières qui ont la charge de lutter contre la grande criminalité, n'ont pas assez de moyens. Elles pourraient voir alors d'un mauvais œil une Police municipale suréquipée, peut-être même s'étonner de la raison d'être de ce matériel compte tenu des compétences limitées de ces policiers. En réalité, l'équipement excessif de la Police municipale donne l'impression de vouloir se substituer aux Polices d'État. Or, cette situation pourrait rendre difficile la collaboration entre ces différentes entités de Police. Ce qui serait préjudiciable et contraire à une logique de *Police municipale de paix sociale* qui rassure la population et assure un bon partenariat entre les différents acteurs.

Par ailleurs, le comportement de certaines Polices municipales peut entraîner ce que des spécialistes appellent la « guerre des Polices ». Les Polices municipales qui veulent des fonctions de « lutte sociale » constituent de nouveaux acteurs dans ces querelles intestines au détriment de la sécurité et des intérêts des citoyens. En France, par exemple, les rivalités entre la Police nationale et la Gendarmerie nationale datent de très longtemps[108]. En 1996, dans le cadre de notre thèse de Doctorat soutenue sur l'expérience française des Polices municipales, nous avions essayé de faire une analyse quantitative des Polices municipales en la validant par les conclusions de l'étude réalisée, en septembre 1993, par Madame CHAMBRON du Centre européen de Recherche et de Formation (CERF) pour le compte de l'Institut des hautes études de la sécurité intérieure (IHESI) français. Cette étude présente l'intérêt d'identifier les modèles de Polices municipales et leurs relations avec les acteurs régaliens.

Dans un premier temps, il découle de l'étude que le nouveau modèle dominant de Polices municipales correspond mieux à une « logique municipale » qu'à une « logique policière ». Cette dernière étant dominée par la caricature des « shérifs » arme à la main, obnubilés par la chasse aux délinquants, alors qu'une « logique municipale » est dominée par une volonté d'amélioration des qualités

---

[108] AMON A. et MARCHAND J.C., Edit. Alain MOREAU (1983), cités par NIANG P K. (1996), *op. cit*, p. 253.

de vie des habitants de la cité. Il existe trois catégories dominantes de Polices municipales : celle de « lutte sociale », celle de « paix sociale » et celle de « régulation sociale ».

Une Police municipale de « lutte sociale », que nous appelons « maximaliste » s'adresse aux délinquants, aux bandes organisées des quartiers difficiles et aux endroits dangereux de la ville. Ses agents arrivent en premier sur les lieux d'un *hold-up* ou d'un crime par exemple. À ce titre, elle est concurrentielle aux forces de Police étatique et prend l'initiative de ses actions. Cette forme de Police municipale n'est pas complémentaire aux forces régaliennes, mais supplétive, car elle partage le terrain de lutte contre la délinquance avec ces dernières[109].

Une Police municipale de « paix sociale » que nous appelons « minimaliste » tente d'éviter les faits traumatisants, sans rapport avec les forces de Polices d'État. Elle ne fait que du service de sécurité municipale en s'occupant des incivilités, du bruit, du stationnement, des écoles, des commerces, etc. Elle cherche la tranquillité des citoyens et laisse les endroits dangereux à la Police et à la Gendarmerie. En fait, elle s'occupe plutôt de ce qui gêne le citoyen dans sa vie quotidienne.

La troisième catégorie de Police municipale est dite de « régulation sociale » ou encore « modératrice ou régulatrice ». Elle règle les problèmes de voisinage, fait le lien avec les autres services municipaux, les acteurs de la sécurité et les services sociaux. Elle n'effectue que les tâches qui lui sont déléguées par les acteurs régaliens. Elle apporte son appui aux forces de Polices d'État pour régler les petites et moyennes affaires, prévenir et lutter contre la petite délinquance et les incivilités. À ce titre, elle est complémentaire à la Police nationale et à la Gendarmerie nationale.

Dans un second temps, l'étude présente l'intérêt d'identifier deux sous-systèmes d'acteurs intervenant sur la sécurité locale : celui qui représente la « logique municipale » et qui comprend principalement le maire, les élus, les services municipaux et la population et celui qui représente la « logique policière » et qui comprend principalement la Police nationale, le préfet, la Justice, et l'Éducation nationale.

Cette construction met en évidence trois types de rapports :

---

[109] CHAMBRON N., (1994). *Cahiers de la Sécurité Intérieure* n°16, pp 48-60 ; ROBERT Ph. et SAYOUS J-L. (1993), *Cahiers de la Sécurité Intérieure*, 6 août, cités par NIANG P.K., (1996), *op.cit.*

Une *relation de type offensif* qui se met en mouvement lorsque la police municipale se définit d'abord comme un instrument de lutte contre la grande délinquance parce qu'elle donne l'impression que la Police nationale ne fait pas son travail. Une *relation de type contractuel* : une Police municipale intégrée à la logique municipale qui a besoin de la Police nationale pour renforcer son impact sur la population et répondre aux objectifs assignés par les élus. Dans cette perspective, la Police municipale entretient des relations étroites avec la Police nationale et la population, mais elle ne se préoccupe que marginalement de lutter contre la délinquance.

En définitive, c'est dans le partenariat que la Police municipale et les Polices d'État doivent trouver leur efficacité. À notre sens, le seul problème majeur qui rend les rapports difficiles, c'est la délimitation des compétences territoriales et l'étroitesse des attributions. Dans bien des cas, force est de constater que la Police municipale fait office de police de proximité. Cette fonction qui constitue pourtant un aspect essentiel du service public se trouve parfois délaissée par la Police d'État qui préfère s'orienter vers des tâches plus « prisées » comme les arrestations, le déferrement, etc. des situations mieux prises en compte par les statistiques officielles.

Tout rapport entre les Polices d'État et les Polices municipales doit se résumer à une relation de partenariat élaborée et gérée par le préfet et le maire en tenant compte des acteurs et des réalités locales. C'est ce que l'on pourrait appeler *une logique d'action localiste* qui se traduirait par la complémentarité et dans le respect de la stricte légalité.

Enfin, contrairement à la Police nationale, les relations entre les Polices municipales et la Gendarmerie nationale sont moins conflictuelles, car leurs domaines de compétence territoriale sont jusque-là différents. Mais il faut dire qu'avec la communalisation intégrale issue de l'Acte 3 de la décentralisation, il y a un risque de prolifération des Polices municipales dans les communes, qui jusque-là, étaient rurales. À ce risque, vient s'ajouter celui lié au projet de rattachement de la Gendarmerie au Ministère de l'Intérieur et de la Sécurité publique. Ce qui ferait que cette dernière aurait désormais le même terrain d'intervention que la Police.

III. 3. RELATIONS POLICE MUNICIPALE ET POPULATIONS

Tout comme avec leurs collègues, les agents de la Police nationale, les policiers municipaux ont eu des rapports heurtés avec les populations à cause d'une incompréhension réciproque. Les policiers municipaux ne bénéficiaient pas de tout le respect et de toute la considération qu'une force de l'ordre est en droit d'exiger des populations qu'elle entend servir. Certainement, cette situation est à mettre en relation avec la tare congénitale qui a donné naissance à ce corps considéré, à tort, comme une sous-Police de la Police nationale.

Les policiers municipaux, objet de toutes sortes de quolibets, ont souffert de cette marginalisation malgré l'important rôle de police de proximité qu'ils incarnaient. Ainsi, la présence de polices municipales dans certaines communes n'a pas réduit la multiplication d'incivilités.

Les populations voulaient une Police qui apportât une réponse à toutes leurs préoccupations sécuritaires, alors que la vocation et les attributions de la Police municipale lui assignaient un champ d'intervention limité.

III. 4. RAPPORTS POLICE MUNICIPALE ET MAIRE

La Police municipale est un instrument de communication pour le service communal. En contact avec le maire et les adjoints, la Police municipale est plus proche de la population que les autres acteurs administratifs principaux de la ville. Elle apparaît comme une courroie de transmission entre le maire et la population, un trait d'union entre les différents services de la mairie pour la sécurité. La Police municipale assure la sécurité du personnel communal dans l'exécution de certaines missions dangereuses. Ces missions propres à la commune sont très difficiles à accomplir par les policiers d'État à cause de leur manque d'effectifs. Il est inutile de dire que la mise à la disposition du maire d'un personnel suffisant par la Police d'État est pratiquement impossible lorsqu'il veut effectuer certains travaux communaux. C'est pourquoi une Police municipale est nécessaire pour encadrer ce genre de missions délicates[110].

Les maires, dans leur majorité, malgré leurs pouvoirs de police conférés par la loi, n'ont pas compris l'utilité de disposer d'une Police municipale. Pour nombre d'entre eux, la présence de policiers

---

[110] NIANG P. K. (1997). « L'expérience française des polices municipales », *op. cit.*

municipaux leur a été imposée par l'État, d'autant plus qu'ils n'étaient pas demandeurs. Également, la plupart a eu des rapports distants avec leurs policiers municipaux dont ils ne se souciaient guère des conditions de travail et de vie. Par ailleurs, la connotation politique de certaines Polices municipales a été très souvent une contrainte majeure faisant abstraction de l'aspect républicain de la fonction.

En effet, comme la plupart des autorités politiques, ils avaient une vue parcellaire et une culture lacunaire de la sécurité. Pour certains élus, la volonté de doter les mairies de Police municipale, relevait plus de l'État que de leur ressort, la sécurité publique étant considérée comme une compétence régalienne. Cela rappelle les différentes opinions suscitées lors de la création de l'Agence d'assistance à la sécurité de proximité. Pour certains, il fallait renforcer les moyens d'action de la Police nationale plutôt que de créer un dispositif sécuritaire nouveau. Ainsi, la sécurité n'est pas inscrite dans l'ordre de leurs priorités. C'est ignorer l'orientation de la sécurité dans le monde qui devient l'affaire de tous. Néanmoins, les maires de Dakar, de Pikine et de Kaolack ont su faire de leur Police municipale des institutions fortes dotées des prérogatives dont ils ont largement tiré profit pour leurs villes. En absence de Police municipale, certaines communes ont préféré recruter des volontaires pour satisfaire leurs besoins de sécurité[111]. Ces volontaires tendent à disparaître dans certaines communes faute de moyens financiers pour les prendre en charge.

De telles activités liées au volontariat ont été inspirées par le *Peace Corps* ; qui, en tant qu'organisme de coopération des États-Unis d'Amérique à destination des peuples, a vu le jour par la volonté du Président John Fitzgerald KENNEDY. À l'époque, sous l'égide du Service de la coopération, structure relevant du Secrétariat général du Gouvernement du Sénégal, Monsieur COVERDELL, ancien Directeur général du *Peace Corps* et Gouverneur de l'État du Massachusetts, avait déclaré pertinente la création d'un corps de volontaires sénégalais, lors du trentième anniversaire de cette organisation à Washington, en 1993. C'est ainsi qu'il a mis à la disposition du cabinet *Africa Consulting International* de Gary Engelberg, un financement de 8000 dollars pour les études de faisabilité d'un organisme similaire au *Peace Corps* américain et qui répondrait à la définition et aux critères d'une fondation, conformément au souhait de

---

[111] C'est le cas des volontaires de la ville de Dakar.

feu Babacar Ndéné MBAYE, Secrétaire général du Gouvernement en ce moment.

L'idée était de recruter de jeunes Sénégalais avec des profils variés pour le renforcement des capacités institutionnelles de structures ayant exprimé le besoin. En contrepartie, ces derniers devraient recevoir un pécule de 30 000 FCFA par mois. L'objectif était de faire en sorte que les jeunes contribuent au développement de leur pays par le truchement d'un temps de mobilisation bénévole. En retour, ils bénéficieraient d'une expérience professionnelle qui leur permettrait d'accéder à des emplois futurs durables. Parmi ceux qui travaillaient sur ce projet, il y avait feu Alioune NDIAYE du Corps de la Paix américain, Khalil Sock GUEYE du Centre culturel américain, Arame DIOP, ancienne journaliste à la télévision nationale et Boubacar TRAORE, Directeur de la coopération, actuel Secrétaire général de l'Agence d'assistance à la sécurité de proximité.

Malheureusement, cette approche n'a jamais vu le jour. Toutefois, le document du projet a permis la création, en 1998, du Service civique national, et plus tard, du corps des volontaires de l'Éducation, sous l'impulsion de Mamadou NDOYE, alors ministre de l'Éducation de base, dans le Gouvernement à majorité présidentielle élargie de 1993 sous le magistère du Président Abdou DIOUF. Ces deux projets répondaient au même principe de volontariat, avec, cependant, des approches différentes. Le projet des volontaires de l'Éducation constituait, sans doute, une ouverture pour relever le taux de scolarisation du pays. Toutefois, avec le recul, on se demande si le dispositif institutionnel ainsi créé pour accompagner ledit projet était bien pensé.

Les erreurs du passé servent toujours de leçons pour l'avenir. Ainsi, la vision sécuritaire du Président de la République, Monsieur Macky SALL, a donné naissance à une politique émergente de volontariat basée sur l'approche de sécurité de proximité. C'est l'exemple le plus accompli des projets de volontaires. L'ASP dispose d'un maillage national sans précédent, et poursuit des objectifs de hautes priorités pour le pays en alliant la sécurité à l'emploi des jeunes mobilisés autour d'un pacte civique, dans un esprit marqué par le volontariat.

III. 5. ACTE 3 DE LA DÉCENTRALISATION ET LES POUVOIRS DE POLICE DU MAIRE

Le maire est chargé, sous le contrôle du représentant de l'État, de la Police municipale et de l'exécution des actes de l'État qui y sont relatifs, selon l'Article 118 du CGCL. La Police municipale, sous réserve des dispositions de l'article 123 du CGCL, a pour objet d'assurer le bon ordre, la sûreté, la tranquillité, la sécurité et la salubrité publique (Article 119).

> *Elle a pour missions notamment (Article 119 du CGCL) :*
>
> *1. La sûreté et la commodité du passage dans les rues, quais, places et voies publiques, ce qui comprend le nettoiement, l'éclairage, l'enlèvement des encombrements, la démolition ou la réparation des édifices menaçant ruine, l'interdiction de ne rien exposer aux fenêtres ou autres parties des édifices qui puisse causer des dommages ou des exhalaisons nuisibles. Les modalités de mise en œuvre des missions relatives au nettoiement et à la salubrité dans les collectivités locales de la région circonscription administrative abritant la capitale sont déterminées, en tant que de besoin, par les dispositions particulières fixées par décret ;*
>
> *2. Le mode de transport des personnes décédées, des inhumations et exhumations, le maintien du bon ordre et de la décence dans les cimetières, sans qu'il soit permis d'établir des distinctions et des prescriptions particulières à raison des circonstances qui ont accompagné la mort ;*
>
> *3. L'inspection sur la fidélité du débit des denrées qui se vendent au poids ou à la mesure, et sur la salubrité des denrées comestibles exposées en vente ;*
>
> *4. La prévention, par des précautions convenables, et l'intervention, par la distribution des secours nécessaires, en cas d'accidents et de fléaux calamiteux, tels que les incendies, les inondations ou tous autres accidents naturels, les maladies épidémiques ou contagieuses, les épizootiques, la mise en œuvre de mesures d'urgence en matière de sécurité, d'assistance et de secours et s'il y a lieu, le recours à l'intervention du représentant de l'État auquel il est rendu compte des mesures prescrites ;*

> *5. Les mesures nécessaires contre les aliénés dont l'état pourrait compromettre la morale publique, la sécurité des personnes ou la conservation des propriétés ;*
>
> *6. L'intervention pour obvier ou remédier aux événements fâcheux qui pourraient être occasionnés par la divagation des animaux, quels qu'ils soient.*
>
> *Les missions de la commune énumérées aux points 1 et 2 ci-dessus sont, le cas échéant, exercées par le maire de la ville.*

L'autre nouveauté de la réforme de 2013, c'est l'exercice exclusif des pouvoirs de police résultant des points 1 et 2 de l'article 119 du Code général des Collectivités locales, par le maire de ville.

Le maire exerce la Police des routes à l'intérieur des agglomérations, mais seulement en ce qui concerne la circulation sur lesdites voies (Article 121). Il peut, pour cela, moyennant le paiement de droits fixés par un tarif dûment établi, donner des permis de stationnement ou de dépôt temporaire sur la voie publique, sur les rivières, ports et quais fluviaux et autres lieux publics, sous réserve que cette attribution puisse avoir lieu sans gêner la voie publique, la navigation et la circulation. Également, il peut accorder des permissions de voirie, à titre précaire et révocable, pour l'occupation de voie publique dans des conditions prévues par les lois et règlements. De même, dans ses attributions, en matière de Police municipale, le maire peut nommer des agents assermentés, chargés, sous le contrôle du Service d'hygiène, de fonctions relatives à la police sanitaire de la commune, selon l'article 126 du CGCL. Pour rappel, en matière de Police municipale, le conseil municipal peut émettre des vœux et avis mais n'a, en aucun cas, qualité pour adresser des injonctions au maire (Article 126).

III. 6. L'AGRÉMENT, LE CONTRÔLE ET LA SUPERVISION DE LA POLICE MUNICIPALE

Les agents de la Police municipale sont des fonctionnaires communaux. Ils sont assermentés après avoir été agréés par le Procureur et l'autorité administrative compétente (Article 7 du décret n° 93-1324). Et c'est au Procureur de la République et au préfet de décider du retrait de l'agrément. Le maire peut engager aussi une procédure disciplinaire tendant à la révocation ou proposer une reconversion de l'agent dans un corps de la fonction publique communale. Toutefois, le décret est muet en ce qui concerne l'autorité chargée d'accepter l'assermentation des policiers municipaux. Cela ne peut être que le président du tribunal régional ou départemental du lieu de l'exercice. Mais est-ce que cette disposition a été vraiment respectée ?

Comme corps de contrôle, il est créé une commission nationale de la Police municipale auprès du ministre de l'Intérieur. Celle-ci est composée d'un représentant du Garde des Sceaux, ministre de la Justice, d'un représentant du ministre de l'Économie et des Finances, du directeur des Collectivités locales, de trois représentants de la Police nationale, de trois représentants de la Gendarmerie nationale et de trois maires (Article 6 du décret n° 93-1324). Cette commission avait pour mission d'émettre des avis sur les attributs, les moyens et le fonctionnement de la Police municipale. Par ailleurs, l'inspection des services de sécurité du Ministère de l'Intérieur est compétente pour le contrôle des services de la Police municipale.

Dans les communes où existe une Police municipale, l'autorité administrative compétente et le maire édictent, conjointement, après avis du Procureur de la République, le règlement de coordination conforme à un modèle type qui sera approuvé par décret après avis de la Commission nationale de la Police municipale (Article 3 du décret n° 93-1324). À défaut d'un accord entre le maire et l'autorité compétente, cette dernière édicte, seule, le règlement, après avis du Procureur de la République.

Les agents de la Police municipale peuvent être requis par le Procureur de la République, le juge d'instruction et les officiers de la police judiciaire afin de leur prêter main-forte (Article 10 du décret n° 93-1324). En cas de trouble ou de menace à l'ordre public, l'autorité administrative compétente peut placer tout ou partie des membres de la Police municipale sous l'autorité du chef de service régional de la sécurité publique.

III. 7. LES FAIBLESSES CONGÉNITALES DE LA POLICE MUNICIPALE

Parmi les problèmes qui ont bloqué l'expansion et le déploiement des Polices municipales, les contraintes financières ont été certainement les facteurs déterminants. En effet, les charges relatives à la masse salariale ont très vite été insupportables pour la majorité des communes. Pendant les trois premières années (1993-1996), les salaires étaient assurés par l'État qui versait une subvention aux municipalités où servaient des agents de Polices municipales. Après, le 31 décembre 1996, avec le transfert de compétences aux collectivités locales et le versement du Fonds de dotation de la décentralisation (FDD), les communes devaient se substituer à l'État pour la prise en charge financière. Mais très vite, des difficultés obligèrent l'État à poursuivre ses subventions au bénéfice de certaines communes. C'est par ce biais que les quelques reliques de Polices municipales ont pu continuer à exister jusqu'à la reprise de leurs agents par la Police nationale en 2011.

Les enseignements à tirer de l'expérience de la Police municipale au Sénégal, de la période allant du 1er décembre 1993, date de sa mise en place au 7 juillet 2011[112], date de l'admission de ses membres au sein de la Police nationale, doivent servir de viatique pour la nouvelle sécurité de proximité dont la création s'impose, notamment pour une meilleure prise en charge des besoins sécuritaires des populations. Certes, le bilan ne peut qu'être variable en fonction des villes. À Dakar, les autorités municipales ont pu utiliser la Police municipale à bon escient.

L'un des résultats les plus probants de la création d'une Police municipale a été certainement de pacifier le front social et de régler définitivement le problème des policiers radiés qui revenait de manière lancinante et récurrente devant la représentation nationale. Du point de vue institutionnel, cette entité, connue comme une Police de proximité, a permis à des villes comme Dakar, Pikine, Guédiawaye, Kaolack, Fatick et Thiès à mieux asseoir l'autorité du maire dont les pouvoirs de Police n'étaient que normatifs. L'implication de la Police municipale a permis une meilleure sécurisation du patrimoine des communes et pour d'autres une augmentation substantielle des recettes municipales dans d'autres, entraînant ainsi des opportunités réelles d'investissements au profit des populations.

---

[112] Décision prise lors du Conseil des ministres du jeudi 7 juillet 2011 qui « a examiné et adopté un projet de loi portant admission des personnels de la police municipale dans la police nationale ».

CHAPITRE 4

VERS LA MARCHANDISATION DE LA SÉCURITÉ

En France, au début du XXe siècle, la sécurité publique était l'affaire des Polices municipales. Jusqu'à la Seconde Guerre mondiale, de nombreuses polémiques se sont développées autour des forces de sécurité par rapport à une théorie selon laquelle la sécurité appartiendrait exclusivement à l'État et que la Police devrait être unifiée sous le contrôle de l'État[113]. Cette conception se rattache indirectement à celle de l'État omnipotent, largement inspirée par Georg WILHEN et Friedrich HEGEL dont « la dialectique contribue à la glorification de l'État en tant qu'autorité suprême dans la vie de l'individu qui fraya la voie à Hitler »[114].

Aujourd'hui, cette conception est largement battue en brèche. Après l'articulation Police municipale-Police nationale, on a vu l'affirmation d'une nouvelle tendance qui laisse une place au privé dans la gestion de la sécurité. En réalité, les premières sociétés de sécurité privée sont encouragées par la fin de la Guerre froide lorsque les grandes puissances mondiales ont décidé de réduire leurs effectifs militaires[115].

Pour des raisons essentiellement économiques, des milliers de soldats professionnels vont envahir le marché de l'emploi de la sécurité privée. Il faut également noter, par ailleurs, que l'insécurité post Guerre froide est particulièrement favorisée par la montée des incertitudes liées à l'essoufflement des États providences.

Si le noyau central des appareils politiques reste les polices d'État, la gouvernance de la sécurité c'est-à-dire « l'art de policier » (*policing*) concerne incontestablement tous les acteurs, notamment centralisés/décentralisés, civils ou militaires, privés, commerciaux, civiques et communautaires.

---

[113] SHIRER W. *Le IIIeme Reich, des origines à la chute*, Paris, éd. Stock, Tome I, pp. 129-139 cité par NIANG P. K., (1996), *op. cit*, p. 84.
[114] *Idem.*
[115] *Idem.*

En Afrique, l'élargissement de la fonction policière à des fins privées a été introduit par la colonisation européenne. Ainsi, en 1989, les groupes commerciaux avaient mis sur pied la compagnie des Gardes civils indigènes pour la protection des établissements du Golf du Bénin.

En réalité, tous les administrateurs européens ainsi que les auxiliaires autochtones de la période coloniale ont favorisé et consolidé la récupération de la fonction policière à des fins privées. Après les indépendances, une forte demande de sécurité des citoyens insatisfaite par la faiblesse de l'offre héritière des dysfonctionnements structurels des systèmes de sécurité coloniaux, a naturellement favorisé la mise en place de formes de sécurité parallèle notamment, les veilleurs de nuit, l'îlotage de vigilance, la mobilisation des milices, le recours à des protections magiques ou religieuses.

Au Nigeria, les premières compagnies « autochtones » apparurent à la fin de la guerre du Biafra, pendant le boum pétrolier et l'explosion du banditisme armé, avec Omo Security Services en 1971. Paradoxalement, les législateurs africains ont commencé à encadrer ce secteur sensible bien plus tard, par exemple : le Nigeria, en 1986, le Sénégal, en 1978[116].

Dès lors la société de surveillance et de gardiennage se définit comme « l'entreprise offrant aux personnes physiques ou morales, de façon permanente ou continue, des services ayant pour objet la sécurité des biens : meubles et immeubles ainsi que celle des ressources liées directement ou indirectement à la sécurité de ces biens ». Mais qu'en est-il du Sénégal ?

IV. 1. UN CONTEXTE SOCIO-ÉCONOMIQUE FAVORABLE

Au Sénégal, le sentiment d'insécurité et le manque de prise en charge intégrale de ce phénomène poussent les citoyens à se charger eux-mêmes de leur propre sécurité en créant des groupes de vigilance, en assurant des rondes de nuit. En l'absence d'une prise en charge institutionnelle, les individus s'organisent avec les moyens du bord pour se libérer de leur peur. Cette situation est déplorable d'autant plus qu'elle incite à la vengeance privée contraire aux valeurs démocratiques. Mais, comme disait Thomas HOBBES dans sa fiction de la fondation de l'état social : « c'est la peur qui est socialement

---

[116] Perousse De Montclos M-A. (2008). *États faibles et Sécurité en Afrique noire. De l'ordre dans les coulisses de la périphérie mondiale.*

créatrice », puisque ce qui amène les hommes à s'unir et à former un corps politique, à créer l'état civil, « c'est l'état de guerre de chacun contre chacun ». Ce qui permet de dire que, face au sentiment d'insécurité, les hommes sont toujours tentés de créer leurs propres systèmes de sécurité et de défense.

Ainsi, parallèlement aux actions de la Police nationale et de la Gendarmerie nationale, une offre privée de sécurité est apparue, ces dernières années dans le pays, notamment avec les sociétés privées de gardiennage et les groupes de vigilance des quartiers. Ces derniers, évoluant sans cadre juridique précis, se développent comme une sécurité privative et posent le risque de se muer en « Polices parallèles ». Ce qui pourrait constituer un danger pour la réputation des forces de Police et porter atteinte aux libertés individuelles et collectives des populations. La sensibilisation des acteurs responsables de cette « insécurité » est à la fois une priorité et un impératif. Dans cette dynamique, certaines grandes sociétés de sécurité privée ont fait fortune sur la problématique de l'insécurité dans les quartiers.

En effet, le marché de la sécurité est devenu un business très juteux au Sénégal et l'offre s'est largement diversifiée ces dernières années[117]. Ainsi, certaines maisons disposent d'un gardien de jour comme de nuit pour se protéger des vols et autres formes d'infractions, car tout est bon à voler, même l'antenne sur le toit. Les moins nantis qui ne peuvent pas se payer ce luxe, mutualisent leurs moyens afin de faire assurer leur sécurité. Dans d'autres quartiers, les habitants se constituent en milices de surveillance populaire qui se relaient la nuit, pour assurer leur propre sécurité. Dans les marchés, les commerçants s'organisent en groupes de vigilance afin de limiter le vol de leurs marchandises et les agressions contre leurs clients. Face à la montée de cette insécurité, on observe aussi que, de plus en plus, de familles aisées gardent des armes à feu à la maison pour assurer, elles-mêmes, leur sécurité. On remarque également que de nombreux automobilistes conservent des armes dans leur véhicule (armes à feu, armes blanches ou gourdins) pour se protéger contre d'éventuels agresseurs.

Ainsi, la sécurité privée qui était une affaire de riches a subi une mutation au profit d'autres acteurs plus modestes. C'est dans ce

---

[117] Entre autres, il y a : Aspi, Avci Sénégal, Charwatoun Services, Gps, Millenium Sécurité Service, Msic Sécurité, Phoenix Sénégal, Safe Afrique, Sagam Sécurité, Sophia Secruris, Sps Sécurité, Vigassistance et Yakkar...

contexte que se développe la sécurité privée communautaire enfourchant ce vide juridique. Le sentiment d'insécurité prend des proportions de plus en plus grandes. Les jeunes sans emploi et sans qualification, touchés par le chômage, investissent le créneau de la sécurité pour améliorer leurs conditions d'existence et de subsistance.

IV. 2. CADRE JURIDIQUE DES ACTEURS PRIVÉS DE LA SÉCURITÉ

Sur le plan institutionnel, les activités des sociétés privées de sécurité sont régies par la loi n° 78-640 du 6 juillet 1978 complétée par son décret d'application n° 79-113 du 1er février 1979 fixant les conditions d'exercice des activités de surveillance, de gardiennage et d'escorte de biens privés. L'article 2 de cette loi stipule que : « l'ouverture et l'exploitation d'une entreprise de surveillance, gardiennage et escorte de biens privés sont soumises à une autorisation préalable ». Pour compléter le dispositif juridique, le décret n° 2003-447 du 18 juin 2003 abrogeant et remplaçant le décret n° 79-113 du 1er février 1979 précise en son article premier que : « l'exercice de toute activité comprise dans le texte précité est soumis à l'autorisation du Ministère de l'Intérieur ». En effet, pour exercer sur le territoire national, les entreprises doivent recevoir au préalable un agrément du Ministère de l'Intérieur après avoir introduit une demande respectant les critères requis.

Les sociétés privées de sécurité sont de deux sortes : les unes sont de droit commercial sénégalais, c'est-à-dire figurant dans l'un des types de sociétés commerciales prévus par l'acte uniforme, et les autres sont constituées sous forme de Groupement d'intérêt économique (GIE). Elles exercent leurs activités dans les usines, les représentations diplomatiques (ambassades, consulats et résidences des autorités diplomatiques), les établissements commerciaux et financiers, l'aéroport, le port, les hôtels, les établissements hospitaliers, de même que dans les résidences des particuliers. La prolifération des acteurs privés de la sécurité est à mettre en relation avec le contexte socio-économique et le sentiment d'insécurité des populations. Cela a fait exploser la demande de sécurité existante dans le secteur privé. À cela s'ajoutent les marchés de sécurité confiés, par les sociétés publiques, privées et parapubliques, aux sociétés de gardiennage.

IV. 3. LA NÉCESSITÉ DE MIEUX CADRER LES SOCIÉTÉS PRIVÉES DE SÉCURITÉ

Au titre du cahier de charges portant prescriptions techniques, fiscales et sociales auxquelles sont soumises les sociétés privées de sécurité, établi par le Ministère de l'Intérieur, en application de l'article 2 du décret de 2003, les GIE sont compétentes pour exercer exclusivement des activités de gardiennage. En revanche, celles constituées sous le régime des sociétés commerciales sont compétentes pour exercer des activités de gardiennage, surveillance et escorte de biens privés. Or, si traditionnellement elles avaient comme activité principale le gardiennage physique, elles orientent, de plus en plus, leurs activités vers une diversification de l'offre de services : vidéosurveillance, télésurveillance, convoyage de fonds, garde-corps..., et ceci sans encadrement juridique ni contrôle.

Ainsi, le développement anarchique de ces sociétés privées de sécurité, ces dernières années, doit inciter l'État à veiller à ce que leurs missions, dont l'utilité ne peut être négligée face aux besoins accrus de sécurité des populations, cadrent mieux avec la réglementation afin d'éviter les confusions de rôles et de mieux assurer la protection des libertés individuelles et collectives. Dans le répertoire national des sociétés, on recensait, en 2010, 302 structures ayant comme activité la sécurité privée autorisées par le Ministère de l'Intérieur et de la Sécurité publique pour un effectif de près de 30 000 agents, soit deux fois supérieurs à la Police et la Gendarmerie réunies. Aujourd'hui, ce nombre a largement augmenté, ce qui crée les conditions d'une véritable « sécurité marchande ». Certains patrons de sociétés privées de sécurité sont payés entre 150 000 et 200 000 FCFA pour chaque agent qu'il met à disposition, alors que ce dernier ne perçoit qu'entre 25 000 et 70 000 FCFA par mois. Ces montants ne sont qu'indicatifs faute d'une convention collective du secteur.

Par ailleurs, malgré ce cadre opérationnel ouvert, les acteurs de sécurité privée sont toujours à la recherche d'une identité. Celle-ci se caractérise par l'absence d'une professionnalisation et d'une spécialisation pour exercer efficacement leurs missions aux côtés des forces de Police. Avec la nouvelle politique de Gouvernance sécuritaire de proximité, il devient indispensable de normaliser ce secteur privé de la sécurité afin de mieux le prendre en compte dans la politique de sécurité intérieure du pays.

Les sociétés privées de sécurité et de gardiennage sont entrées, de fait, dans le dispositif sécuritaire de notre pays. Ces dernières sont souvent utilisées par les structures publiques ou diplomatiques pour la sécurisation des personnes et des biens. L'État, producteur de la sécurité publique, devient consommateur de sécurité privée. À cet égard, il importe de faire encadrer ces sociétés de gardiennage par une institution agréée par l'État qui se chargerait du recrutement, de la formation, du contrôle et du plan de carrière de leurs agents.

Il est temps de professionnaliser la sécurité privée en harmonisant toutes les règles de fonctionnement qui régissent le secteur. La loi d'orientation sur la sécurité intérieure devrait naturellement les prendre en compte dans la nouvelle architecture de la sécurité intérieure afin de mieux les organiser dans l'intérêt des populations.

Après avoir confié exclusivement la sécurité à l'État avec l'intrusion des sécurités privées de fait et la naissance de circonstance de la Police municipale, le Sénégal vient de consacrer un nouveau concept fondé sur la gestion de la sécurité par les acteurs régaliens en y associant tous les citoyens. Le concept de « Gouvernance sécuritaire de proximité » consacre la sécurité, par tous, pour tous et partout.

Née d'une ferme volonté politique du chef de l'État, Macky SALL, tirée des réalités sociologiques du pays, la Gouvernance sécuritaire de proximité est élaborée et mise en œuvre avec succès, malgré les méfiances à sa naissance.

DEUXIÈME PARTIE

SÉCURITÉ INTÉRIEURE : L'EXPÉRIENCE SÉNÉGALAISE DE LA GOUVERNANCE SÉCURITAIRE DE PROXIMITÉ

CHAPITRE PREMIER

L'APPROCHE CONCEPTUELLE DE LA GOUVERNANCE SÉCURITAIRE DE PROXIMITÉ

I.1. ÉVOLUTION DE LA NOTION DE SÉCURITÉ

L'introduction de la notion de « Gouvernance sécuritaire de proximité » ou de « sécurité de proximité » procède d'une démarche novatrice et révolutionnaire. Elle vise à impulser, comme modalité d'infléchissement du sentiment d'insécurité, un partenariat étroit entre l'État, les collectivités locales et le mouvement associatif en misant sur la prévention.

Ainsi, il s'agit là d'un changement de paradigme, car la sécurité, avec cette nouvelle orientation stratégique, n'est plus considérée comme l'apanage exclusif des seuls acteurs régaliens, Police nationale et Gendarmerie nationale. Mais, à côté de l'État, longtemps considéré comme détenteur du monopole de la sécurité, d'autres acteurs sont désormais associés à sa production et à sa diffusion sur l'ensemble du territoire national. L'utilisation de la sécurité de proximité à la place de la police de proximité met le citoyen au cœur de la prévention. Cette nouvelle vision est fondatrice de l'expression « co-production de la sécurité » qui sous-tend un partenariat actif, sur le plan local, entre l'État, les élus locaux et les acteurs de la vie sociale pour améliorer la situation sécuritaire des populations. En clair, avec cette nouvelle politique, la sécurité est considérée comme l'affaire de tous et elle doit donc être assurée par tous.

La « police » a toujours été décrite comme une technique opératoire qui a servi à organiser l'État. Ainsi, au XVIe siècle, la notion ne se distinguait guère de celle de droit et d'administration de la cité. Pourvue de nombreuses attributions, la Police doit aussi veiller à la moralité, sur les routes, dans les marchés et partout où l'ordre se trouverait menacé. Une telle conception est, aujourd'hui, difficilement soutenable avec l'évolution des sociétés modernes. On assiste alors à une nouvelle logique qui se dessine et qui intègre tous les acteurs de régulation sociale.

Si la notion de police de proximité a été toujours utilisée pour le rapprochement de la Police à la population, elle n'a jamais atteint l'objectif visé à cause de sa connotation policière basée sur des techniques particulièrement policières, l'îlotage, la patrouille ou la ronde. Or, la sécurité de proximité, tout en laissant la police de proximité aux acteurs régaliens, met en avant le citoyen comme acteur principal dans la prévention et la lutte contre la délinquance.

La sécurité qui a été confondue, pendant très longtemps, à la police (pratique opératoire) s'est élargie au profit de l'environnement, de l'hygiène, de la salubrité, de l'économie, bref de toutes les activités de la vie économique et sociale.

La notion de sécurité, telle qu'acceptée, prend ainsi en compte tous les fléaux qui attaquent nos sociétés et notre vie, contrairement à celle limitée à l'ordre public qui, prioritairement, s'attache à l'intérêt de l'État et le plus souvent assurée par les organes régaliens.

I. 1. 1. De la logique de l'ordre public

Une des caractéristiques de la Police est d'être intégrée dans l'Administration tout en bénéficiant au sein de celle-ci d'un régime particulier. L'institution policière se plie ainsi à des principes juridiques comme celui de la répartition des autorités administratives et judiciaires qui voudrait distinguer police administrative et police judiciaire, tout en produisant un droit spécifique, le droit de la Police qui se différencie du droit du service public.

En France, par exemple, si la fixation du statut de la commune est retenue comme un moment déterminant dans l'histoire de la Police, c'est qu'elle donne une réponse à la question centrale des relations entre l'État et les collectivités locales en matière de Police. Le maintien de l'ordre public n'est en effet qu'une mise en œuvre de la protection de l'ordre social. Or, comme il a été démontré, l'ordre social libéral repose sur une contradiction renvoyant à la rigueur du règne de la loi ; il nécessite aussi une prise en compte de la contingence des réalités.

Cette distinction recoupe, en partie, celle des capacités d'action respectives de l'État et des collectivités locales, alors que dans une conception centraliste, l'État exprime la loi. Cependant, pour Jean-Jacques GLEIZEL « les autorités locales révèlent une capacité à traiter les problèmes concrets »[118]. En conséquence, il ressort de la logique de l'ordre public que la sécurité est une fonction de l'État. La Police est instituée pour maintenir l'ordre public, la liberté, la protection et la sûreté individuelle.[119] Si la police administrative est préventive, la police judiciaire est plutôt répressive.

Le professeur RIVERO écrit que l'ordre public des démocraties libérales s'entend essentiellement dans le sens de l'ordre matériel, l'ordre non pas dans les esprits (...) mais dans les comportements extérieurs et notamment dans les comportements publics, c'est-à-dire ceux qui ont pour siège la voie publique, les salles de spectacles ou cafés, les lieux où l'on se réunit. Cet ordre recouvre trois notions : *la sûreté* : le citoyen doit être protégé aussi bien des périls naturels que ceux qui procèdent des activités de ses semblables ; *la tranquillité* : il doit pouvoir vivre paisiblement, ce qui implique la lutte contre le bruit, les désordres, les tumultes, etc., et *la salubrité* : l'État doit assurer au citoyen une existence saine[120].

Cette conception traditionnelle selon laquelle la fonction exclusive de la Police est le maintien de l'ordre public ne doit pas disparaître dans la lutte contre la grande criminalité. Dans ce domaine, la Police sénégalaise doit garder sa spécialisation et sa centralisation. Cependant, en ce qui concerne la prévention de la délinquance, aucune action efficace ne peut être menée sans l'implication de l'ensemble des acteurs administratifs, sociaux et associatifs. C'est seulement dans ce domaine que la tendance actuelle passe de la Police de l'ordre public à la sécurité de proximité. Dans cet esprit, il est plus judicieux d'employer le concept de « sécurité de proximité » au lieu de « police de proximité », car cette dernière a une connotation policière plus restrictive. Elle ne prend pas en compte la place des acteurs non policiers dans le domaine de la prévention de la délinquance. En revanche, la « sécurité de proximité » n'a aucune connotation policière et elle laisse une place à tous les acteurs, même non institutionnels. Le recrutement de 10 000 personnes dans ce domaine conforte la nécessité de faire cette distinction entre Police de proximité et Sécurité de proximité.

---

[118] GLEIZAL J-J. (1994), pp. 13-15, cité par NIANG P. K. (1996), *op. cit.*
[119] GLEIZAL J-J. (1992-1993), « Théorie de la sécurité », Cours ENSP de Saint-Cyr au Mont-d'Or, dactylographié, cité par NIANG P. K. (1996), *op. cit.*
[120] Libertés et ordre publique : conférence Institut internationale de Police, Paris, avril 1979.

I. 1. 2. À la police de proximité

Cette référence fait appel, d'une manière systématique, à un certain nombre d'idées plus ou moins mises en avant sur les rapports entre la Police et la société lors de la création de la Police métropolitaine de Londres en 1829 par Robert PELL. Ce rappel historique montre que le problème n'est pas seulement lié au caractère abondant de la littérature sur cette question au cours des dernières décennies, mais qu'il touche surtout à des questions de fond soulevées dès l'origine de l'institution policière. En effet, le développement de cette réflexion est lié au constat d'un divorce, d'un éloignement entre la Police (l'institution), les policiers et le public qui se sont traduits par un sentiment grandissant d'insécurité et par une perte de confiance réelle ou supposée dans le rôle et l'efficacité de la Police relativement à la protection des personnes et des biens.

Cette évolution se justifie aussi par les changements liés au progrès des outils de communication et de la technologie (radio, téléphone, télésurveillance, Internet...) et par la motorisation des moyens de mobilité, qui ont eu pour conséquence de rendre moins importante la proximité entre le policier et son terrain d'action. De ce fait, se sont développées les pratiques policières fondées essentiellement sur la rapidité des communications et des interventions, négligeant, du coup, les contacts humains familiers avec les populations.

La professionnalisation des institutions policières, valorisant la spécialisation des personnels et leur indépendance dans la mise en œuvre de leurs compétences, est allée aussi dans le même sens. Toutes choses qui conduisent à négliger les préoccupations concrètes des citoyens au profit de considérations d'efficacité techniques, souvent évaluées en termes statistiques. C'est pour remédier aux inconvénients de cette situation (croissance des incivilités et de la petite et moyenne délinquance, développement du sentiment d'insécurité, méfiance de la population à l'égard de la Police) que s'est développée une réflexion sur le thème de « Police de proximité », que d'aucuns appellent « Police communautaire ». L'objectif de cette démarche est de renouer les liens entre la Police et la communauté et, partant, de rapprocher la Police de la population qu'elle est appelée à servir et à protéger.

Il s'agit alors de réorganiser et de décentraliser l'activité policière, avec notamment une réorientation des patrouilles et le développement des pratiques d'îlotage, afin de ré-immerger la Police dans le tissu des relations sociales quotidiennes et ainsi faciliter une communication directe à double sens. Cela suppose également une identification des problèmes locaux et des priorités en étant attentif aux demandes des citoyens et en les consultant. Cela implique aussi une politique de partenariat et de mobilisation tendant à aider les quartiers à résoudre, par eux-mêmes, les problèmes d'insécurité.

La police de proximité est naturellement exercée par les corps traditionnels (police et Gendarmerie) sans qu'une doctrine ne soit réellement tracée. Or, on a toujours utilisé le concept de « police de proximité » pour rendre compte du travail de prévention policière. L'idée même de la participation civile à la prévention de la délinquance est relativement ancienne. En France, déjà en 1938, DONNEDIEU De VABRES présentait au Conseil supérieur de prophylaxie criminelle un rapport sur la coopération des pouvoirs publics et de l'initiative privée pour la prévention du crime. Toutefois, « il n'était pas question de substituer à l'action de l'État, celle des citoyens, mais de faire en sorte que ceux-ci, en accord avec celui-là, participent à la lutte contre la délinquance par le biais de la participation ». De même, à Montréal, les programmes de prévention communautaire sont mis en œuvre avec succès[121].

Cette relation entre la Police et le public est un enjeu majeur de l'activité policière, même si l'on semble, aujourd'hui, face à l'augmentation croissante de la petite criminalité, découvrir cet axiome sous un nouvel angle.

Dans ce pays, au cœur de la « police de proximité », le rapprochement de la Police au public qu'elle est censée servir est posé à juste titre comme un impératif à la politique prétendant s'attaquer au développement de la petite et moyenne délinquance.

Dans les pays de l'Amérique du Nord ou en Grande–Bretagne, le concept de « proximité » s'est développé avec force, ces dernières années. Le « community policing » repose principalement sur l'idée selon laquelle, la Police obtient de meilleurs résultats en s'appuyant sur les relations qu'elle développe avec la population. Elle correspond à un changement d'optique dans la manière de qualifier le travail du policier : la priorité est désormais donnée aux problèmes rencontrés par la population. À cet égard, la coopération de la Police avec la population est indispensable et détermine l'efficacité de la mission. La

---

[121] Ville de Montréal, *Tandem Montréal. Pour une approche communautaire en prévention de la criminalité*, 10 p.

mesure de l'efficacité n'est plus, ni la rapidité d'intervention, ni le nombre d'arrestations mais plutôt l'absence de désordre. Ce sont, en premier lieu, les problèmes qui troublent la quiétude des populations qui doivent être pris en compte par les services de Police.

En France, la vraie notion de proximité commence à apparaître dans les discours officiels sur la Police dans les années 1988-1989. Le terme « Police de proximité » s'imposa plus tard pour devenir aujourd'hui la pierre angulaire des actions préventives de la Police. Dans les années 1983-1984, la lutte contre la petite délinquance par l'intensification de la présence policière sur la voie publique était mise en avant pour utiliser ce concept. Depuis 1988, il est de plus en plus question de « Police au quotidien », de la « sécurité dans la vie quotidienne » et de la « nécessité pour les services de Police de se rapprocher de la population ». À cette époque, on évoquait aussi la Police comme outil de « proximité sociale » ou encore de « gestion de proximité ». Ainsi, dans les derniers mois de l'année 1990, les notes internes à l'administration française faisaient appel à la notion en ces termes : « la sécurité quotidienne des Français implique une Police de proximité efficace. Celle-ci doit avoir une dimension préventive et s'insérer dans la politique de la ville, une dimension répressive pour que l'ordre public soit assuré en permanence et partout sur le territoire national »[122].

En 1992, la « Police de proximité » est affichée comme une priorité dans l'action de la Police urbaine. Le ministre de l'Intérieur Paul QUILES annonçait : « le plan d'action que j'ai présenté le 13 mai 1992 contient une orientation essentielle pour l'avenir. L'idée d'une Police de proximité, c'est-à-dire une Police plus proche du citoyen et qui puisse, dans cette proximité, avoir plus de reconnaissance et de légitimité. Cela correspond à une évolution tout à fait positive dans l'histoire de la Police française qui a longtemps trouvé sa légitimité dans sa proximité avec l'État et dans l'expression de la force plus que dans la relation avec les citoyens ».

Le concept s'inscrit désormais dans un cadre entièrement préventif basé sur la relation de confiance et de complicité entre Police et population en dehors de toute connotation répressive. Ainsi, il dépasse aujourd'hui le cadre proprement policier pour s'inscrire dans la nouvelle politique de la ville en matière de sécurité. Selon François

---

[122] Déclaration de Philippe MARCHAND, Ministre de l'Intérieur, lors du Conseil des Ministres du 20 novembre 1991.

DIEU, la Police française guide la définition de la Police de proximité qui est vue de manière différente, selon la conception policière ou *gendarmique*. Pour la Gendarmerie, il est possible de parler, de façon empirique, d'une police de proximité séculaire, alors qu'on n'a pas d'appellation proprement dite. En revanche, pour la Police nationale, il s'agit de pratiques policières plus ou moins récentes. Par ailleurs, si cette dernière donne une appellation, les caractéristiques dépassent toutefois le cadre de la police de proximité *stricto sensu*. Enfin, s'agissant des Polices municipales, ces forces sont identifiées par les populations et les décideurs locaux, comme des Polices de proximité à part entière.

Comme on peut le constater, la définition de la police de proximité est diverse. Encore convient-il de s'entendre sur la signification donnée à ce que le criminologue québécois Jean-Paul BRODEUR a qualifié d'« application orthodoxe » du modèle anglo-saxon de Police communautaire (community policing). Néanmoins, la Police de proximité peut se définir comme un mode de gestion de la sécurité mis en œuvre au plus près de la population, de manière à répondre, par une action de police prioritairement préventive, à ses besoins soigneusement identifiés et pris en considération. C'est une Police décentralisée et proactive, reconnaissant une large autonomie pratique aux services et aux agents pour qu'ils opèrent en amont de la transgression des règles de droit et de la production des désordres et des nuisances, etc. Cette pratique privilégie la persuasion et la prévention, la communication et la collaboration avec le public[123].

À ce titre, la Police de proximité se distingue de la Police d'ordre, cadre privilégié de l'action policière. La Police de proximité qui, étant considérée comme plus proche du citoyen, suppose plus de présence et plus de visibilité de la Police sur la voie publique pour prévenir le sentiment d'insécurité et l'insécurité réelle. Elle se doit d'être territorialisée et se veut plus présente partout sur l'ensemble du territoire. Elle crée une dynamique dans sa démarche partenariale avec les élus, les associations et les administrations locales. Ces attentes imposent une formation spécifique des policiers et des gendarmes destinée à cette fonction.

Le policier de proximité n'est pas seulement un îlotier. Il doit nouer des relations étroites avec la population de son secteur d'activité appelé îlot. Il lui revient de mieux connaître les besoins de la

---

[123] DIEU F. (2002).

population en sécurité, d'en tirer les conclusions nécessaires sur la nature des interventions les plus efficaces et sur le type de service adapté à la situation. Ainsi, il l'associe pleinement à son propre travail. Le policier de proximité fera l'évaluation de son travail en exploitant les réalités du terrain. Son statut lui permet de faire des enquêtes de victimisation et de recueillir les indices de satisfaction des habitants de son quartier. En effet, le travail de la Police devient difficile lorsqu'il y a absence de dialogue avec la population.

Le Directeur de la sécurité publique (DSP), Oumar MALE, en tournée dans la région de Diourbel, a exhorté les policiers de façon générale à davantage respecter les droits fondamentaux des citoyens tout comme ceux des étrangers vivant au Sénégal. À ce propos, il a souligné que « le public qui se présente au poste de Police, qu'il soit un citoyen sénégalais ou un étranger, la plupart du temps, vient en détresse. Dès lors, il a droit à un bon accueil dans la correction aussi bien dans le commerce verbal que dans le gestuel. Or, ce qui est constaté assez souvent, c'est que lorsque le public se présente au poste de Police, le policier trouvé sur place a tendance à avoir un comportement arrogant, condescendant, voire violent au point de provoquer certaines situations de nature à perturber la quiétude du service (…). C'est pourquoi j'insiste sur le comportement que doit avoir le policier en considérant que l'individu qui se présente devant lui est d'abord et avant tout un être humain comme lui. Nous devons appliquer aux usagers le comportement que nous avons à l'égard de nos propres parents en nous posant nous-mêmes la question de savoir quel serait le comportement à adopter vis-à-vis d'un père, d'une mère, d'un frère ou d'une sœur. »[124]

Dans le même sens, rappelant les propos de son père, ancien policier, le sociologue Djiby DIAKHATÉ disait, lors des *mercredis de la Police* « la tenue inspire la retenue ».

Toutefois, malgré l'utilité de la Police de proximité reconnue par les populations et par les décideurs, les policiers eux-mêmes considèrent, le plus souvent, cette pratique policière peu valorisante. Ils préfèrent faire de la circulation ou d'autres actions policières qui sont soumises à l'évaluation statistique. La raison est évidente ; l'îlotage axé sur la prévention n'est pas quantifiable alors que les

---

[124] KANE G. (2015). « Les forces de l'impunité » in le quotidien *L'AS* du mercredi 26 août n° 2972.

chiffres de la répression donnent l'impression d'une Police efficace qui produit des résultats réels.

Aujourd'hui, pour plus assurer ses missions au mieux des intérêts des populations, la Police essaie d'évoluer en profondeur et de transformer ses modes d'intervention. À une Police chargée principalement de la répression et du maintien de l'ordre public se substitue une Police ayant comme objectif premier la sécurité des citoyens au quotidien et capable d'apporter des réponses adaptées à la petite et moyenne délinquance. Cette réorientation des modes opératoires de la Police doit permettre une meilleure réponse, en agissant en confiance avec la population, en intervenant moins en réaction à des faits de violence que par un travail de terrain en profondeur. Ce qui laisse autant de place à la prévention, à la dissuasion qu'à la répression. Bien entendu, cette dernière reste nécessaire, car la sanction, en marquant des limites, est un rappel au respect de la loi, et a un caractère pédagogique indispensable. Néanmoins, la police de proximité qui était tout d'abord un concept, est devenue une véritable doctrine complète, cohérente et précise. Une doctrine d'emploi qui s'articule autour de trois objectifs et cinq modes d'action particulièrement innovants.

I. 1. 2. 1. Les trois objectifs d'une police de proximité

Les trois objectifs de la Police de proximité s'articulent comme suit :

1. Savoir anticiper et prévenir les difficultés pour ne plus seulement réagir à l'événement ;

2. Connaître son territoire et être bien connu de ses habitants ;

3. Répondre au mieux aux attentes de la population par un dialogue constant et une écoute attentive.

I. 1. 2. 2. Modes d'action d'une Police de proximité

I. 1. 2. 2. 1. L'Îlotage

L'îlotage est la pratique policière qui constitue l'expression la plus achevée de la police de proximité. Il est une méthode de prévention permettant, par une présence policière visible et suffisante, dans le temps et dans l'espace, de donner un caractère permanent à la surveillance de la voie publique. On le définit aussi comme la méthode de police administrative qui permet de donner un caractère personnel et permanent à la surveillance de la voie publique des grandes agglomérations urbaines et notamment des quartiers éloignés des commissariats ou postes fixes de circulation. Il consiste à faire assurer par deux ou plusieurs agents, durant chaque vacation, une présence de Police visible et constante sur une partie de la ville appelée îlot, choisie et déterminée avec soin[125].

Cependant, l'îlotage est une pratique non quantifiable, contrairement aux actions répressives qui font l'objet d'une quantification. En effet, il n'existe pas de baromètre pouvant évaluer une telle pratique, ce qui est la conséquence logique du manque de reconnaissance des populations à l'égard des policiers îlotiers. Il existe une absence des modalités d'évaluation propres à ce mode d'intervention. Malgré certaines critiques, l'îlotage constitue le « trait d'union » entre la Police et la population. On estime que cette pratique est un moyen important et rationnel de mise en œuvre de la Police de proximité pour préserver le rapprochement Police-population dans la ville. Mais il est nécessaire de valoriser cette pratique policière en utilisant les enquêtes de victimisation, les enquêtes sur le sentiment d'insécurité et les sondages de satisfaction du public sur le travail de la Police.

Le caractère personnalisé de ce système permet à l'agent titulaire de l'îlot de mieux connaître la population et de mieux se faire connaître. « Diviser pour mieux régner » semble être l'adage qui convient le mieux pour définir cette technique policière. La dissuasion exercée par les îlotiers au sein du milieu délinquant sécurise la population et opère une véritable prévention générale. La visibilité du policier sur la voie et dans les lieux publics change la situation criminogène de ces sites. Sous le règne de Louis XV, un projet de réorganisation de la Police française conduit par Guillaume, faisait de l'îlotage la pierre angulaire de la réforme. Il s'agissait, en effet, de diviser la capitale en quartiers.

Chacun de ces derniers étant muni de ses commissaires, de ses inspecteurs et de ses syndics de police. Depuis, l'îlotage est considéré comme la technique policière consistant à affecter un ou plusieurs policiers à un quartier ou « îlot ». Il a été régulièrement mis et remis en œuvre. Cette technique constitue l'outil de mise en œuvre de la Police de proximité. La visibilité de la tenue fait changer l'insécurité de camps. Ce qui importe pour le « candidat délinquant », c'est la

---

[125] NIANG P. K. (1996), *op. cit.* p. 316.

conviction du risque encouru. BECCARIA[126] dans son célèbre ouvrage intitulé « Des délits et des peines », il énonçait déjà qu'« il est sans doute toujours vrai que ce qui arrête le délinquant, c'est la certitude du châtiment que la sévérité ». Cette action policière dissuasive et préventive se résume dans l'expression : « montrer la force afin de ne pas s'en servir ». De cette prévention par la dissuasion, découle un double effet psychologique : rassurer la population et insécuriser le milieu délinquant.

I. 1. 2. 2. 2. La patrouille

Il s'agit d'une opération ponctuelle visant à assurer la surveillance dans un périmètre défini à l'avance, avec des objectifs précis arrêtés par le chef de poste. La patrouille se distingue de la ronde mais les deux termes sont utilisés pour la même chose. Cependant, il semble que le terme patrouille soit préféré à celui de ronde dont la connotation militaire n'est pas appropriée à l'activité de type civil. La ronde se définit comme une visite de nuit autour d'une place de guerre, d'un camp.

En effet, si la ronde semble mettre en œuvre des effectifs plus légers que ceux de la patrouille, il paraît certain que les deux termes peuvent être, sans inconvénient, employés eu égard aux missions de Police. Les deux peuvent être réalisés la nuit comme le jour, avec un effectif variable en mouvement, et il a pour but de prévenir les troubles à l'ordre public, de protéger et de tranquilliser la population. Contrairement à l'îlotage qui est une mission de jour, la patrouille tourne dans la ville 24 heures sur 24. Elle peut se faire à pied, dans une voiture de police ou dans une voiture banalisée.

Deux caractères sont essentiels pour son exercice :

• Un caractère passif : la police doit être visible. « La peur du gendarme est le commencement de la sagesse. » Tous les conducteurs de véhicules savent, par expérience que la présence du képi du gendarme sur le bord d'une route provoque un réflexe quasi général de ralentissement de la vitesse. En outre, la présence de la tenue sécurise les habitants de la cité en leur donnant la certitude d'une possibilité de secours rapide en cas de nécessité et l'assurance que les délinquants et les criminels ne sont pas maîtres du terrain.

---

[126] BECCARIA (1965). *Des délits et des peines*. Genève, Éditions Droz, cité par NIANG P. K. (1996), *op.cit.*

• Un caractère actif : la patrouille est une activité propre : « voir, assister et agir ».

« Voir » : il s'agit d'observer tout ce qui peut troubler l'ordre et la tranquillité publics. Cela permet de détecter les embarras de la circulation, les infractions aux règles d'hygiène publique et de surveiller les individus suspects et dangereux.

« Assister » : se traduit par l'aide et le secours : faciliter la traversée de la chaussée à un handicapé ou une personne âgée, renseigner un citoyen sur une formalité administrative ou le chemin à emprunter.

« Agir » : les effectifs doivent intervenir immédiatement, ponctuellement et énergiquement pour arrêter les malfaiteurs en flagrant délit ou tout simplement avant la commission complète de l'infraction à l'étape du commencement d'exécution. Avec ce dernier critère de la patrouille, on passe souvent d'une mission de prévention à une mission de répression. Les Polices municipales, parfois par faute de moyens ou par manque de formation, sont souvent critiquées dans l'accomplissement de la mission de patrouille.

L'acceptation de la patrouille ne pose pas de problème, en général, car le principe est essentiellement préventif. Mais la finalité débouche souvent sur une opération de police judiciaire. Cet état de choses montre les difficultés pour les policiers de respecter leurs limites en accomplissant cette mission.

Pour le critère qui consiste à « voir », il est important pour la patrouille. On le retrouve également pour l'exercice de l'îlotage ; donc cette fonction ne pose aucun problème.

I. 1. 2. 2. 3. L'utilisation de la vidéo-surveillance

L'évolution des technologies pose des problèmes dans le domaine de la sécurité. La prolifération des installations de vidéo-surveillance suscite de grandes inquiétudes en France. À la suite de l'installation de caméras de vidéo-surveillance sur les quais et dans les couloirs du métro parisien, sur les lieux de travail, puis aussitôt après sur les voies publiques de la ville de Levallois-Perret, plusieurs articles de presse (56 ont été dénombrés à la date du 1er octobre 1992, dont la moitié consacrée à Levallois-Perret) se sont émus du risque d'atteinte à la vie privée que peut comporter le recours à de tels équipements.

Le colloque organisé au Palais des Congrès, le 25 mai 1993 par le Centre national de la prévention et de protection, l'organisme créé par la Fédération française des sociétés d'assurances, avait réuni des techniciens qui ont dénoncé le vide juridique dont serait marqué le droit interne à l'égard des risques d'abus et de dérives qu'un tel emploi pourrait faire courir aux libertés individuelles.

Pourtant, cette pratique, si elle est bien organisée, constitue un bon moyen de prévention de la délinquance. Comme pense le professeur Jean PRADEL : « on peut encore rattacher à la police administrative l'installation d'un système de vidéo-surveillance sur la voie publique pour assurer la sauvegarde des installations utiles à la défense nationale, à la réglementation des infractions contre les personnes et les biens... ». Cette pratique de la vidéo-surveillance est nécessaire, mais il faut la contrôler.

Au Sénégal, l'usage de la vidéo-surveillance est contrôlé par la Commission de protection des données personnelles (CDP). Dans son avis trimestriel n° 02-2015, la CDP saisie sur les manquements relevés dans le traitement des données personnelles de quelques structures a examiné l'installation dans un lieu de travail d'un nombre disproportionné de caméras de surveillance. La CDP « relève, dans certaines structures, l'absence de politique formalisée d'accès aux données et de mécanismes de sensibilisation des usagers sur les mesures de sécurité mises en place ».

La CDP rappelle que de telles dispositions doivent être prises par le responsable de traitement conformément à l'article 71 de la loi n° 2008-12 du 25 janvier 2008 portant sur les données à caractère personnel et la délibération n° 2014–014/CDP du 3 avril 2014 portant sur les mesures de sécurité applicables aux traitements des données à caractère personnel.

Des recommandations ont été faites en ce sens par la CDP qui exige que les personnes concernées soient informées de la présence de caméras de vidéosurveillance (affiches avec indication du numéro du récépissé de la CDP, panneau de signalement) et veiller à positionner les caméras uniquement sur les parties communes et s'assurer que les parties privées ne soient pas filmées. La tragédie de Charlie Hebdo à Paris montre l'utilité de la surveillance électronique dans le dispositif de sécurité. En l'absence d'un système fiable, les assaillants sont parvenus à commettre leur forfait et à échapper à la traque musclée des forces de sécurité pendant plus de 48 heures[127].

---

[127] Voir *L'AS de paix* n°2, NIANG P. K., repris par *le Soleil* et *l'Enquête*.

I. 2. À L'ÉMERGENCE DE LA SÉCURITÉ DE PROXIMITÉ AU SÉNÉGAL

Avec une population de 13 618 394 d'habitants, et un taux d'urbanisation de 45 % (dont 25 % sont concentrés dans la région de Dakar, soit 3 822 890 habitants)[128], au Sénégal avec le ratio de la population policière, soit 1 policier pour 1205 habitants et 1 gendarme pour 1816 habitants, l'État a du mal à assurer la sécurité des personnes et des biens sur l'ensemble du territoire national. En conséquence, malgré les recrutements massifs d'agents[129], la Police et la Gendarmerie ne sont pas assez présentes dans tous les coins du pays. Or, pour avoir une Police répondant aux attentes des populations et réussissant une véritable politique de sécurité de proximité, il faut 250 policiers pour 10 000 habitants. Ce qui est loin d'être le cas du Sénégal pour le moment.

La sécurité est un instrument de politique de bonne gouvernance qui nécessite une concertation, une planification et des moyens d'action. Cette gouvernance doit reposer sur deux principes de gestion : l'un structurel et l'autre fonctionnel. La « Gouvernance sécuritaire » repose sur une large participation sociale, avec des relais autres que la Police, la Gendarmerie ou le pouvoir judiciaire. Ces institutions doivent converger vers un seul but, la prévention de la délinquance de manière globale en tenant compte des participations administratives et citoyennes, sans oublier les réalités du terrain.

Dans cette évolution, la sécurité de proximité s'impose désormais comme une nouvelle forme d'action, une nouvelle réorientation stratégique pour un meilleur environnement sécuritaire. Cette conception marque l'importance de la proximité des actions avec les citoyens et la nécessaire occupation du terrain de façon préventive sur l'ensemble du territoire national.

Ce nouveau concept s'appuie sur une double démarche : l'inclusion de la politique de sécurité dans la politique de la ville et l'élargissement des acteurs et des missions en vue de mieux prendre en compte les réalités sociologiques. En utilisant le département comme cadre d'intervention, il est certain que celui-ci sera la proximité des actions de la nouvelle politique de sécurité amorcée par le Gouvernement, notamment à travers la Loi d'orientation sur la sécurité intérieure (LOSI). Selon LORENZETTI, le bon

---

[128] Selon le dernier recensement de la population et de l'habitat de 2013.
[129] Selon le ministre de l'Intérieur, Abdoulaye Daouda DIALLO, l'État va recruter en 2015, 1000 agents pour la Police et autant pour la Gendarmerie.

gouvernement : « l'enceinte urbaine assure la tranquillité dans les rues, sur les places, les femmes, les animaux, cheminent sans se hâter, on prend le temps de converser, de jeunes femmes dansent au son des tambourins et dans la partie rurale de la composition murale, les champs sont bien ordonnés, les récoltes sont achevées, les bêtes de somme sont chargées de balles rebondies »[130].

Au Sénégal, depuis quelques années, les problèmes de sécurité prennent, de façon spectaculaire, une importance croissante, parce que, comme partout ailleurs, il existe une corrélation entre le développement de la société et sa vulnérabilité. Cette évolution est, en effet, due, entre autres, à la complexité des structures de toutes natures, à la multiplication des automatismes, à l'augmentation de la dimension des entreprises, à l'accroissement de la valeur des biens, et, au total, à une accumulation générale des risques, à laquelle s'ajoute le problème du chômage. En fait, on a l'impression d'être menacé dans tous les secteurs, chez-soi ou dans la rue. C'est pour cette raison qu'il est possible d'affirmer que l'insécurité ou, ce qui est le plus frustrant, le sentiment d'insécurité a atteint une intensité qui donne naissance à un nouveau phénomène de libéralisation de la sécurité. Cette insécurité qui est normale pour toute société développée, s'est généralisée inconsciemment dans les villes, même si elle ne présente aucune réalité mesurable.

Ainsi, l'instauration d'une sécurité de proximité qui répond mieux aux attentes des populations et aux besoins de chaque secteur s'avère nécessaire. Pour ce faire, elle doit s'appuyer sur une connaissance réelle du phénomène et du terrain d'intervention. Ladite connaissance devrait passer naturellement par la mise en place de Contrats locaux de sécurité qui doivent être élaborés par un réseau de spécialistes des politiques de sécurité et des acteurs du domaine social. Le désengagement déjà effectif à l'égard des Polices municipales impose une reconsidération des pouvoirs de Police du maire comme définis en particulier aux articles 118 et 119 et suivants de la loi n° 2013-10 du 28 décembre 2013 portant Code général des Collectivités locales. Or, actuellement, le maire ne dispose d'aucun moyen d'action pour

---

[130] LORENZETTI, (1937), *op. cit* « Le bon gouvernement ». Lors des débats à l'occasion du Colloque sur la sécurité intérieure à IHESI les 2 et 3 nov. 1989, DELUMEAU J., *Les Cahiers de la sécurité intérieure*, no1, Doc Française (1989), pp. 119 et suite. LEQUEUX G., « les nouvelles dimensions des services de Police chargés de la sécurité intérieure. À l'échéance du 1er jan 1993 », Thèse de Doctorat, Nice-Sophia, 1992, pp. 18 et suite, cité par NIANG P. K. (1996), *op. cit*.

exercer pleinement ses pouvoirs de Police générale (la salubrité, le bon ordre, le stationnement, etc.), notamment depuis l'intégration des agents de Polices municipales dans la Police nationale en 2011.

La définition d'une nouvelle stratégie de « Gouvernance sécuritaire de proximité » est indispensable pour prendre en charge les besoins de sécurité sur tout le territoire national, la protection des personnes et des biens (le vol de bétail, la salubrité publique, la violence dans les stades, la sécurité des touristes sur les plages, les marchés, les incivilités, etc.). En conséquence, la nouvelle politique sécuritaire initiée par le Chef de l'État va au-delà de la gestion de la sécurité assurée par les seuls acteurs régaliens. Elle s'articule autour des Comités départementaux de prévention et de lutte contre la délinquance et des Contrats locaux de sécurité ainsi que sur une Agence d'assistance à la sécurité de proximité.

En effet, l'accélération du processus d'urbanisation qui caractérise notre société a eu, comme conséquence, la concentration humaine dans les régions urbaines, le dépérissement des régions rurales, l'expansion du tissu urbain et la subordination presque absolue du rural à l'urbain. Ce processus de transformation sociale contribue à faire de la ville, non seulement une concentration de la population, mais aussi un lieu de production de distractions, d'information aux besoins incessants et en constant renouvellement[131]. La forme et les structures de l'espace subissent également cette transformation, ainsi que l'organisation sociale, alors que les valeurs humaines s'urbanisent de plus en plus.

Quels sont alors les cadres conceptuels théoriques et pratiques de cette « Gouvernance sécuritaire de proximité » ? La Gouvernance sécuritaire de proximité qui est déjà conceptualisée à partir de l'évolution des missions policières qui passent de la logique de l'ordre public à la notion de sécurité, nécessite de réunir l'ensemble des acteurs. Toutefois, elle ne doit pas être traduite comme le « moins d'État » mais par un simple souci d'efficacité et de pragmatisme. À ce titre, la « Gouvernance sécuritaire de proximité » traduit bien le slogan : *la sécurité, c'est l'affaire de tous* !

En effet, la prévention de la délinquance liée aux fléaux qui minent particulièrement les centres urbains du pays, ne pourrait être efficace que par la conjugaison d'efforts à travers un management assuré par

---

[131] LOJKINE J. (1977), p. 145, cité par NIANG P. K. (1996), *op. cit.*

des personnes capables d'observer et de comprendre le phénomène avant de lui trouver des solutions idoines. D'où le mot de « gouvernance » qui fait appel à un mode de gestion basé sur une large participation, le savoir-faire et la concertation. Dès lors, deux définitions avaient été proposées lors de la rencontre à l'hôtel *Terroubi* : la « Gouvernance sécuritaire de proximité » peut être perçue comme étant « *la cogestion de la sécurité pour le maintien de la paix sociale sur l'ensemble du territoire national par le biais de la prévention en y associant tous les acteurs concernés par le phénomène avec une démarche plus proche des citoyens* » ou encore « *la gestion de la sécurité par les différents acteurs régaliens de l'État pour la lutte contre la délinquance par le biais de la prévention dans tout le territoire national en y associant d'autres acteurs concernés par le phénomène avec une démarche plus proche des citoyens* ».

La « Gouvernance sécuritaire de proximité » doit alors être conceptualisée à partir de l'évolution des missions policières qui passent de la logique de l'ordre public à la notion de sécurité. En tenant compte du contexte sénégalais, après plusieurs échanges entre les acteurs intéressés par les problématiques de sécurité, la définition suivante a été retenue : « *la gestion de la sécurité par les différents acteurs régaliens de l'État pour le maintien de la paix sociale par le biais de la prévention sur toute l'étendue du territoire national, avec la participation d'autres acteurs concernés par le phénomène de la délinquance dans le cadre d'une démarche plus proche des citoyens* ». Cette définition est à la fois sociologique et juridique. Sociologique, parce qu'elle prend en compte la coopération de l'ensemble des acteurs pouvant contribuer à la prévention de la délinquance. Et juridique parce qu'elle marque toujours la prééminence des acteurs régaliens tout en laissant une place aux acteurs non policiers.

Elle repose sur une large participation sociale, avec des relais autres que la Police, la Gendarmerie ou le Pouvoir judiciaire. Et elle s'articule aussi autour des Comités départementaux de prévention et de lutte contre la délinquance (CDPLD), des Contrats locaux de sécurité (CLS), et de l'Agence d'assistance à la sécurité de proximité (ASP) qui est l'organe chargé, en relation avec les autres acteurs, de son opérationnalisation.

Ce nouveau choix de l'État sénégalais s'inscrit dans l'évolution des politiques de sécurité dans le monde. La participation communautaire dans la prévention de la délinquance a été toujours le souhait des décideurs politiques. Mais si certains pays l'ont réussi, d'autres essaient toujours d'atteindre ce niveau d'évolution que l'on pourrait appeler l'émancipation des forces de sécurité et de défense.

La première conception est sociologique. Elle est plus large et rend plus compte d'une coopération dynamique avec l'ensemble des acteurs. Tandis que la seconde est plutôt juridique et plus restrictive. Elle est marquée par la prééminence des acteurs régaliens tout en laissant une place aux acteurs non policiers. Néanmoins, les deux définitions soulignent l'importance de la proximité des actions avec les citoyens et la nécessaire occupation du terrain préventif sur l'ensemble du territoire national. En outre, ce nouveau concept s'appuie sur une double démarche : l'inclusion de la politique de sécurité dans la politique de la ville et l'élargissement des acteurs et des missions en vue de mieux prendre en compte les réalités sociologiques du terrain.

I. 2. 1. Le cadre institutionnel de la Gouvernance sécuritaire de proximité

En mettant en application sa vision en sécurité, le président de la République a signé, le 5 août 2013, le décret n°2013-1063 portant création de l'Agence d'assistance de la sécurité de proximité et fixant les règles de son organisation et de son fonctionnement. Celle-ci est spécialement dédiée à la promotion de la Gouvernance sécuritaire de proximité, à travers notamment le recrutement, la formation et le déploiement des ASP sur le terrain. Malgré les dispositifs de sécurité étatique et non étatique existants, notre pays n'arrive pas à assurer la sécurité sur l'ensemble du territoire.

Car, les effectifs de la Police nationale et la Gendarmerie nationale n'ont pas suivi le nouveau découpage territorial et l'augmentation de la population. Aujourd'hui, la Police nationale a moins d'effectifs qu'en 1987, c'est-à-dire avant la radiation des policiers alors que la population a connu une augmentation considérable.

La loi n° 2008-4 du 18 mars 2008 modifiant la loi n° 72-02 du 1er février 1972 a entraîné des changements importants de l'architecture administrative du pays. Ceux-ci ont abouti à la création de 14 régions, 45 départements, 120 arrondissements, 111 communes et 43 communes d'arrondissement. La loi n° 2013-10 du 28 décembre 2013 a donné naissance à la communalisation intégrale du territoire national, avec 557 communes et à la départementalisation. Le département, autrefois simple circonscription administrative, devient désormais collectivité locale au même titre que la commune.

Pour reprendre le Général Pathé SECK, ministre de l'Intérieur de l'époque : « il faut établir une matrice d'action dans laquelle chaque acteur aura sa place afin de lutter, de manière globale, contre l'insécurité ». Le Président Macky SALL a, dès son accession à la magistrature suprême, annoncé « la nécessité d'asseoir une Gouvernance sécuritaire de proximité, en étudiant la mise en place d'un cadre réglementaire pour les Contrats locaux de sécurité entre les collectivités locales, les forces de sécurité et les autorités territoriales ».

Le 14 juin 2012, lors du Conseil des ministres tenu à Kaolack, il a réitéré ce même choix politique en ce qui concerne la sécurité des personnes et des biens, et a demandé au Premier ministre de mettre rapidement en place des comités départementaux de lutte contre la délinquance, de prévoir un dispositif de lutte contre les actes de banditisme et enfin de rendre plus rigoureuse la loi sur la répression de l'ivresse publique. Il a également demandé que des mesures particulières soient accordées au fléau que constitue le vol de bétail en insistant sur la nécessité pour la Police, la Gendarmerie, la Douane et l'Élevage, de mener immédiatement des actions coordonnées.

Évoquant, par ailleurs, la question de la sécurité des personnes et des biens, lors du Conseil des ministres tenu à Dakar le 22 novembre 2012, le Chef de l'État a engagé le Premier ministre, en relation avec les structures concernées, à préparer une stratégie nationale de sécurisation des biens et des personnes qui, à partir d'un diagnostic national, dégagera des orientations pour la protection des personnes et des biens.

Il s'agit de la mise en place, dans chaque département du pays, d'un Comité départemental de prévention et de lutte contre la délinquance, ainsi que la préparation d'un cadre institutionnel pour les Contrats locaux de sécurité. Le président de la République a donné des directives au Gouvernement pour qu'il engage, sans délai, dans toutes les localités urbaines ou rurales où sévit l'insécurité une vaste offensive sécuritaire.

Enfin, lors de son adresse à la nation, le 31 décembre 2012, le Chef de l'État avait annoncé la création de l'Agence nationale de sécurité de proximité concrétisée au Conseil des ministres du 15 février 2013. L'organisation ainsi créée, pour une prévision de recrutement de plusieurs milliers de jeunes au cours de l'année 2013, viendra en appui aux services de sécurité publique, dans la dimension prévention.

Il apparaît, dès lors et de manière indubitable, que dans notre pays, l'action des acteurs étatiques traditionnels ne suffira pas, à elle seule, pour prévenir la délinquance, inciter au civisme et faire régner l'ordre public auquel aspire toute société humaine. L'une des solutions est de développer de nouveaux paradigmes sécuritaires s'appuyant sur la pluralité des intervenants et leur proximité avec les personnes et les biens à protéger. Une illustration de la nécessité de ce changement de paradigme est le fait que, depuis l'intégration de la Police municipale, qui était une Police de proximité dans la Police d'État, les maires peinent à exercer leurs pouvoirs de police générale, (le bon ordre, la tranquillité et la salubrité publique). Le Sénégal connaît traditionnellement la dualité Police nationale et Gendarmerie nationale.

I. 2. 2. Déclinaison opérationnelle de la Gouvernance sécuritaire de proximité

Malgré les dispositifs de sécurité étatique et non étatique existants, les forces de sécurité publiques devraient être renforcées, afin d'assurer la sécurité sur l'ensemble du territoire national, en particulier pour la protection des personnes et des biens. La police des marchés, contre le vol de bétail, les vols à l'arraché, la délinquance routière, l'encombrement des artères publiques, la violence dans les stades, auxquels s'ajoute le phénomène des enfants de la rue et des enfants « talibés »[132], devenu un fléau national, pourrait avec plus d'efficacité, jouer son rôle. Dans cet esprit, le département chargé de la question de l'Enfance, l'UNICEF et l'ASP s'engagent à renforcer la protection des droits de l'enfance dans un partenariat dynamique.

La Gouvernance sécuritaire de proximité entend apporter une solution adaptée à la problématique sécuritaire. Cette nouvelle approche exige la prise en compte des outils suivants :

• Les Contrats locaux de sécurité ;

• Les Comités départementaux de prévention et de lutte contre la délinquance ;

• L'Agence d'assistance à la sécurité de proximité en appui aux services de sécurité publique dans la dimension prévention.

---

[132] Enfant mendiant venant des écoles coraniques.

I. 2. 3. L'adaptation sénégalaise de l'expérience française en la matière

L'expérience sénégalaise d'une Gouvernance sécuritaire de proximité tire certains de ces critères du modèle français adapté au contexte de notre pays. En France, le Conseil départemental de prévention de la délinquance (CDPD) est conçu comme une instance d'analyse et de proposition, à la différence des Conseils locaux de sécurité et de prévention de la délinquance (CLSPD) appelés à contribuer directement aux initiatives prises pour la prévention[133]. Le décret du 17 juillet 2002, complété par celui du 7 juin 2006, attribue à la première instance, un ensemble de missions assez hétérogènes, entre autres :

• L'examen, chaque année, d'un rapport sur l'état de la délinquance dans le département adressé par le comité départemental de sécurité ;

• La coordination, dans le département, des actions préventives et répressives des pouvoirs publics à l'encontre des agissements des mouvements sectaires ;

• L'établissement du plan départemental de lutte contre la drogue et la prévention de conduites d'adduction ;

• L'élaboration des programmes de prévention de la délinquance des mineurs et de lutte contre les violences faites aux femmes et contre la violence dans le sport ;

• La participation à l'élaboration de son orientation de la politique de sécurité routière dans le département et l'approbation des plans d'action à mettre en œuvre ;

• L'encouragement des initiatives de prévention et d'aide aux victimes, ainsi que la mise en œuvre des travaux d'intérêt général ;

• La rédaction d'un bilan annuel d'activités des conseils locaux de sécurité et de prévention de la délinquance (CLSPD).

Placé sous la présidence du préfet, avec comme vice-présidents le président du Conseil général et le Procureur de la République, le CDP est constitué de quatre collèges :

• 1er collège : les maires ;

• 2ème collège : les magistrats ;

---
[133] GLEIZAL J-J. (1994), *op. cit*, pp. 16, cité par NIANG P. K. (1996), *op. cit*.

- 3ème collège : les représentants des services de l'État et des services du département intervenant dans le secteur social et de la prévention ;
- 4ème collège : les personnalités qualifiées des secteurs de l'économie, des transports et du logement social, ainsi que les représentants d'associations ou d'organismes intéressés par la prévention de la délinquance et de la toxicomanie.

Il se réunit sur convocation du président, au moins, deux fois par an et peut faire appel à toutes personnes qualifiées à titre d'expert pour éclairer ses membres dans tout domaine relevant de leur compétence.

Par ailleurs, le décret du 23 juillet 2007 a prévu l'instruction d'un Plan de prévention de la délinquance dans le département (PPD), avec deux missions principales :

- fixer des priorités de l'État en matière de prévention de la délinquance dans le respect des orientations définies au niveau national par le comité interministériel de prévention de la délinquance ;
- servir de cadre de référence à l'État pour sa participation aux Contrats locaux de sécurité.

Le Plan de prévention de la délinquance est arrêté par le préfet, après consultation du Procureur de la République et du Conseil départemental de prévention. Il s'agit principalement d'un instrument étatique d'orientation des actions préventives menées sur le plan local et destiné à être principalement communiqué aux maires. Ce document permet ainsi de définir les thématiques susceptibles de bénéficier d'un financement au titre de crédits dont dispose le préfet dans le fonds interministériel de prévention de la délinquance.

I. 2. 3. 1. Les Comités départementaux de prévention et de lutte contre la délinquance

Partant de cette expérience française en coordination des politiques locales de sécurité, il a été élaboré un mécanisme de Gouvernance sécuritaire de proximité propre au Sénégal dont l'architecture administrative est quasiment similaire à celle de la France. En effet, s'il n'existait pas, auparavant, un Conseil général à l'échelle départementale dans le paysage institutionnel du Sénégal, l'Acte 3 de la décentralisation a remédié à cette situation avec l'érection de Conseils départementaux[134].

Le principe de la compétence départementale ainsi affirmé à travers cette réforme fait du préfet le coordonnateur de toutes les politiques publiques, notamment de la « Gouvernance sécuritaire de proximité » dans sa circonscription territoriale.

Mais, la diversité des acteurs intervenant dans le domaine de la sécurité pose très souvent des problèmes de coordination. Dans le souci d'une bonne gestion de la problématique sécuritaire, le Comité départemental de prévention et de lutte contre la délinquance s'impose. Ce dispositif partenarial qui regroupe tous les acteurs concernés par les problématiques sécuritaires, aura comme cahier de charges :

- La construction du consensus ;
- La promotion de stratégies locales ;
- La coordination des actions ;
- Le renforcement de l'entité locale sur le territoire ;
- La création d'une base de données unique des indices ;
- La définition d'une procédure d'intervention conjointe entre les différents acteurs ;
- La gestion et la rationalisation des moyens.

Ses règles de fonctionnement s'adossent sur les lois nationales qui définissent son champ d'action, en conformité avec les principes juridiques qui régissent l'organisation et le fonctionnement des corps régaliens de l'État en sécurité.

Dans la logique des différentes recommandations des Conseils des ministres, il ressort clairement que le choix territorial de la nouvelle stratégie de « Gouvernance sécuritaire de proximité » est le département. Cette instance de concertation et de coordination est expérimentée en France sous l'appellation de « Conseil départemental de prévention ».

I. 2. 3. 2. Les Contrats locaux de sécurité

Le débat sur les Contrats locaux de sécurité est lancé en France, par le Premier ministre socialiste de l'époque, Lionel Jospin, à l'occasion

---

[134] En effet, les 45 départements du pays ont été érigés en collectivités locales au même titre que les communes à la place des 14 régions.

du congrès tenu à Villepinte en 1997. Selon ce dernier : « la sécurité est l'affaire de tous ; elle doit être exercée partout et pour tous ». C'est ainsi qu'une réforme des Polices municipales est initiée en vue de la création du Conseil de sécurité intérieure pour assurer la meilleure complémentarité entre les acteurs chargés de la sécurité. La nouvelle politique de Sécurité intérieure instaura ainsi des Contrats locaux de sécurité par la circulaire du 28 octobre 1997[135]. Si auparavant, on parlait de Plan local de sécurité (PLS), qui était institué unilatéralement par l'État, désormais on parle de contrat entre partenaires, ce qui nécessite une concertation pour la mise en place d'un programme commun et des moyens élaborés sous forme collaborative.

En effet, les Contrats locaux de sécurité sont élaborés conjointement par le préfet de Police à Paris, les préfets de département, le Procureur de la République, le ou les maires des communes. Les recteurs ou leurs représentants sont associés à cette démarche. Ce contrat comporte deux volets. Dans le premier, la démarche s'articule comme suit :

- Préparer le contrat et le négocier ;
- Déterminer un territoire ;
- Établir un diagnostic local de sécurité (constat de la situation en termes de délinquance, une évaluation du sentiment d'insécurité, une analyse qui permet d'apprécier l'adéquation des réponses proposées).

Dans le second volet, il s'agit de définir les principales actions à entreprendre et les modalités de leur mise en œuvre. Celles-ci s'appuient surtout sur une démarche partenariale dans le cadre d'une responsabilité partagée entre acteurs régaliens et acteurs de la proximité de la politique de sécurité.

Sur le plan conceptuel de la sécurité et dans un cadre contractuel avec l'État central, il s'agit de rapprocher ceux qui, par leur connaissance du terrain et leurs liens privilégiés avec les services, assurent un rôle essentiel d'interactions avec la population. Ainsi, les CLS consistent à formaliser une stratégie collaborative au service d'une politique locale de sécurité, en élargissant le champ d'intervention aux acteurs non policiers. Cette stratégie est focalisée sur la recherche de marges de manœuvre par la mobilisation de ressources nouvelles selon des méthodes originales en privilégiant la

---

[135] J.O. du 30 octobre 1997, pp. 15757 et suite.

fonction plutôt que le statut, l'adaptation plutôt que la standardisation, l'appartenance à un projet plutôt qu'à une structure. À ce titre, les *Contrats locaux de sécurité* posent la nécessaire cohabitation entre les institutions traditionnelles chargées de la sécurité et les nouveaux partenaires au sein d'une même structure de coopération servant de plateforme d'échange et de partage.

Selon les conclusions des travaux du Forum européen de sécurité urbaine (FESU), l'établissement de CLS nécessite la réunion de trois conditions :

1-la constitution d'un centre de ressources. Il s'agit de l'émergence d'une fonction « sécurité » au sein d'organismes non spécialisés (les bailleurs sociaux, les commerces...) qui s'occupaient de la sécurisation de chacune de leurs activités principales et non en tant que fonction particulière. Les usagers, les particuliers les associations ont aussi leurs rôles à jouer, alors que les responsables des villes dans la sécurité urbaine, ne s'expriment pas d'abord en termes de compétences juridiques mais en exigences à remplir, de fonctions à assurer en tant que premiers responsables d'un meilleur cadre de vie de leurs administrés.

2-la constitution d'une coalition locale pour la sécurité urbaine ;

3-le fondement des actions sur les besoins identifiés à partir d'un *Diagnostic local de sécurité* (DLS).

L'objectif du *Diagnostic local de sécurité* est d'aider l'autorité locale à initier un débat démocratique sur la sécurité et à organiser une confrontation aussi objective que possible sur l'insécurité dans sa localité. Cette étude pluridisciplinaire comporte deux phases. La première porte sur :

- L'analyse quantitative et qualitative de la délinquance ;
- L'étude des origines de la délinquance et des délinquants ;
- L'étude du sentiment d'insécurité.

Au Sénégal, on a souvent confié les techniques de diagnostic, qui normalement relèvent de la criminologie, à des non spécialistes. Or, la classification fondée sur la criminalité policière et judiciaire est incomplète pour rendre compte de la réalité du phénomène criminel.

La technique de recherche criminologique est l'ensemble des procédés concrets qui permettent de collecter, de manière organisée, les données relatives à l'activité criminelle. Certains emploient encore le terme « technique d'approche » pour marquer les données collectées. Ces dernières permettent, non de saisir le phénomène étudié dans sa nature intime, mais surtout de l'approcher : on emploie parfois aussi l'expression « source de la criminologie ».

Mesurer la criminalité n'est pas chose facile. À la différence de variables telles que le sexe ou l'âge directement observables, la criminalité est une donnée qui, en règle générale, ne peut être mesurée que d'une manière indirecte. Pour ce faire, on a recours à des indicateurs divers par l'intermédiaire desquels « le phénomène criminel » est rendu mesurable, tel que le nombre de faits constatés par la Police, le nombre de condamnations prononcées par les tribunaux répressifs... Pour que la mesure de la criminalité obtenue soit exacte, encore faudrait-il que le ou les indicateurs utilisés présentent deux qualités : ils doivent être d'une part, valides, c'est-à-dire entretenir une relation certaine avec la variable criminalité à mesurer, et d'autre part, fiables, c'est-à-dire inter subjectifs et reproductibles[136]. Mais, nul ne doute qu'en Afrique, comme partout ailleurs, l'ensemble des infractions commises n'est pas porté à la connaissance des services de Police ou de la Justice, soit par négligence, soit par honte, soit par une médiation. Ces réalités culturelles ou sociologiques constituent encore un obstacle majeur pour quantifier le phénomène criminel. Naturellement, il y a des faits qui échappent aux techniques de collecte jusque-là utilisées.

Pour les données quantitatives ou secondaires, on distingue les statistiques policières, judiciaires et pénitentiaires. Cette classification très importante, repose sur le stade du processus de justice pénale auquel est saisie la criminalité combinée avec l'identité de l'administration compétente pour agir à ce stade. Les statistiques policières sont celles qui sont dressées par les services de Police et qui comptabilisent les infractions connues de la Police ainsi que les délinquants mis en état d'arrestation par les services de la Police et de la Gendarmerie. Les statistiques judiciaires sont celles qui comptabilisent principalement les condamnations prononcées par les Cours et Tribunaux. Les statistiques pénitentiaires sont celles qui comptabilisent les incarcérations dans les prisons.

Aujourd'hui, sous l'influence de la criminologie dite de la réaction sociale, nombre de criminologues critiquent vivement ces statistiques en disant qu'elles ne permettent nullement de mesurer la

---

[136] GASSIN R. (2003). p. 203.

criminalité[137]. Certains les jugent même d'être non seulement inutiles, mais nuisibles, car elles entretiendraient, dans la population, un fort sentiment d'insécurité injustifié. Ces statistiques criminelles sont ainsi devenues un enjeu politique important dans certains pays. Les hommes politiques les utilisent parfois pour qualifier le système de politique criminelle efficace ou non. Les statistiques criminelles ont plusieurs niveaux de mesure qui doivent être respectés afin de restituer un diagnostic correct.

La criminalité légale est l'ensemble des condamnations prononcées par les Cours et Tribunaux.

La criminalité apparente s'étend à l'ensemble des faits portés à la connaissance des autorités de Police (criminalité apparente policière) ou des organes judiciaires de poursuite (criminalité apparente judiciaire).

La criminalité réelle, c'est l'ensemble des infractions effectivement commises.

L'énoncé de ces définitions permet de comprendre que les statistiques seules ne permettent pas de mesurer la criminalité réelle. La criminalité réelle demeure donc inconnue et il existe, entre cette dernière et la criminalité connue, un écart, plus ou moins important, que l'on appelle *le chiffre noir de la criminalité* ou encore *la criminalité cachée*.

Le défi fondamental reste, dès lors, de savoir à quoi correspond effectivement *le chiffre noir*. Celui-ci peut être défini négativement, il correspond alors à l'ensemble des infractions qui échappent aux statistiques judiciaires, policières et pénitentiaires. Pour réduire l'écart entre les différents niveaux de collecte de données, il va falloir faire recours aux enquêtes de victimisation. Cette démarche scientifique exige des autorités policières de faire appel à d'autres compétences pour avoir des bases de travail fiables.

---

[137] GASSIN, *op. cit.* cité par NIANG P. K., 1996.

Calcul de la criminalité nationale
CN : Criminalité Nationale
CA : Criminalité Apparente
CL : Criminalité Légale
CR : Criminalité réelle
CNr : Chiffre Noir
CC : Criminalité Cachée
CN = CA + CL + CR + CNr ou CC
CNr ou CC = CN − (CA + CL + CR)

Les résultats de ce diagnostic, outil de travail important pour les organes centraux de sécurité, permettront également aux acteurs locaux de bâtir une politique sécuritaire de proximité répondant mieux aux attentes de la population et aux besoins spécifiques de chaque secteur, en parfaite collaboration avec tous les acteurs des espaces de vie concernés (administration, associations, citoyens…).

La seconde phase de ce diagnostic porte sur :

• l'étude des différentes missions effectuées par les policiers et les gendarmes au travers des questionnaires adressés à la population ;

• l'étude des besoins en sécurité des différents quartiers où sont déployés les agents des forces de sécurité publiques ;

• l'étude des différentes missions exercées par les autres acteurs de la sécurité (sociétés privées de sécurité et de gardiennage, comités de vigilance de quartiers…) ;

• l'étude des différentes missions qui peuvent être déléguées par la Police nationale et la Gendarmerie nationale aux autres acteurs non étatiques.

À l'issue de ce travail, une cartographie de la délinquance et une identification des besoins de sécurité qui s'attachent à chaque quartier seront établies. Cette cartographie permettra aux différents acteurs, le maire, le Procureur, la Police nationale, la Gendarmerie nationale, les acteurs sociaux et associatifs, de contractualiser un programme d'intervention, sous la responsabilité du préfet. Cette coalition de personnes ressources, institutionnelles ou informelles devra être dirigée par un coordinateur qui aura pour rôle d'assurer le fonctionnement et le dynamisme de l'équipe. Ce dernier sera autant l'animateur, le manager que le facilitateur entre les différentes entités en partenariat. Il devra également aider l'équipe à conserver une vision globale, une cohérence sur la durée et une vigilance au nom de la demande sociale dans le respect des droits de l'Homme. Car la problématique de la sécurité n'est jamais à l'abri de dérapages.

Aujourd'hui, la problématique de la sécurité se pose avec une grande acuité chez les maires des communes sénégalaises, car dans leur vocabulaire, la sécurité se confond avec l'ordre, la police avec la répression, le tout relevant de la compétence de l'État. Or, les lois n° 96-06 du 05 février 1996 et n° 2013-10 du 28 décembre 2013 portant respectivement Code des Collectivités locales et Code général des collectivités confèrent au maire des pouvoirs de police générale : « Le maire est chargé, sous le contrôle du représentant de l'État, de la Police municipale et de l'exécution des actes de l'État qui y sont relatifs. La création d'un service de Police municipale est autorisée par décret qui en fixe les attributions, les moyens et les règles de fonctionnement ».

Malgré ces dispositions juridiques, après la disparition de la Police municipale au Sénégal, le maire ne dispose plus d'un outil opérationnel pour participer à la politique de sécurité dans sa commune. La demande en sécurité, très souvent exprimée par les maires auprès du ministre de l'Intérieur et de la Sécurité publique, ne trouve pas un écho favorable, faute d'effectifs suffisants.

Or, traditionnellement, l'État a le devoir d'assurer la sécurité en veillant sur l'ensemble du territoire national, à la défense des institutions et des intérêts nationaux, au respect des lois, au maintien de la paix et de l'ordre public ainsi qu'à la protection des personnes et des biens. En effet, après plusieurs années de monopole de la sécurité par l'État, une nouvelle ère est née avec cette orientation. Les Contrats locaux de sécurité, les Comités départementaux de prévention et de lutte contre la délinquance, l'Agence d'assistance à la sécurité de proximité, constituent les variables indissociables pour rendre compte de cette nouvelle conception, conforme à la vision du Chef de l'État. L'articulation de ces trois composantes donne corps à ce nouveau concept qui consacre la gestion pluraliste de la sécurité dans un cadre unitaire. Les Contrats locaux de sécurité, symbolisant une démarche globale et partenariale, reposent sur des rites d'échanges, de réflexions, de concertations et d'analyses avec comme support un diagnostic local de sécurité.

Le diagnostic local de sécurité devrait permettre la mise en place d'un observatoire national de la prévention de la délinquance afin de mieux adapter les réponses aux réalités du terrain. Les Comités départementaux de prévention et de lutte contre la délinquance vont créer un nouveau cadre décisionnel qui part du département au centre. Ils regrouperont non seulement les autorités déconcentrées et judiciaires, mais également celles décentralisées ainsi que toutes les personnes ressources pouvant apporter leur concours au développement de la sécurité.

L'Agence d'assistance à la sécurité de proximité constitue l'outil opérationnel de ce nouveau concept de Gouvernance sécuritaire de proximité et, en même temps, un organe de promotion d'emplois des jeunes.

Il reste que l'atomisation des acteurs de la sécurité pose incontestablement un problème de contrôle, et comme disait MONTESQUIEU, « tout individu qui a du pouvoir est tenté d'en abuser ». D'où la nécessité de trouver un organe de contrôle. Dans cette perspective, la loi d'orientation sur la Sécurité intérieure en gestation devrait prendre en compte cette problématique, pour les acteurs publics et privés.

I. 3. LA NAISSANCE CONTROVERSÉE DE L'AGENCE D'ASSISTANCE À LA SÉCURITÉ DE PROXIMITÉ

Il faut noter que cette Agence qui constitue l'une des plus belles réalisations du Président Macky SALL, a eu une naissance controversée compte tenu de son caractère révolutionnaire et des difficultés, pour certains, de rompre avec l'État providence qui a inspiré la conception weberienne de la sécurité. En effet, des « spécialistes » de la sécurité, en tous genres, publiaient à tout-va des articles critiques. Tantôt certains la qualifiaient « de cheval de Troie du régime en place », tantôt « d'aventurisme hasardeux » et le plus souvent de « rêve fou qui mènerait à l'impasse ».

I. 3. 1. Les négativistes

Cette initiative hautement stratégique du président de la République de repenser la sécurité au Sénégal et de trouver de

Sécurité de proximité : mode d'emploi

l'emploi à 10 000 jeunes dans la foulée a suscité beaucoup de réactions et a fait couler beaucoup d'encre.

Pourquoi recruter d'un seul coup 10 000 personnes en uniformes ? Sur la base de quels critères ? Pour faire quoi au juste ? Quid des forces de sécurité et de défense dans tout ça ? Comment peut-on former autant de monde avec des niveaux d'études aussi différents ? Quelle infrastructure est à mesure d'abriter la formation de milliers de personnes en même temps ? Quelle serait la chaîne de commandement ? Autant de questionnements qui influençaient le scepticisme de nombre de Sénégalais à l'annonce de ce projet titanesque dont seule la conviction qui animait son auteur, pouvait le concrétiser.

Si du côté de la jeunesse, la nouvelle était accueillie avec espoir, en revanche, chez une certaine élite et hommes politiques, notamment de l'opposition, on a noté une levée de boucliers et des tirs nourris sur le projet. Dans les médias comme à l'hémicycle, certains n'hésitaient pas à parler de « milice » à la solde du président de la République et d'agence pour caser des militants », comme on pouvait le lire dans le no 725 du journal la *Tribune* du mardi 04 mars 2014. Jamais, dans l'histoire du Sénégal, la naissance d'une institution n'a suscité autant de débats. Jamais aucune institution n'a été aussi médiatisée. Quelque 67 500 articles ont été consacrés à l'Agence et à ses éléments depuis sa naissance (Source : Google en date du 5 juillet 2015). Ce qui montre l'intérêt et l'attention que les gens accordent à cette création révolutionnaire.

Les négativistes comme le politologue Babacar Justin NDIAYE parlaient de « milices privées » en assimilant l'Agence a une institution au service du Président. Pour en rajouter à la confusion, il avait même annoncé que l'Agence était rattachée à la Présidence de la République, tout en ignorant les textes qui la régissent. De même, les députés Serigne Mansour SY Djamil (6ème Vice-président de l'Assemblée nationale) du parti *Bess dou Niaak* et Djibo Leyti KA du parti Union pour le Renouveau Démocratique (URD) s'érigèrent en véritables pourfendeurs de cette vision novatrice et appelèrent « les populations à se dresser contre ce qu'ils considéraient comme un danger pour le Sénégal ».

Dans ce même ordre d'idées, dans le journal *Rewmi* du 18 novembre 2013, Serigne Mansour SY Djamil, encore plus acerbe, taxe les ASP de « jeunesse hitlérienne » et les compare aux miliciens de

Laurent Gbagbo en Côte d'Ivoire. Il affirmait : « On ne peut pas laisser passer ce qui ressemble à la jeunesse Hitlérienne. Quand il y a un problème de sécurité, on renforce les structures officielles de maintien de la paix, notamment l'Armée, la Gendarmerie et la Police mais on ne crée pas une milice parallèle ».

I. 3. 2. Les réservistes

À toutes ces clameurs, venaient s'ajouter les appréhensions de certains agents des forces régaliennes de l'État. L'Agence, pourtant placée sous la tutelle technique du Ministère de l'Intérieur et de la Sécurité publique, constituait une curiosité pour la plupart des policiers et suscitait, chez certains, un sentiment de frustration pour la raison simple que la sécurité, souvent confondue avec le maintien de l'ordre public, était jusque-là le domaine réservé des forces de Police. Du côté de la Gendarmerie aussi, l'adhésion à ce projet était mitigée et il fallait, comme avec la Police, rassurer, par forces arguments, mais aussi et surtout travailler en synergie pour une meilleure appropriation du concept de Gouvernance sécuritaire de proximité.

Bien que n'ayant pas manifesté son opposition au projet, la Police préférait avoir une Direction ou une cellule à la place d'une agence. Après plusieurs réunions préparatoires, dont trois Conseils interministériels, présidés par le Premier ministre Abdoul MBAYE, un comité technique restreint a été mis en place au sein du Ministère, présidé par le Directeur de cabinet du ministre de l'Intérieur, Ibrahima LO, avec comme consultant Papa Khaly NIANG. Ce comité a travaillé pendant deux mois sur le projet. Il est aussi important de souligner que le texte a fait l'objet de plusieurs amendements et modifications. Il a fallu l'arbitrage du président de la République pour arriver au cadre institutionnel actuel.

I. 3. 3. Les confusionnistes

La police est une activité de l'État exercée par la Police nationale et la Gendarmerie nationale. Cette notion fait appel à la conception wébérienne qui veut que la monopolisation de la violence légitime appartienne à l'État. Cela n'a jamais été contesté dans le domaine de la répression et dans une période où l'État pouvait, à lui seul, tout faire (État-providence). Mais, aujourd'hui, tout le monde s'est mis d'accord qu'aucune action policière de prévention ne peut réussir sans la participation des citoyens.

Sécurité de proximité : mode d'emploi

La notion de sécurité permet non seulement la gestion de la sécurité par les acteurs régaliens, mais aussi par la participation des citoyens. En fait, c'est l'affaire de tous les acteurs de la vie sociale. Car la sécurité est transversale. Elle concerne autant la paix sociale que l'environnement, l'hygiène, la salubrité bref tous les secteurs d'activité de la vie économique et sociale.

Ce présent ouvrage lève toute équivoque par rapport à cette confusion regrettable qui bloque l'évolution sur les politiques de sécurité en éloignant les citoyens des questions qui les concernent au premier rang. Nous espérons que les confusionnistes trouveront ici tout l'éclairage nécessaire à la bonne compréhension des concepts qui ne relèvent pas d'une analyse politique ni du sens commun, mais plutôt du domaine des sciences criminelles enseignées dans les grandes écoles de criminologie et de science politique.

I. 3. 4. Les positivistes

Parmi les personnes qui ont salué et soutenu le projet, dès sa gestation, il y a d'abord l'ancien Premier ministre Aminata TOURE. Alors ministre de la Justice, elle a vite saisi la pertinence du projet en proposant d'affecter 1 milliard de FCFA tiré des fonds provenant des biens mal acquis pour le démarrage de l'Agence. Devenue, par la suite, Premier ministre, elle consacra la première visite officielle d'une autorité de la République, au site de formation des ASP à la gare des pèlerins à Dakar, accompagnée d'une forte délégation dont l'ancien ministre chargé de la Jeunesse, Benoît SAMBOU, pour apporter son soutien au projet du Chef de l'État et ses encouragements aux autorités de l'Agence. À l'occasion, le Premier ministre a offert un lot de 3 000 tee-shirts pour renouveler l'habillement des engagés civiques.

Dans le même sens, l'ancien Premier ministre, Abdoul MBAYE, a toujours marqué son intérêt pour le projet. On se souvient de l'audience qu'il a accordée au Directeur général de l'ASP le samedi, à la veille de son départ de la tête du Gouvernement. Ainsi, on peut dire que l'Agence fut l'un des derniers dossiers qu'il a traités. Lors de cette rencontre, il a décliné ses orientations par rapport au projet auquel il a marqué son adhésion et son intérêt personnel. Son soutien nous était tout aussi acquis. Nous sommes heureux de constater qu'il garde toujours cette foi en l'Agence, foi qu'il a exprimée dans son excellent ouvrage intitulé *Servir* : « Ce projet a du sens, il permet d'offrir une activité à des jeunes désœuvrés, et les implique dans des actions citoyennes. Il est, par contre, important de ne pas leur donner le sentiment d'être recrutés dans un corps spécial à durée indéterminée, tout en leur attribuant des signes et insignes de reconnaissance nécessaire à l'efficacité de leur rôle »... « Ce projet sera une des plus belles réalisations du président de la République, en ce qu'il donne une occupation à des jeunes, tout en contribuant à renforcer la sécurité sur l'étendue du territoire. Il est donc normal qu'il fût dénoncé par l'opposition, comme moyen de constituer une milice privée au service du parti du Président, ce qui n'est évidemment pas le cas. »[138] Son prédécesseur, maître Souleymane Ndéné NDIAYE avait déjà dit presque la même chose : « l'ASP est le plus grand projet du Chef de l'État ».

Il importe de souligner, pour s'en féliciter, que les résultats ont amené les pourfendeurs d'hier de l'ASP à se réconcilier avec cette vision éclairée du président de la République. Ainsi, nous avons noté, avec plaisir, le revirement de l'honorable député Mansour SY Djamil par rapport à la pertinence de cette Agence. Cette appréciation positive de l'Agence a été magnifiée par son parti lors de la session de la Commission des finances de l'Assemblée nationale[139]. Il a été rejoint dans ses appréciations positives par les honorables députés Aïda MBODJ et Seynabou WADE ainsi que bien d'autres personnalités, du pouvoir comme de l'opposition parlementaire. En effet, lors du vote du budget 2015, du ministère de l'Intérieur et de la Sécurité publique, le jeudi 4 décembre 2014, plusieurs députés avaient apprécié l'utilité des ASP et plaidé l'amélioration de leurs conditions de vie ainsi que la nécessité de veiller sur le renforcement de leur formation et de leur insertion future.

Certes, ceux qui décriaient la création de cette agence ignoraient les nouveaux enjeux et défis en matière sécuritaire, apparus ces dernières années. Ces enjeux recommandaient la création d'une telle structure en appoint à la Police nationale et à la Gendarmerie nationale, suivant la recommandation du Forum européen sur la sécurité de 1998, et suivie par des pays sous des formes différentes. C'est le lieu de rendre hommage aux élites des forces de Police et de Gendarmerie ainsi qu'aux hauts commandements des armées qui ont beaucoup aidé à la

---

[138] Abdoul MBAYE, ancien Premier ministre dans sn livre intitulé *Servir*, 2014, pp. 260-261.
[139] Il s'est vertement attaqué à la presse pour lui avoir prêté des propos qu'il n'a jamais tenus à l'endroit des ASP, selon *Direct info* du 17 octobre 2014.

concrétisation de ce projet. Ceux qui s'interrogent sur les appréhensions des Forces de défense et de sécurité par rapport à la création de cette Agence, ignorent leur degré d'implication positive, de la réflexion à la concrétisation du projet.

Le président de l'Union des associations des élus locaux (UAEL) de l'époque, Alé LO, a été émerveillé par l'approche, au point de solliciter l'augmentation de l'effectif des ASP à mettre à la disposition des collectivités locales pour suppléer la Police municipale. Réagissant à certains propos malveillants contre l'Agence, Jean Paul DIAZ, leader politique, déclarait qu'« il ne faut pas faire de procès d'intention aux ASP, regardons-les à l'œuvre, et après, apprécions ». Au cours de la campagne électorale pour les Locales du 29 juin 2014, nombreux sont les candidats qui ont résumé leurs programmes en deux mots : la lutte contre le chômage et l'insécurité. En effet, les candidats convaincus par le succès de l'Agence d'assistance à la sécurité de proximité ont réclamé des ASP partout. Le député libéral de Kédougou, Mamadou Hadji CISSE, candidat à la mairie de Kédougou, trouve que l'ASP est utile à la jeunesse et à l'ensemble des citoyens. Le candidat à la mairie de Kédougou va même plus loin en promettant la création d'une agence de proximité municipale pour générer 600 emplois et 300 autres pour le traitement des ordures ménagères. Cela renvoie à la sécurité environnementale évoquée par le Directeur général de l'ASP dans une interview.

Ce programme a séduit plus d'un comme en a attesté le vœu du candidat de, Car/Leneen à Grand Yoff. Antoine GOMIS ambitionnait de recruter 2 000 agents de sécurité, s'il gagnait sa commune. La candidate de *Bennoo Bokk Yaakaar* à Grand Dakar, Ndèye Saly DIENG, avait fait du succès de l'ASP un thème de campagne. Elle déclarait que, si elle était élue, elle solliciterait l'appui des ASP pour éradiquer la vente de dosettes d'alcool appelées « salagne-salagne » dans sa commune.

En somme, de la capitale à l'intérieur du pays, les candidats aux élections locales avaient choisi le thème le plus actuel pour récolter le plus de suffrages des électeurs[140].

Les ASP ont été des acteurs déterminants dans la réussite des élections locales du 29 juin 2014. Comme l'ont attesté les autorités administratives rencontrées lors des Comités régionaux de

---

[140] Source Leral.

développement : « les ASP ont joué un rôle primordial dans la bonne tenue du scrutin lors des Locales du 29 juin 2014 vu le nombre de listes en compétition, (près de 2 700), tant dans la sécurisation des opérations de vote que dans le dépouillement, en passant par le convoyage des bulletins. C'est le cas d'un sous-préfet qui déclare qu'il est resté avec un ASP en service dans sa circonscription au-delà de minuit à suivre les opérations de vote. « Sans son aide, je ne sais pas comment j'aurai pu m'en sortir », a-t-il indiqué.

La mise en œuvre de la Gouvernance sécuritaire de proximité donne entière satisfaction aux différentes institutions du pays notamment les Cours et Tribunaux qui ont reçu des ASP chargés d'accueillir, d'orienter et d'informer les justifiables. Comme en attestent les propos du Premier président de la Cour d'appel de Dakar Demba KANDJI qui s'est dit très satisfait du travail des ASP au palais de Justice Lat Dior : « Le travail des ASP est remarqué et remarquable dans les différentes structures utilisatrices du palais de justice. J'ai été surpris par le niveau intellectuel appréciable des ASP, car au début, j'avais des appréhensions, et maintenant, nous avons affaire à des jeunes motivés et engagés ».

Le Général Mamadou Gueye FAYE, Haut Commandant de la Gendarmerie nationale et Directeur de la Justice militaire avait introduit la participation citoyenne dans la prévention de la délinquance par le biais du cousinage Sérères-Toucouleurs. En effet, l'influence de l'aspect culturel peut fortement jouer sur l'appropriation de la question sécuritaire par les citoyens. Constatant l'indifférence des citoyens aux actions, le Général FAYE a utilisé l'orgueil d'une ethnie du nord du pays pour pousser les populations à s'impliquer davantage à sa propre sécurité.

Pour ce faire, une Brigade de Gendarmerie au nord du pays a longtemps traqué une bande de redoutables malfaiteurs qui créaient une psychose dans la zone sylvo-pastorale. Les brigands arrivaient toujours à faire perdre leurs traces quand l'étau se resserrait autour d'eux. Le Général, Chef de Brigade à l'époque, capitaine de son état, s'était adressé aux chefs de village en ces termes : « Nous avons pour mission de vous protéger, de vous sécuriser, vous et vos biens ; chez moi, en pays sérère, on nous tue, mais on ne nous déshonore pas. Alors, vous préférez qu'on pille votre bétail, qu'on incendie vos concessions sans réagir parce que la peur s'est installée chez vous ? Devant l'impossible, nul n'est tenu ». C'est à cet instant qu'un des responsables du village a pointé du doigt la case où se cache le chef du gang. La proximité affective et citoyenne est un atout pour la prévention de la délinquance par l'exploitation à bon escient de l'information.

Mesurant l'originalité et l'impact d'un tel projet, le Général Lamine CISSE a fait inviter le Directeur général de l'ASP au *Groupe initiative Afrique* à Yamoussoukro les 24, 25 et 26 octobre 2014 sur le thème : « Jeunesse africaine : bombe à retardement ou opportunité historique ». Celui-ci y a présenté le concept de Gouvernance sécuritaire de proximité et sa mise en œuvre au Sénégal. L'ensemble des participants ont salué cette expérience novatrice qui pourrait être dupliquée dans d'autres pays.

Les mêmes appréciations ont été faites par Monsieur Alioune BADIANE, Directeur des projets et programmes à l'ONU-Habitat lors de la séance de travail qu'il a eue avec le Directeur général de l'Agence, le 6 août 2014 au siège de l'ASP. Il a salué les résultats déjà enregistrés par l'ASP et a fortement recommandé de les partager avec les populations sénégalaises et les réseaux internationaux. C'est dans cette perspective que le Directeur général a été invité par le Réseau d'échanges stratégiques pour une Afrique urbaine durable (RESAUD), du 14 au 16 octobre 2014 à l'Université de Montréal.

L'Agence d'assistance à la sécurité de proximité (ASP) et le Centre international pour la prévention de la criminalité (CIPC) dirigé par Daniel CAUCHY ont paraphé une convention de partenariat stratégique. C'était lors d'une visite de travail effectuée au Canada du 30 avril au 8 juin 2014. Dans ce cadre, les deux parties ont convenu d'un accompagnement du CIPC aux fins de réaliser et de mettre en œuvre des diagnostics locaux de sécurité et des Comités départementaux de prévention et de lutte contre la délinquance. Le CIPC et l'ASP s'engagent à favoriser la diffusion nationale et internationale des productions de la recherche et de synthèse ou toute autre documentation jugée pertinente et à valoriser l'ensemble de leurs travaux respectifs. La construction d'une plateforme d'analyse géospatiale de la criminalité et l'adhésion de l'ASP au titre de membre du CIPC ont également été retenues.

En marge de cette visite, la délégation a eu une séance de travail avec la mairesse de l'arrondissement de Saint-Michel-Parc-Extension-Villeray, Madame Anie SAMSON, avec qui l'expérience de la Gouvernance sécuritaire de proximité a été évoquée. Elle s'est réjouie de cette expérience et s'est dite « jalouse » de cette approche qu'elle aurait bien voulu vivre dans son arrondissement.

Après avoir reçu les échos favorables de cette approche, le Général Bruno CLEMENT BOLLEE, ancien directeur de la Coopération de Sécurité et de Défense du Ministère français des Affaires étrangères, actuel conseiller du président Alassane OUATTARA de la Côte d'Ivoire, s'est engagé à accompagner le projet ; il a pris sa retraite entretemps, et le dossier a été confié à son remplaçant, le Vice-Amiral d'escadre, Marin GILLIER, directeur de la Coopération de sécurité et de défense du Ministère français des Affaires étrangères qui a bien voulu nous recevoir lors de son passage à Dakar. Un rendez-vous a été programmé à Paris au cours duquel nous avions été reçus, au nom de son directeur absent du territoire, par le Colonel Bertrand DE REBOUL, Chef de la mission Afrique subsaharienne. Et nous avons trouvé les mêmes dispositions auprès du Vice-Amiral pour accompagner le projet.

Le 3 octobre 2014, le Colonel Bertrand DE REBOUL, accompagné de son adjoint, Lieutenant-Colonel Christian PIOT, responsable des pays sahélo-sahariens, a effectué une mission exploratoire à Dakar dans le but de s'enquérir du nouveau dispositif institutionnel de l'ASP. L'officier supérieur français s'est dit séduit par la clairvoyance d'une telle vision et a souhaité que ce projet intéressant soit mis en œuvre ailleurs : « Ce qui m'a surtout impressionné, c'est que le projet est centré sur la participation de la population qui veille sur sa propre sécurité. Cela relève hautement d'une culture citoyenne. Le nouveau contexte géostratégique sous-régional est essentiellement marqué par le caractère transfrontalier et multiforme des nouvelles menaces. Pour faire face à celles-ci, la mutualisation des moyens et du savoir-faire sera la condition *sine qua non* pour que la Force africaine en attente atteigne sa mission de paix et de sécurité dans la bande sahélo-sahélienne ».

Monsieur Emile PEREZ, Directeur de la Coopération internationale au Ministère français de l'Intérieur, en marge du Sommet de la Francophonie à Dakar, a emboîté le pas à son collègue français. Il a effectué une visite dans les locaux de l'Agence, le 2 décembre 2014, laissant ses empreintes dans le Livre d'or en ces mots : « Avec tous mes remerciements pour la qualité de votre accueil et de votre soutien, avec toute ma reconnaissance pour la belle initiative développée par l'Agence au service de la population et de la sécurité ». Dans cet esprit, il a pris l'engagement de faire éditer par Francopol[141], un livre retraçant le concept et la stratégie de mise en œuvre de la Gouvernance sécuritaire de Proximité.

Ce sont là autant d'encouragements et de témoignages de satisfaction manifestés par l'opinion internationale à l'endroit de notre institution. Celle-ci a noué des partenariats stratégiques pour la vulgarisation de ce concept et pour un appui technique.

I. 4. L'ASP, UN AN APRÈS

Un rapide survol des activités de l'Agence ainsi que la rétroaction obtenue auprès des services utilisateurs nous autorisent à affirmer que les résultats auxquels elle est parvenue sont probants, positifs et satisfaisants.

I. 4. 1. Appui au service public et parapublic

I. 4. 1. 1. Au sein des Forces de défense et de sécurité

L'une des principales missions assignées à l'Agence est d'apporter son assistance aux Forces de défense et de sécurité. C'est ainsi que le déploiement, respectivement, de 2 000 ASP au sein de la Police et 1 000 auprès de la Gendarmerie a pu produire les résultats suivants :

• Au niveau de la garde statique, la présence et l'utilisation des assistants ont permis au Groupement mobile d'intervention de retrouver, en partie, la plénitude des missions originelles d'intervention de maintien de l'ordre par le renforcement de ses effectifs.

• Au niveau des services d'enquêtes judiciaires, tant à la Police qu'à la Gendarmerie, des ASP, compte tenu de leur niveau d'instruction, sont préposés à la saisie de déclarations sur procès-verbal.

• Des appréciations satisfaisantes ont été recueillies auprès de la Police et de la Gendarmerie pour ce qui est de l'engagement, la participation et le soutien aux opérations ainsi qu'à l'efficacité des ASP dans la collecte d'informations et de renseignements, surtout sur le plan administratif et judiciaire.

• Dans la régulation et la circulation routière, l'apport des ASP ne souffre d'aucune contestation. Leur présence sur le terrain est très appréciée par les services utilisateurs (Compagnie de circulation de la Police, Escadron de la circulation routière de la Gendarmerie).

---

[141] Réseau international francophone de formation policière.

I. 4. 1. 2. Au sein de l'Administration territoriale

S'il y a un secteur public qui a réellement bénéficié du déploiement des ASP, c'est bien l'Administration territoriale. Leur présence a permis de lever des contraintes majeures qui bloquaient le fonctionnement normal de cette administration. Il s'agit, entre autres, du déficit en personnels de tous ordres avec les départs à la retraite non compensés et le vieillissement de son personnel dont la moyenne d'âge est très élevée. Les ASP ont permis aux autorités administratives, à tous les échelons, de disposer d'un personnel de soutien dans la plupart des tâches administratives. Des ASP font office de secrétaires ou de chauffeurs, d'autres sont chargés d'organiser l'accueil et l'orientation des usagers. Certains même bénéficient de la confiance de l'autorité administrative en étant associés à certaines tâches délicates. Ainsi, au-delà de leurs missions sécuritaires, les gouverneurs, les préfets et les sous-préfets ont unanimement salué le rôle extrêmement important joué par les ASP dans la préparation, l'organisation et le déroulement des élections locales du 29 juin 2014[142]. Par ailleurs, la présence des ASP au sein de ces administrations a contribué au rétablissement des valeurs républicaines. C'est le cas de la levée et de la descente des couleurs nationales qui se font désormais régulièrement par les ASP dans les gouvernances, les préfectures et les sous-préfectures du pays.

I. 4. 1. 3. Au sein de l'Administration judiciaire

À l'instar des structures citées, l'Administration judiciaire a bénéficié de l'apport des Assistants à la sécurité de proximité. C'est ainsi que dans tous les tribunaux régionaux et départementaux ainsi que les parquets, on retrouve des ASP. Ces derniers s'occupent de l'accueil et de l'orientation des usagers souvent désemparés dans les Temples de Thémis. Dans de nombreux cours et tribunaux du pays, ils sont chargés de gérer les bureaux d'informations. En outre, ils assurent la sécurité aux portails d'entrée et veillent à une bonne occupation de l'espace public, notamment des parkings.

---

[142] Cette remarque a été renouvelée partout lors des CRD tenus dans les différentes régions du pays.

I. 4. 1. 4. Au sein des Collectivités locales

Outre la Police, les collectivités locales ont bénéficié du plus gros contingent avec un déploiement de 2 000 assistants. Dans ces collectivités locales, les ASP sont d'un apport considérable compte tenu des responsabilités qui leur sont souvent confiées. Certains font office de secrétaires municipaux, c'est-à-dire de collaborateurs directs du maire. D'autres ont apporté du sang neuf au sein de certains services comme l'état-civil qui fonctionnaient au ralenti. De même, ils exercent des missions de Police municipale en appuyant les services municipaux dans certaines tâches, comme la collecte des taxes et impôts locaux qui était problématique. Le faible niveau de formation du personnel constaté dans les nouvelles collectivités locales, particulièrement, prédispose les ASP à jouer un rôle de premier plan. Ceci s'est concrétisé par la signature d'une convention avec l'Union des associations des élus locaux, sous le couvert du département chargé de la Décentralisation et de la Gouvernance locale, avec une contrepartie financière évaluée à 360 000 000 de FCFA pour l'année 2014. Ce montant est insuffisant par rapport aux services rendus dans l'exercice des pouvoirs de Police municipale et au nombre important d'ASP mis à disposition.

I. 4. 1. 5. Les ASP au sein des départements ministériels

D'autres services publics et parapublics ont bénéficié également des services des ASP sur la base de conventions signées avec l'Agence. Il s'agit, entre autres, des Ministères des Sports, du Tourisme, de la Pêche et de l'Élevage.

I. 4. 2. Les populations

À travers diverses réactions enregistrées, les populations approuvent, dans leur grande majorité, la création de l'Agence et apprécient les prestations que les ASP fournissent, notamment dans le domaine où ils sont le plus visible, telle la régulation de la circulation. Ils sont également très appréciés dans les missions d'accueil et d'information dans les services publics. Aujourd'hui, dans les services de Police et dans les brigades de Gendarmerie, ils jouent un rôle d'interface et de facilitateurs dans la communication entre les forces régaliennes et les populations qui éprouvent souvent le besoin d'être informées.

I. 4. 3. Partenariat public-privé

L'Agence développe le Partenariat public-privé dans des dispositions conformément à ses attributions. Certains pensent que l'ASP vient concurrencer les sociétés de gardiennage et menacer les emplois. Ils se dressent contre ce qu'ils qualifient de « concurrence déloyale » de la part d'un démembrement de l'État du Sénégal.

Pourtant, la loi d'Orientation n° 2009-20 du 4 mai 2009 sur les Agences d'exécution en son article 10 *alinéas* 3 et 4 dispose que les ressources de l'Agence émanent : « d'une dotation budgétaire annuelle allouée par l'État, des fonds mis à la disposition de l'Agence par les partenaires au développement dans des conventions passées à cette fin avec le Gouvernement, du produit du placement des fonds disponibles, ou par des ressources provenant des collectivités locales, *des redevances versées par les bénéficiaires en contrepartie des services et autres prestations fournies par l'Agence*, des dons et legs, et toutes les autres ressources autorisées par les lois et règlements ».

En sus des ressources « directes », il est aussi prévu des ressources « indirectes » provenant du Partenariat public-privé et des collectivités locales, permettant à l'Agence de prendre en charge la couverture médicale et le volet matériel et opérationnel des ASP.

C'est dans cet esprit que s'inscrit le partenariat signé avec le secteur privé, notamment avec la SOGAS, la Gare routière des Baux maraîchers, incluant une contrepartie financière, une clause de formation et d'aide à l'insertion. Au rang des structures partenaires, figurent les quartiers Djily MBAYE et Sacré-Cœur 3-VDN[143]. Rappelons que les ASP ne sont ni des contractuels de droit privé, ni des fonctionnaires, mais des engagés civiques que l'Agence a le devoir de former et d'accompagner pour leur faire accéder à des emplois décents. Par ailleurs, le partenariat entre l'ASP et la Banque UBA a permis aux ASP de disposer de « cartes Visa » qui leur sert autant comme moyen de paiement que de carte professionnelle.

De manière générale, au-delà de l'aspect sécuritaire, le concours précieux des Assistants à la sécurité de proximité à l'amélioration de la qualité du service public a été attesté par les témoignages des utilisateurs. Les effectifs d'ASP déployés et les prestations fournies au sein des Forces de défense et de sécurité, des structures

---

[143] Dans le cadre du programme « Quartiers sûrs ».

administratives et judiciaires ainsi que des collectivités locales ont permis de résorber sensiblement le déficit de personnels et d'offrir aux populations des services publics dans de meilleures conditions.

Le sentiment de satisfaction a été tel que l'Agence est incapable de faire face à la demande d'ASP. Au 31 juillet 2015, cette demande s'élevait à plus de 5 000 ASP, ce qui justifierait un recrutement complémentaire.

I.5. LES MODALITÉS DE MISE EN ŒUVRE

L'Agence d'assistance à la sécurité de proximité (ASP) se présente comme l'outil opérationnel de mise en œuvre de la stratégie de Gouvernance sécuritaire de Proximité. Pour une compréhension claire et commune de ce nouveau concept et de ce qu'il implique une réorganisation pour mieux faire face aux défis sécuritaires, un « Atelier d'orientation sur la Stratégie nationale de gouvernance sécuritaire de proximité » s'est tenu à l'hôtel *Terrou-bi* du 15 au 16 mars 2013. Cet atelier a regroupé toutes les parties prenantes sous la présidence du Général Pathé SECK, alors ministre de l'Intérieur.

Le ministre, en sa qualité de premier responsable de la Sécurité intérieure du pays, a, dès l'entame de son propos, rendu un hommage appuyé et mérité aux Forces de sécurité, « sentinelles vigilantes et infatigables de la tranquillité de nos concitoyens ». Toutefois, il a remarqué que les bouleversements profonds de tous ordres enregistrés dans notre société, avec leur cortège de transgressions systématiques des normes implicites de la vie en commun ont fortement contribué à la formation d'un sentiment sans cesse croissant d'insécurité dans toutes les couches de la population. Dans ce contexte, fallait-il, comme réaction à ce constat objectif, maintenir le *statu quo* ou plutôt explorer de nouvelles pistes en adéquation avec l'évolution de la société sénégalaise ?

Cet atelier a enregistré la communication de plusieurs spécialistes des questions sécuritaires qui portaient sur :

• L'évaluation de la situation sécuritaire nationale : enjeux et perspectives, présentée par le DGPN ;

• Essai de conceptualisation de la Gouvernance sécuritaire de Proximité, présenté par le consultant de l'atelier[144] ;

---

[144] Papa Khaly NIANG, criminologue et spécialiste des questions sécuritaires et Rapporteur général de l'Atelier.

• L'expérience française de la sécurité de proximité : les Contrats locaux de sécurité présentée par le conseiller technique du Ministère de l'Intérieur, le Commandant Georges DIASSINOUS ;

• Le projet des volontaires d'appui à la gestion urbaine de la ville de Dakar, présenté par le conseiller technique du DGPN.

Pour accompagner l'opérationnalisation du concept, plusieurs types d'acteurs ont été identifiés (institutionnels, non institutionnels et partenaires au développement), tant au niveau local, national qu'au niveau international.

Les acteurs institutionnels

• Le Ministère de l'Intérieur ;
• Le Ministère de la Justice ;
• Le Ministère des Forces armées ;
• Le Ministère de l'Économie et des Finances ;
• Le Ministère de l'Environnement et du Développement durable ;
• Le Ministère de l'Élevage ;
• Le Ministère de l'Urbanisme et de l'Habitat ;
• Le Ministère de l'Éducation nationale ;
• Le Ministère de l'Aménagement du Territoire et des Collectivités Locales ;
• Le Ministère de la Jeunesse ;
• Les Ministères techniques ;
• Le Ministère du Sport ;
• Les Collectivités locales ;
• L'Assemblée nationale ;
• Le Conseil économique, social et environnemental ;
• Les partenaires au développement.

Acteurs non institutionnels

• Les organisations de la société civile (ONG, Association, etc.) ;
• Les partenaires techniques et financiers ;
• Les auxiliaires de l'administration (délégués de quartier, chefs de village) ;
• Les organisations professionnelles ;

- Les leaders d'opinion ;
- Les autorités coutumières et religieuses ;
- Les organisations communautaires de base (OCB) ;
- Les organisations de jeunesse ;
- Les sociétés privées de sécurité.

Cadres institutionnels identifiés

Au niveau national

- Agence nationale de la sécurité de proximité (ANSP) ;
- Conseil national de la gouvernance sécuritaire de proximité (cadre national de coordination et de concertation).

Au niveau local

- Comité départemental et/ou régional de prévention et de lutte contre la délinquance.

Les instruments de mise en œuvre

Deux types d'instruments de mise en œuvre ont été identifiés :

- instruments juridiques (textes législatifs et réglementaires) ;
- instruments contractuels (Contrats locaux de sécurité).

Mesures d'accompagnement

- Diverses mesures d'accompagnement ont été retenues :
- Ressources budgétaires : État, collectivités locales, des dons et legs ; participations
  - Autres ressources : Partenaires
  - Ressources humaines (personnel formé)
  - Ressources matérielles (moyens suffisants)
  - Formation des acteurs ;
  - Sensibilisation des populations.

Système de suivi-évaluation

Les indicateurs de résultats identifiés sont les suivants :

- Niveau de la baisse du taux de criminalité ;
- Sentiment de sécurité des populations ;
- Degré de satisfaction des populations ;
- Fonctionnement efficient de l'Agence d'assistance de la sécurité de proximité ;

- Nombre d'emplois créés ;
- Plan local de sécurité.

L'Agence d'assistance à la sécurité de proximité (ASP) a été instituée après la résolution de *Terrou-bi*, conformément aux dispositions du décret n° 2009-522 du 4 juin 2009, portant organisation et fonctionnement des agences d'exécution au Sénégal. L'Agence est une personne morale de droit public, dotée d'une autonomie de gestion et investie d'une mission de service public. Elle est placée sous la tutelle technique du ministre de l'Intérieur et de la Sécurité publique et celle financière du ministre de l'Économie et des Finances. Pour ce qui concerne son organisation et son fonctionnement, l'Agence est encadrée par deux entités : le Conseil de surveillance et la Direction générale (Article 4 du décret n° 2013-1063). La Direction générale est l'organe exécutif de l'Agence. Elle est dirigée par un Directeur général assisté d'un Secrétaire général, tous de hiérarchie A ou assimilée.

Selon les attributions définies par l'article 3 du décret n° 2013-1063, l'Agence participe, en relation avec les autorités de Police et les Forces de sécurité (Police et Gendarmerie), à la mise en œuvre d'une police sécuritaire de proximité bâtie autour de la prévention et du partenariat actif entre l'État, les collectivités locales et les acteurs de la vie sociale. À ce titre, elle est chargée de :

- Participer à l'élaboration et à la mise en œuvre, en rapport avec les différents acteurs, du plan national de prévention et de lutte contre la délinquance ;
- Participer à la mise en place de Contrats locaux de sécurité en relation avec les Comités départementaux de prévention et de lutte contre la délinquance ;
- Assurer le recrutement, la gestion des Assistants à la sécurité de proximité (ASP) et leur déploiement pour emploi dans la Police et de la Gendarmerie ;
- Élaborer les règles de déontologie, d'éthique et de discipline dans le domaine de la prévention pour les assistants ;
- Préparer et promouvoir toute étude et réflexion relative au développement des activités de police de proximité notamment dans le domaine de la prévention.

Quant au Conseil de surveillance, l'article 5 définit ses attributions. Il assure la supervision des activités de l'Agence, en application des orientations et de la politique définies par l'État en matière de sécurité de proximité. Il assiste, par ses avis et recommandations, le Directeur général de l'Agence dans l'exercice de ses fonctions et attributions. Il délibère et approuve, notamment :

- Le programme pluriannuel d'action et d'investissement ;
- Les budgets ou comptes prévisionnels annuels avant la fin de l'année précédente ;
- Le manuel de procédure ;
- Les rapports annuels d'activités du Directeur général ;
- Les états financiers de l'Agent comptable particulier, au plus tard dans les six mois suivant la clôture de l'exercice ;
- L'organigramme de l'Agence ;
- La grille des rémunérations ou l'accord collectif d'établissement du personnel de l'Agence ;
- Le rapport de performance dans les six mois suivant la clôture de l'exercice ;
- Le règlement intérieur de l'Agence.

Le Conseil de surveillance est composé de neuf membres représentant les structures ci-après en raison d'une personne par structure (Article 6) :

- La Présidence de la République ;
- La Primature ;
- Le Ministère des Forces armées ;
- Le Ministère de la Justice ;
- Le Ministère de l'Intérieur et de la Sécurité publique ;
- le Ministère chargé de l'Économie et des Finances ;
- Le Ministère chargé des Collectivités ;
- Le Ministère de la Jeunesse et de l'Emploi ;
- L'Union des associations des élus locaux (UAEL).

Le président du Conseil de surveillance est nommé par décret. Il est présidé par Monsieur Hamidou MBOH. Les autres membres sont désignés par arrêté du ministre de l'Intérieur et de la Sécurité publique sur proposition des responsables des structures qu'ils représentent. Un suppléant est désigné pour chaque membre du Conseil qui prendra le relais en cas d'absence. Le contrôleur financier ou son représentant assiste aux réunions du conseil de surveillance avec voix consultative. Les membres du Conseil de surveillance sont nommés pour une période de trois (3) ans renouvelable une seule fois (Article 7). Leur mandat prend fin à l'expiration de sa durée, par décès ou par démission. Il prend également fin à la suite de la perte de la qualité ayant motivé leur nomination ou par révocation à la suite d'une faute grave ou d'agissements incompatibles avec la fonction de membre du Conseil.

Par ailleurs, l'appellation des agents devant servir dans cette Agence a fait l'objet de plusieurs propositions. Tout d'abord, l'appellation « auxiliaire de sécurité » a été proposée. Mais avec ce dernier, il existait un risque d'amalgame avec les autres acteurs de la sécurité étatique d'autant plus qu'il existe déjà des auxiliaires de la Police et de la Gendarmerie. Ce qui a amené à réfléchir sur deux autres appellations : « réserviste de sécurité » et « assistant de sécurité ». La première porte plutôt une connotation militaire. On la retrouve en effet, dans l'Armée. Nous avions alors proposé la seconde appellation « Assistant de sécurité » (ADS), qui est plus civile et éloignée de la coloration policière ou militaire. Cette proposition avait été adoptée à la rencontre de *Terrou-bi*. Toutefois, celle-ci donnait aussi l'impression d'un copier-coller de l'appellation française.

Cependant, même si les sigles (ADS) sont les mêmes, il importe de souligner qu'il y a une nuance. En effet, si en France on parle d'« Adjoint de sécurité » (ADS), en revanche au Sénégal on parle d'« Assistant de Sécurité » (ADS). En définitive, il a été retenu l'appellation « Assistant à la sécurité de proximité » (ASP) pour les agents de l'Agence et également ASP pour désigner l'institution. Il serait judicieux de corriger le sigle concernant l'Agence par AASP « Agence d'assistance à la sécurité de proximité » ou encore par ANASP « Agence nationale d'assistance à la sécurité de proximité ».

Les attributions de l'Agence s'articulent autour de la prévention et de la dissuasion afin d'instaurer la sécurité dans tout le territoire national, sans préjudice des compétences des forces régaliennes. Elle participe, en relation avec les autorités de la Police et des forces de sécurité (Police et Gendarmerie), à la mise en œuvre d'une police sécuritaire de proximité bâtie autour de la prévention et du partenariat entre l'État, les collectivités locales et les acteurs de la vie sociale. À ce titre, elle est chargée de (article 3 du décret n° 2013-1063 du 5 août 2013) :

• Participer à l'élaboration et à la mise en œuvre, en rapport avec les différents acteurs, du plan national de prévention et de lutte contre la délinquance ;

• Participer à la mise en place de Contrats locaux de sécurité en relation avec les Comités départementaux de prévention et de lutte contre la délinquance ;

• Assurer le recrutement, la gestion des Assistants à la Sécurité de Proximité (ASP) et de leur déploiement pour emploi au niveau de la Police et de la Gendarmerie ;

• Élaborer les règles de déontologie, d'éthique et de discipline dans le domaine de la prévention pour les Assistants ;

• Préparer et promouvoir toute étude et réflexion relatives au développement des activités de sécurité de proximité notamment dans le domaine de la prévention.

Lors de la rencontre trimestrielle des gouverneurs avec le ministre de l'Intérieur, du 26 août 2013 à Saly, le Directeur général de l'Agence avait fait une présentation sur la stratégie de Gouvernance sécuritaire de proximité. À l'issue de cette rencontre, il lui a été demandé, en relation avec les gouverneurs, d'organiser des Comités régionaux de développement (CRD) afin de sensibiliser les acteurs et partenaires locaux sur le concept de « Gouvernance sécuritaire de proximité ». C'est ainsi qu'une série de CRD a été tenue sur toute l'étendue du territoire national. Ils ont débuté à Thiès, le jeudi 03 octobre 2013 pour se terminer à Kaolack, le 10 octobre 2013. L'objectif était d'informer les populations et les autorités administratives déconcentrées sur les missions de l'Agence et l'approche nouvelle de la Sécurité intérieure à travers ce concept novateur.

L'Agence a débuté effectivement ses activités par une cérémonie de lancement qui s'est tenue le 05 septembre 2013 à l'hôtel Savana à Dakar, en présence de hautes personnalités dont l'expertise dans le domaine de la sécurité est reconnue[145]. Un hommage mérité au

---

[145] Entre autres, le président du Conseil de surveillance de l'Agence, Hamidou MBOH ; les anciens ministres de l'Intérieur, les généraux Lamine CISSÉ et Mamadou NIANG ; les généraux Cheikh SENE, Mansour NIANG et Sangué NDAO ; le commissaire divisionnaire de classe exceptionnelle, Boubacar SADIO ; des personnalités politiques

Général Lamine CISSE, qui a été parmi les premières autorités à être sur place, malgré les contraintes d'une pluie battante ce jour-là !

Il est important de faire noter qu'à ce stade, aucun moyen ni budget n'avait été mis en place au profit de l'Agence pour la réalisation de ses activités. Passés les soubresauts de la phase théorique, vint enfin le moment de la concrétisation qui concernait le recrutement, la formation et le déploiement des Assistants à la sécurité de proximité.

Après le choix des sites, la formation a été organisée, de manière identique, sur la base d'une structuration fonctionnelle commune. Chaque site était dirigé par un responsable secondé par un surveillant général, chargé de la discipline et de l'organisation des études et un chargé de l'hygiène et de la restauration. Ces pôles comportaient des classes d'enseignement avec un effectif de 200 apprenants par classe. Chaque classe était placée sous la surveillance de deux encadreurs qui assuraient aussi la formation en ordre serré.

Souvent, il a fallu faire preuve d'ingéniosité et d'imagination pour vaincre les difficultés qui se posaient quotidiennement, notamment quand il s'est posé l'équation de trouver des locaux pouvant abriter les effectifs dans les différents pôles de formation. Ni les centres de formation de la Police nationale, de la Gendarmerie nationale, ni ceux de l'Armée nationale encore moins les écoles n'étaient en mesure d'accueillir un tel effectif pour la formation. C'était également le cas du Ministère des Sports avec le stade Léopold Sédar SENGHOR et les autres infrastructures sportives du pays. La solution fut d'adopter le système militaire des cantonnements et c'est ainsi que les services de l'entreprise *Khelcom Bâches* ont été sollicités pour l'implantation de tentes avec toutes les commodités requises, en somme de véritables complexes multifonctionnels composés de dortoirs, de pavillons sanitaires, de salles de classe équipées…

En outre, bien des anecdotes ont émaillé le processus de mise en place de l'Agence. L'on a souvenance, par exemple, de ce jeune homme venu exprès de la France, plus précisément de Toulouse, pour être recruté comme ASP après avoir consulté l'annonce de recrutement sur l'Internet. Il faut souligner que ce geste était guidé par

---

comme Jean Paul DIAS ; des dignitaires religieux, comme Serigne Mansour SY Djamil ; le président de l'Union des associations des élus locaux, Alé LÔ ; le président du Conseil national de la Jeunesse, Alioune SOW ; des membres de la société civile, comme Madame Ndioro NDIAYE, et des représentants de la Police nationale et de la Gendarmerie nationale.

une volonté de servir son pays comme volontaire. Cet autre jeune a versé de chaudes larmes au premier jour de la formation au pôle de Dakar au milieu du dîner, pensant à sa maman restée à la maison, ce soir-là sans souper, faute de quoi. Mais, que retenir aussi de ce mari venu déloger sa femme du centre de formation de Fatick et qui s'est vu opposer un refus catégorique de la part de celle-ci qui clamait haut et fort qu'elle tenait là sa chance de porter un jour l'uniforme ? Même les menaces de suicide de son mari, si jamais elle n'obtempérait pas, n'y firent rien. Malgré tout cela, Madame a bien terminé sa formation et Monsieur ne s'est pas du tout suicidé ! C'est avec fierté qu'il parle maintenant de sa femme soldat qui porte la tenue et passe pour quelqu'un de très respecté dans son Diaoulé natal (région de Fatick).

En traçant ces moments poignants qui ont marqué la naissance de cette Agence, l'on est forcément amené à rendre un hommage mérité à tous ces jeunes venus répondre spontanément à l'appel de leur patrie en tant que volontaires engagés au service de la sécurité des personnes et des biens. Certains, au prix de leur vie, comme le jeune Mohamed HANN mort noyé à Saint-Louis, le 25 août 2014, en voulant sauver un malade mental. La surprise est venue de ces braves dames qui se sont spontanément rasées avant d'intégrer les centres de formation de Thiès, Kaolack et Fatick. De même, hommage est rendu aux engagés vivant avec un handicap qui ont fièrement intégré les pôles de formations, particulièrement au sourd-muet Pape Massow SECK qui a retenu toute l'attention de la presse.

De même, ce fut émouvant lorsque, à l'accueil de la délégation de la Direction générale à Kaolack, les ASP ont entonné l'hymne des ASP qu'ils ont eux-mêmes composé sous la direction du coordinateur du pôle de formation de Kaolack, Bachir MENDY, à qui nous rendons un vibrant hommage pour l'œuvre pionnière qu'il a jouée dans la mise en place de l'Agence en composant cet hymne. Il nous a quittés tout au début de la mise en place de l'Agence.

L'hymne en wolof	Traduction française
Agent d'assistant à la sécurité, Jammy rewmi moko takha jog	Agent d'assistance à la sécurité, c'est la paix et la sécurité du pays qui le motive
Naniou fonkeu souniou rew, ligueye ko moy souniou waref	Respectons notre pays, le travail est notre devoir
Jeunesse du Sénégal, khaley ASP, les assistants ont donné leur sueur	Jeunesse du Sénégal, jeunes ASP, les assistants ont donné leur sueur
Naniou fonkeu souniou rew, ligueye ko moy souniou waref	Respectons notre pays, le travail est notre devoir
Armons nos couleurs, respectons nos valeurs, moy soukhely Sénégal	Armons nos couleurs, respectons nos valeurs, c'est la base du développement du Sénégal
Armons nos couleurs, respectons nos valeurs, moy soukhely Sénégal	Armons nos couleurs, respectons nos valeurs, c'est la base du développement du Sénégal
Armons nos couleurs, respectons nos valeurs ; diamy rewmi moko takha jog	Armons nos couleurs, respectons nos valeurs c'est pour le bien du pays
Yawmi nakharlou limou meuneu doon, di yakh allalou rewmi dé niawna.	Toi qui te fâches pour une quelconque raison et qui détruis les biens du pays, ceci est une mauvaise chose.

C'est dire que la sécurité n'est pas que physique ; elle est aussi intellectuelle et patriote. Aujourd'hui, l'Agence est entrée définitivement dans l'architecture sécuritaire de notre pays. Son utilité et sa pertinence ne sont plus à démontrer. Elle a été reconnue tant par les populations, la classe politique dans sa diversité que par les services utilisateurs d'ASP.

L'évaluation à mi-parcours des activités un an après, ainsi que les réactions reçues des différentes structures utilisatrices et personnalités ont permis d'enregistrer des résultats très positifs et satisfaisants. L'importance de leur apport dans l'offre de service public n'est plus à démontrer, ce qui fait que la demande d'ASP dépasse largement aujourd'hui l'offre, et cela témoigne de la pertinence de la vision du président de la République, vision fondée sur la nécessité d'une réorientation stratégique de la sécurité avec comme viatique la sécurité par tous, pour tous et partout.

C'est là un pan d'histoire de l'ASP aujourd'hui acteur incontournable dans l'architecture de la Sécurité intérieure dont les composantes sont :

- La Sécurité publique ;
- La Sécurité civile ;
- La Sécurité de proximité.

CHAPITRE 2

PROCESSUS D'OPÉRATIONNALISATION DES ASSISTANTS A LA SÉCURITÉ DE PROXIMITÉ

L'opérationnalisation de l'idée de projet a été facilitée, à l'entame, par la séance de restitution, réunissant tous les préfets de département ou leurs représentants à Saly, une commune balnéaire à 80 km de Dakar, les 08 et 09 novembre 2013, pour délibérer sur les candidatures. Après réception de tous les dossiers de candidatures de toutes les régions du pays, les préfets avaient la responsabilité de sélectionner les dossiers des futurs ASP qui répondaient aux critères préétablis. C'est l'occasion de rendre hommage à toute l'Administration territoriale sénégalaise qui a joué un rôle important pour assurer l'égalité des chances de tous les candidats ainsi que l'équité et la transparence pour le recrutement. Également, dans le processus de recrutement des ASP, la Direction de l'automatisation des fichiers (DAF) a joué un rôle important depuis l'identification des candidats jusqu'à la proclamation des résultats en passant par le traitement des demandes.

II.1. MODE DE RECRUTEMENT DES ASP

En effet, sur la base d'un appel public à candidatures à travers tout le pays, il a été procédé au recrutement de 10 000 jeunes sur les 19 000 demandes reçues. Pour ce faire et pour en assurer une large diffusion, tous les supports médiatiques avaient été préalablement utilisés ainsi que l'affichage dans différents lieux publics pour bien faire passer le message. Le recrutement était fondé sur le principe de l'égalité et de l'équité des chances en offrant à tous les jeunes, filles comme garçons, valides ou vivant avec un handicap, l'opportunité d'être engagés comme ASP.

Pour éviter que la référence académique ne constitue un facteur discriminant, aucun diplôme n'a été exigé. Ce qui explique le large spectre du niveau d'instruction des ASP, allant de l'analphabète au titulaire d'un diplôme universitaire (Master II).

Toutefois, il faut noter qu'au préalable, le diplôme du Certificat d'études primaires et élémentaires (CEPE) avait initialement été exigé, comme en atteste le communiqué relatif à l'appel public à candidatures[146]. C'est après avoir constaté que cela constituait un facteur de blocage qui réduisait l'éventail des postulants que le Chef de l'État avait décidé de supprimer cette exigence pour permettre un large accès des jeunes à cet engagement citoyen. Par ailleurs, la tranche d'âge requise pour être ASP a été fixée entre 24 et 40 ans. La base de 24 ans a été prise pour permettre aux jeunes d'accomplir leur service militaire avant de prétendre à être ASP.

Les postulants devaient s'inscrire obligatoirement à leur lieu de résidence, attesté par un certificat de résidence délivré par le délégué de quartier ou le chef de village. Les affectations obéissent au même principe. En effet, aucun ASP ne peut être affecté en dehors de sa commune de résidence ; en tout état de cause, pas hors de sa région. Les seuls lieux de dépôt de candidature autorisés étaient les préfectures et les sous-préfectures.

Débutée le 7 septembre 2013, la période de dépôt des candidatures pour le recrutement des ASP devait prendre fin le mercredi 25 septembre 2013. Par la suite, le délai a été prorogé jusqu'au 7 octobre 2013 pour absorber le maximum de demandes. En effet, dans certaines régions comme Diourbel et Matam, des problèmes d'état-civil et de casiers judiciaires se posaient pour beaucoup de jeunes en raison de l'encombrement des Tribunaux et de l'état des routes pendant l'hivernage. L'éloignement de certaines juridictions des citoyens expliquait aussi le report. Cette situation était surtout vécue dans les régions de Tambacounda et de Kédougou.

Le recrutement des ASP s'est fait sur la base de critères d'éligibilité et de pondération.

II. 1. 1. Critères d'éligibilité

Pour postuler, le candidat devait fournir les documents suivants :

- Une demande manuscrite ;
- Un certificat de résidence ;
- Un certificat médical d'aptitude physique ;
- Un certificat de bonne vie et mœurs ;

---

[146] Le 7 septembre 2013.

- Un extrait n° 3 du casier judiciaire ;
- Une copie de la carte nationale d'identité
- Un extrait d'acte de naissance datant de moins de 3 mois ;
- un diplôme ou une attestation.

II. 1. 2. Critères de pondération

Pour ce qui est de la pondération, il a été pris en compte :
- Le diplôme académique ;
- Le niveau d'études ;
- L'engagement civique ;
- Le service militaire ;
- Le volontariat ;
- La qualification professionnelle ;
- Les spécialisations dans les domaines spécifiques.

Un coefficient de pondération a ainsi été attribué à chaque critère permettant aux commissions départementales de statuer. Il a été également tenu compte du genre de même que de la situation de handicap en application de la loi d'orientation sociale. Tous les postulants qui remplissaient les critères d'éligibilité ont été retenus, à la limite du quota requis. En effet, les candidatures ont été collectées pour chaque postulant en fonction du numéro d'identification détenu dans les fichiers de la DAF. Ensuite, un fichier contenant toutes les informations utiles du postulant a été constitué. Avec ce système de contrôle, un millier de fraudeurs a pu être identifié et rejeté.

II. 1. 3. L'examen des dossiers

Les 45 préfets des départements du pays ainsi que le président des élus locaux, le directeur général pour la réinsertion des anciens militaires, le président du Conseil national de la jeunesse (CNJ) se sont réunis en atelier à Saly (Mbour) les 08 et 09 novembre 2013, pour statuer et délibérer sur les candidatures enregistrées. Cet atelier a permis, sur la base des critères retenus et des quotas par région, de sélectionner 10 000 jeunes comme indiqué dans le tableau ci-dessous.

Il faut préciser qu'en raison du faible nombre de postulants, certaines régions ont été faiblement représentées. Ce fut le cas des régions de Kaffrine, Diourbel et Matam, où toutes les candidatures ont été retenues. Il s'y est ajouté l'influence de certains discours négativistes qui ont dissuadé certains jeunes à déposer leur candidature.

Nombre d'ASP recrutés par région

	Régions	Effectif affecté	%
1	Dakar	3600	36
2	Diourbel	600	6
3	Fatick	500	5
4	Kaffrine	500	5
5	Kaolack	600	6
6	Kédougou	400	4
7	Kolda	400	4
8	Louga	200	2
9	Matam	500	5
10	Saint-Louis	600	6
11	Sédhiou	300	3
12	Tambacounda	500	5
13	Thiès	800	8
14	Ziguinchor	500	5
	TOTAUX	10.000	100

II. 2. FORMATION DES ASSISTANTS À LA SÉCURITÉ DE PROXIMITÉ

II. 2. 1. Objectif général

L'objectif général de la formation visait à constituer et à consolider une base de connaissances théoriques ainsi qu'un savoir-faire tant individuel que collectif afin de doter les ASP de moyens de contribuer à une meilleure prise en charge des problématiques sécuritaires dans le pays, mais aussi d'améliorer leurs conditions de vie.

II. 2. 2. Objectifs spécifiques

Il s'est agi de renforcer les capacités des ASP dans leur mission d'assistance aux Forces de sécurité, mais aussi à toutes les structures utilisatrices, notamment pour :

- Assurer le bon accueil du public ;
- Orienter les citoyens dans les services ;
- Participer aux missions de surveillance générale ;
- Aider au rétablissement des liens sociaux entre la police et les populations ;
- Former les ASP aux techniques de surveillance de la voie publique ;
- Comprendre les institutions de la République et les acteurs régaliens de la sécurité.

Par ailleurs, les ASP ont été sensibilisés pour mieux comprendre l'environnement social dans lequel ils vont évoluer. Entre autres, il s'agit de :

- Maîtriser les gestes qui sauvent en secours ;
- Pouvoir assurer la garde statique des immeubles publics et de certains domiciles ;
- Lutter contre les incivilités ;
- Participer à la promotion des valeurs civiques et citoyennes, notamment au sein de la population scolaire ;
- Moraliser et assainir l'occupation de l'espace public.

II. 2. 3. Processus

Après la sélection dans chaque département, les résultats sont remontés à l'Agence qui a assuré le suivi pour que les candidats retenus rejoignent les pôles de formation constitués. Les formations ont débuté le 20 novembre 2013 pour se terminer le 25 décembre 2013.

Le procédé mis en place par l'Agence reposerait sur un ensemble cohérent visant à assurer, de manière durable, la performance de l'organisation, la satisfaction des citoyens, l'implication de son personnel et en relation positive avec son environnement. Cette volonté exprimée par la Direction générale portait sur les axes essentiels qui ont orienté les décisions et les actes des formateurs. Ces orientations ont porté sur la performance de l'unité d'ensemble à travers un perfectionnement collectif du groupe malgré le caractère hétérogène des parcours des nouvelles recrues. Ainsi, elles devraient accompagner la trajectoire individuelle des futurs ASP afin de leur permettre d'accéder à une qualification professionnelle pour une insertion future. Les apprenants devaient recevoir une formation adéquate leur permettant d'incarner, dans l'exercice de leurs fonctions, les valeurs et les compétences professionnelles requises et conformes à leur statut d'engagés citoyens.

Cette formation initiale devrait leur permettre d'acquérir les connaissances nécessaires à la réussite de leur mission, notamment le savoir, le savoir-faire et le savoir-être.

II. 2. 4. Durée et localisation des sessions de formation

La durée de la formation a été de quatre semaines. Les sessions de formation se sont déroulées dans six pôles érigés en centres de formation sous la supervision de responsables nommés par le Directeur général sur proposition du Coordonnateur de la formation. Il s'agit des pôles de :

• Dakar : pour les recrues de la région de Dakar

• Thiès : pour les recrues de la région de Thiès et une partie de la région de Diourbel ;

• Saint-Louis : pour les recrues des régions de Saint-Louis, Louga et Matam ;

• Kaolack : pour les recrues des régions de Kaolack et Kaffrine ;

• Ziguinchor : pour les recrues des régions de Ziguinchor, Kolda et Sédhiou ;

• Tambacounda : pour les recrues des régions de Tambacounda et Kédougou ;

• Fatick : pour les recrues de la région de Fatick et une partie de la région de Diourbel.

La formation a été dispensée sous le format de l'internat. Cette formule a permis un meilleur encadrement des apprenants qui se sont soumis aux règles de disciplines exigées dans les établissements de formation professionnelle de type paramilitaire. Enfin, elle a permis aussi de développer, entre les apprenants, l'esprit de groupe et le sentiment d'appartenance à une communauté unitaire.

II. 2. 5. Organisation et contenu pédagogique de la formation

La formation s'est faite autour de quatre unités d'enseignements dont chacune était constituée d'un certain nombre de modules. Il s'agit de :

- *la formation juridique*

✓ Module 1 : Gouvernance sécuritaire de proximité ;

✓ Module 2 : Connaissance de l'État et de l'Administration du Sénégal ;

✓ Module 3 : Droit pénal général ;

✓ Module 4 : Droit pénal spécial ;

✓ Module 5 : Procédure pénale.

- *la formation générale*

✓ Module 1 : Acteurs de la sécurité (Police - Gendarmerie - Sapeurs-Pompiers - Douanes - Eaux et Forêts) ;

✓ Module 2 : Sécurité incendie ;

✓ Module 3 : Hygiène et salubrité ;

✓ Module 4 : Protection de l'environnement (déchets - feux de brousse - coupes abusives…).

- *la formation morale*

✓ Module 1 : Instruction civique

✓ Module 2 : Éthique – Déontologie

✓ Module 3 : Discipline

- *la formation technique*

✓ Module 1 : Ordre serré ;

✓ Module 2 : Initiation aux techniques du maintien de l'ordre (M.O) ;

✓ Module 3 : Sécurité routière ;

✓ Module 4 : Expression écrite.

À travers ces différents modules de formation, les objectifs suivants étaient visés :

- *acquérir des connaissances sur l'État et l'Administration du Sénégal*

✓ Connaître les institutions de la République ;

✓ Connaître l'administration d'État (administration centrale et circonscriptions administratives) ;

✓ Connaître les démembrements de l'État : la collectivité de l'État et les établissements publics.

- *acquérir des connaissances sur les acteurs de la sécurité au Sénégal*

✓ Police nationale : organisation et mission ;

✓ Gendarmerie nationale : organisation et mission ;

✓ Brigade nationale des Sapeurs-pompiers : organisation et mission ;

✓ Direction des Eaux et Forêts : organisation et mission ;

✓ Douanes : organisation et mission.

- *acquérir des connaissances sur le concept de Gouvernance sécuritaire de proximité*

✓ Maîtriser l'organisation, le fonctionnement et les attributions de l'Agence ;

✓ Connaître les missions de l'Assistant à la sécurité ;

✓ Appréhender les relations entre l'Agence et les autres acteurs de la sécurité.

- *acquérir des connaissances sur l'éthique, la déontologie et la discipline*

✓ Connaître l'éthique et la déontologie qui régissent le métier d'Assistant à la sécurité de proximité ;

✓ Connaître les droits, devoirs et obligations des Assistants à la sécurité de proximité ;

✓ Connaître le régime disciplinaire.

- *acquérir des connaissances sur le droit pénal*

✓ Avoir les connaissances élémentaires sur le droit pénal, le droit pénal spécial (notamment les infractions les plus courantes).

- *acquérir des connaissances sur la sécurité routière*

✓ Connaître quelques généralités sur le Code de la route ;

✓ Maîtriser des gestes conventionnels de régulation de la circulation routière ;

✓ Savoir matérialiser un accident de la circulation.

- *acquérir des connaissances en instruction civique*

- ✓ Connaître les symboles de l'État ;
- ✓ Assimiler les valeurs civiques ;
- ✓ Connaître l'hymne national et celui de la jeunesse ;
- ✓ Connaître les devoirs des citoyens.

- *acquérir des connaissances sur le service d'ordre*
- ✓ Comprendre la psychologie de la foule, sa composition et sa typologie ;
- ✓ Maîtriser certains procédés et techniques de défense ;
- ✓ Connaître l'organisation pratique d'une manifestation.

- *acquérir des connaissances sur les instructions de tactiques individuelles*
- ✓ Savoir donner les injonctions et interpeller une personne ;
- ✓ Observer, écouter et contenir une foule ;
- ✓ Interdire un lieu ;
- ✓ Surveiller les lieux ouverts au public ;
- ✓ Assister une personne en péril.

- *Acquérir les rudiments de la correspondance administrative*
- ✓ Connaître les généralités sur les correspondances administratives ;
- ✓ Savoir faire un compte-rendu, rédiger un rapport, établir une demande écrite.

- *acquérir des connaissances sur l'hygiène et la salubrité*
- ✓ Connaître les règles générales sur le code de l'hygiène.

- *acquérir des connaissances sur la protection de l'environnement*
- ✓ Généralités sur le code de l'Environnement ;
- ✓ Mesures préventives contre les feux de brousse.

- *acquérir des connaissances de base en secourisme*
- ✓ Connaître les gestes élémentaires qui sauvent.

- *acquérir des connaissances sur l'ordre serré*
- ✓ Savoir pratiquer : le garde-à-vous, le salut, le rassemblement, les alignements, le pas de route, le pas sans cadence, le pas de gymnastique.

Pour une plus grande cohérence du contenu des différents modules de formation, un responsable a été désigné pour piloter les rubriques ou unités de modules. C'est ainsi qu'un enseignant de l'Université a été responsabilisé pour la formation juridique, un formateur a été désigné pour la formation générale, un commissaire de Police et un Colonel de Police ont été responsabilisés pour la formation morale et enfin, un commissaire divisionnaire de Police de classe exceptionnelle et un Chef d'escadron ont été chargés de la formation technique.

II. 2. 6. Méthodes et techniques pédagogiques

L'hétérogénéité du groupe et le souci de polyvalence a nécessité l'utilisation de méthodes actives d'apprentissage en français et en wolof (langue nationale). Ces méthodes qui font appel aux techniques de la formation-action, du cas par cas et du *focus-group*, et l'activité du formé en elle-même considérée comme le ressort de l'apprentissage, ont été utilisées pour l'ensemble des modules.

Les apprenants ont été dotés, chacun, de divers matériels didactiques, outre le matériel de formation, tels que les tableaux, les marqueurs, les classeurs chrono, les rames de papiers, les boîtes à craies, etc.

II. 2. 7. Évaluation des apprenants et du contenu de la formation

À l'issue de cette formation, il a été procédé à une évaluation des apprenants. Celle-ci a permis d'apprécier objectivement le niveau d'assimilation des enseignements dispensés et de mettre en place une banque de données des profils des ASP. Les compétences des uns et des autres ont été prises en compte en fonction des besoins spécifiques exprimés.

Le niveau de satisfaction des apprenants sur la prestation des formateurs a également été apprécié à travers un questionnaire rempli par les futurs ASP. Cet exercice a permis de déterminer des domaines dans lesquels des améliorations devront être apportées aux sessions de formation futures.

II. 3. Déploiement et utilisation sur l'étendue du territoire

À l'issue de la formation, les ASP sont déployés à la Police, la Gendarmerie mais aussi dans toutes les structures qui ont exprimé le besoin d'en disposer. Une période d'essai maximale d'un mois est fixée avant que l'ASP ne soit déclaré opérationnel.

Après leur formation, les Assistants à la sécurité de proximité ont été déployés sur toute l'étendue du territoire national, dans différentes structures qui ont exprimé le besoin. Le principe de la proximité a présidé à cette opération qui s'est effectuée sur la base de conventions de mise à disposition signées. La carte ci-dessous donne la répartition géographique des Assistants à la sécurité de proximité par département sur tout le territoire.

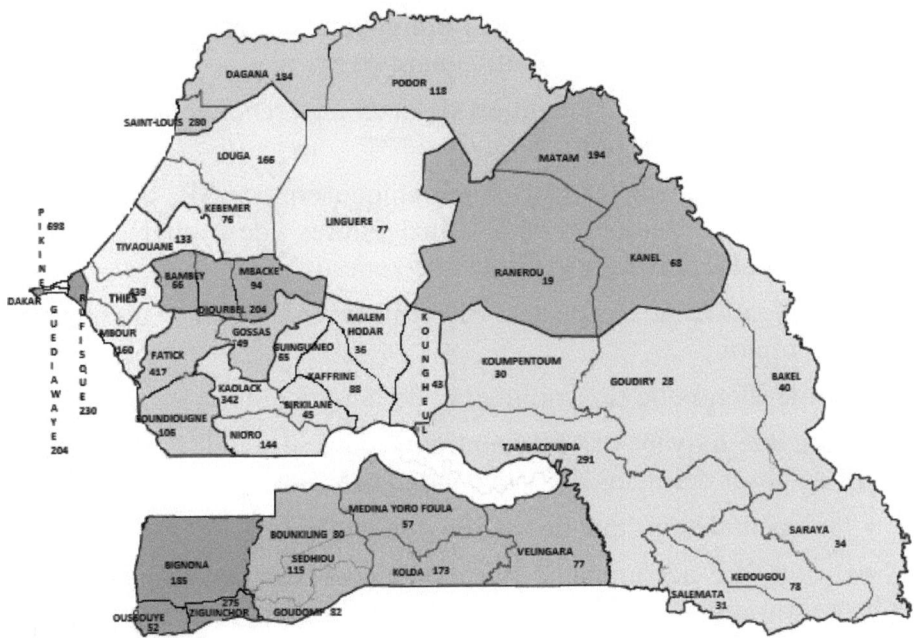

Aujourd'hui, la Police, la Gendarmerie et les Collectivités locales sont les principales institutions du pays ayant recours aux services des ASP. Au total, 2 000 ASP sont en service à la Police, 1 000 à la Gendarmerie et 2 000 dans les Collectivités locales. D'autres services publics et parapublics bénéficient également de l'appui des ASP. En somme, 10 000 ASP sont déployés auprès de plus de 200 structures à travers le pays. Après un an et demi d'activités, une forte demande supplémentaire en ASP chiffrée à plus de 5 000 agents, venant de différentes structures, a été enregistrée et actuellement à l'étude à l'Agence. Les tournées dans les régions ont permis de noter également l'engouement de milliers de jeunes pour devenir ASP.

II. 4. Statut des Assistants à la sécurité de proximité

Pour mieux encadrer le travail d'appui des ASP aux structures bénéficiaires, les Assistants à la sécurité de proximité ont été dotés d'un statut signé par le Ministère de l'Intérieur et de la Sécurité publique. Le statut détermine les droits et devoirs pendant l'engagement citoyen des ASP.

Ainsi, entre autres, le statut retient que :

- L'Assistant est soumis à l'obligation de remplir une fiche d'engagement qu'il doit impérativement signer ;
- La durée de l'engagement est de deux ans, renouvelable une fois, soit au total quatre (4) ans ;
- Il n'existe aucun rapport hiérarchique entre ASP, ces derniers sont seulement tenus d'obéir aux ordres des chefs d'unités départementales et des superviseurs de zones ;
- L'obligation de respecter strictement les règles régissant son corps d'emploi ;
- L'interdiction de se syndiquer et de faire la grève ;
- Bien que n'ayant pas été mentionné dans le statut, il est interdit à l'ASP de poser des actes de police judiciaire ;
- Il ne peut détenir que des armes non létales ;
- Il doit être accompagné en permanence par des éléments de la Police et/ou de la Gendarmerie sur le terrain dans l'accomplissement de leurs missions de sécurisation ;
- Il doit porter un uniforme avec des insignes distinctifs pour éviter toute confusion avec ceux de leur corps d'emploi.

Il est important de souligner que les ASP ne sont ni des contractuels de droit public, ni de droit privé. Ils sont des engagés civiques au service de la Nation. L'engagement est unilatéral et peut être révoqué à tout moment par l'ASP en cas d'admission à un concours ou pour convenance personnelle. L'engagement civique ne pourrait répondre à la définition d'un contrat au sens du droit du travail. Il n'y a aucune obligation réciproque de se maintenir dans les liens du travail. En retour, l'Agence a le devoir d'assurer une formation professionnelle au profit de l'assistant avant la fin de son engagement. Le même devoir incombe aussi aux services utilisateurs.

II. 5. MISSIONS ASSIGNÉES AUX ASSISTANTS À LA SÉCURITÉ DE PROXIMITÉ

Entre autres missions assignées aux Assistants à la sécurité de proximité, il y a :

• La participation à l'accueil, à l'information et à l'orientation des usagers des services utilisateurs ;

• La participation aux activités de surveillance générale dans leur territoire d'action : surveillance dans les quartiers et villages, recueil de renseignements touchant à l'ordre public et aux bonnes mœurs pour les communiquer à l'autorité de supervision ;

• La contribution, au besoin, au service de l'ordre dans les manifestations à caractère religieux, sportif, populaire et culturel ;

• L'intervention dans la régulation de la circulation ;

• Le respect des règles de base en hygiène publique, de salubrité et de respect de l'environnement ;

• La contribution au respect de la tranquillité publique et du bon ordre ;

• Le concours à la surveillance des marchés, gares routières et plages ;

• Le soutien aux victimes d'accidents de la circulation, d'incivilités ou de délinquance ;

• La surveillance des édifices publics ;

• La contribution à la sensibilisation des populations sur la sécurité, le civisme et le respect des lois et règlements.

L'Agence d'assistance à la sécurité de proximité est venue renforcer le dispositif de Sécurité intérieure déjà en place pour une meilleure prise en charge de la problématique sécuritaire des populations. Ces besoins doivent être accompagnés en aval par des parades d'urgences de la part des forces de Police et de Gendarmerie et en amont par des réponses sociétales et des actions de proximité. C'est dans cette dernière perspective que s'inscrivent les missions des ASP qui sont essentiellement préventives et de proximité.

Il est important de souligner que les services utilisateurs disposent d'un pouvoir de gestion sur les ASP et l'Agence, un pouvoir d'Administration. Les actes posés par les ASP dans l'exercice de leur mission est de la responsabilité des services utilisateurs.

II. 6. LES ASSISTANTS À LA SÉCURITÉ DE PROXIMITÉ : UNE ALTERNATIVE À LA POLICE MUNICIPALE

Depuis 2011, il n'existe plus, au Sénégal, de corps de policiers municipaux. En effet, après une gestion chaotique entre 1987 et 2011, tous ses éléments ont été intégrés dans la Police nationale[147]. Ce qui fait qu'à l'heure actuelle, le maire ne dispose d'aucun moyen pour exercer ses pouvoirs de Police générale (la salubrité, le bon ordre, le stationnement, etc.).

Comme indiqué plus haut, les agents de la Police municipale ont été reversés dans le corps de la Police nationale. Il n'en demeure pas moins que ce corps continue d'exister légalement, d'autant plus qu'aucun texte n'est venu l'abroger à ce jour. Ainsi, les effectifs ont été, certes, repris, mais les dispositions législatives et réglementaires de la Police municipale demeurent toujours en vigueur. Cependant, les moyens des communes ne permettent pas d'assurer l'effectivité des responsabilités y afférentes, même si le Code général des Collectivités locales (loi n° 2013-10 du 28 décembre 2013) a reconduit le dispositif de 1996.

Il était écrit que les policiers municipaux seraient recrutés, formés et rémunérés dans les mêmes conditions que leurs homologues de la Police nationale. Or, aucune structure n'était dédiée à la formation des policiers municipaux, contrairement à la Police nationale qui a son école. La France dispose d'un Centre national de la Fonction publique territoriale chargé de la formation des policiers municipaux. Ainsi, n'est-il pas nécessaire de réviser les textes de la Police municipale pour les réadapter à la réalité juridique du moment et surtout par rapport aux possibilités financières et budgétaires limitées des communes ? Il faut donc allier les contraintes budgétaires des communes avec les exigences de création de service de Police municipale dont les maires ont fortement besoin pour une gestion moderne et efficace d'une cité.

L'intercommunalité consistant à la mutualisation des moyens ne pourrait-elle pas être une piste pour la contractualisation avec l'ASP en vue de rendre effectifs les pouvoirs de police du maire ?

Sans doute, à l'heure actuelle, la création de services de Police municipale s'impose comme une demande sociale forte compte tenu

---

[147] À leur intégration dans la Police nationale, il ne restait que 204 agents. Actuellement, ce nombre est de 34 agents qui n'ont jamais été pris en compte.

de la situation sécuritaire. Une police municipale pourrait remédier aux insuffisances d'effectifs notées dans la prise en charge de la problématique sécuritaire par les acteurs régaliens. Enfin, la création d'une nouvelle Police municipale s'impose comme une exigence citoyenne à laquelle les maires ont le devoir et l'obligation de répondre favorablement. Le maire est le premier à être interpellé vu son statut d'élu et sa proximité avec les citoyens. À ce titre, les ASP se présentent comme une alternative crédible pour combler ce vide, notamment dans le maintien du bon ordre, de la salubrité, du stationnement, de la circulation, mais aussi dans la collecte des droits et taxes locaux (louma, marché, publicité, encombrement, entre autres).

CHAPITRE 3

TRANSVERSALITÉ DU CHAMP D'APPLICATION DE LA SÉCURITÉ

III. 1. DANS LE CHAMP DE LA SÉCURITÉ ENVIRONNEMENTALE

« Un esprit sain dans un corps sain », cet adage ne peut se justifier que si l'individu évolue dans un environnement salubre et sécuritaire. Ainsi, la gestion de l'environnement qui pose, depuis toujours, un sérieux problème aux populations et aux collectivités locales, auxquelles est transférée cette compétence par la loi n° 96-07 (loi sur la gestion des déchets) doit être une priorité pour les autorités sénégalaises, et chaque citoyen doit également participer à l'amélioration de son cadre de vie. Pour ce qui est de la gestion des déchets solides, les communes ont acquis cette compétence depuis le décret n° 74-338 du 10 avril 1974 qui réglemente l'évacuation et l'entreposage des ordures ménagères. Dans cette continuité, l'Acte 3 de la décentralisation conforte cette disposition.

L'article L 48 du Code de l'Environnement adopté en 2001 dispose que, désormais : « Tout projet de développement ou activité susceptible de porter atteinte à l'environnement, de même que les politiques, les plans, les programmes, les études régionales et sectorielles devront faire l'objet d'une évaluation environnementale ». L'article 101 du même Code prévoit des sanctions pénales assorties d'une amende allant de 500 000 à 2 000 000 de FCFA, applicable à tout contrevenant aux dispositifs de lutte contre la pollution.

Mais, entre les textes et leur application sur le terrain, il y a un grand fossé[148]. Et ce fossé laisse la place à des initiatives informelles. À défaut d'assurer la protection de l'environnement, les populations se substituent aux communes et « légifèrent » à leur place en mentionnant sur des murs ou sur des panneaux « Interdiction d'uriner ou de déposer des ordures, sous peine de… ». À côté des collectivités locales, de nombreux autres acteurs interviennent aussi dans la gestion de l'environnement[149].

Dans un contexte de mondialisation de certaines maladies ou épidémies comme le Syndrome respiratoire aigu sévère (SRAS), la maladie à virus Ébola…, et d'échanges à l'échelle planétaire, la première source d'insécurité pour un pays devient ainsi le manque d'hygiène et de salubrité, cadre propice à l'éclosion et à l'expansion de maladies. Des efforts particuliers devraient être faits dans ce sens au Sénégal pour une meilleure organisation des entreprises de collecte de déchets avec des ressources humaines qualifiées, la mise en place d'infrastructures de stockage et de traitement de déchets appropriés et enfin la sensibilisation des citoyens face à leur responsabilité. Chaque année, environ 70 000 tonnes de déchets sont produites au Sénégal, selon le ministre chargé de l'Environnement, Abdoulaye Bibi BALDE, et leur gestion pose de sérieux problèmes.

---

[148] La loi n° 83-05 du 28 janvier 1983 portant Code de l'environnement avait été élaborée sur la base de priorités bien définies. Mais son contenu assez restrictif ne permettait pas de prendre en compte tous les éléments fondamentaux de la protection de l'environnement. C'est ainsi qu'il a été nécessaire de mettre en place un autre cadre réglementaire à travers la loi n° 2001-01 du 12 avril 2001 portant Code de l'environnement. En matière de gestion des déchets, selon l'article 34 de la loi n° 96-07 du 22 mars 1996 et son décret n° 96-1134 du 27 décembre 1996 portant application de la loi portant transfert de compétences aux régions, aux communes et aux communautés rurales, en matière de gestion de l'Environnement et des ressources naturelles, la commune gère les déchets produits dans son périmètre. Ainsi, elle prend toutes les dispositions nécessaires pour leur collecte, leur transport et leur traitement. Auparavant le décret n° 74-338 du 10 avril 1974 réglementait l'évacuation et le dépôt des ordures ménagères, ensuite ce fut la loi n° 83-71 du 5 juillet 1983 portant Code de l'hygiène. Le Code des Collectivités locales avec le transfert de compétences en 1996 et enfin par la loi n° 2001-01 du 15 janvier 2001 portant Code de l'environnement et le décret n° 2001-282, confirme ce dispositif.

[149] Les modalités de mise en œuvre des missions relatives au nettoiement et à la salubrité dans les collectivités locales de la région abritant la capitale sont déterminées, en tant que de besoin, par les dispositions particulières fixées par décret (Loi n° 2002-16 du 15 avril 2002). Enfin, les lois n° 2002-14, n° 2002-15, n° 2002-16 du 15 avril 2002 et n° 2006-22 du 11 juillet 2006 portant dispositions particulières pour la prise en charge du nettoiement et de la salubrité dans la région abritant la capitale du Sénégal modifient l'article 29 de la loi n° 96-06 du 22 mars 1996 portant Code des collectivités locales relative au transfert de compétences aux régions, communes et communautés rurales en la matière.

Aujourd'hui, différents systèmes de gestion des ordures sont identifiés : une collecte en régie en porte-à-porte (effectuée par un camion benne ou un tracteur avec caisson) ou en Point d'apport volontaire (PAV) qui consiste à regrouper des gros bacs[150]. Ce système se fait généralement dans les centres-ville. Parallèlement, une collecte privée s'effectue de façon formelle par des sociétés privées et des Groupements d'intérêt économique (GIE) et de façon informelle par des charretiers qui font un rejet direct des ordures récurées chez l'habitant, dans les décharges sauvages, notamment dans les quartiers périphériques. Ceci pose un problème de santé publique du fait du risque de propagation de certaines maladies liées au manque d'hygiène (choléra, paludisme, tuberculose et Ébola). Pour contribuer à solutionner cet épineux problème de sécurité sanitaire, les ASP pourraient intervenir dans l'approche préventive, de sensibilisa-tion et d'assistance voire de secours.

Dans les systèmes de collecte des déchets, le personnel en service est généralement non qualifié et l'encadrement fait le plus souvent défaut. Ainsi, ces défaillances ne permettent pas d'avoir des résultats probants, alors que les statistiques sur la quantité et la qualité des déchets collectés sont souvent inexistantes ou parcellaires et, très souvent, non à jour. Pour la collecte, l'ASP pourrait recruter et former du personnel aux qualifications nécessaires pour un bon suivi des opérations, le traitement serait assuré par des sociétés privées dans un Partenariat public-privé (PPP).

À ce niveau, les expériences ayant donné des résultats ailleurs, à travers un « benchmarking », pourraient être adaptées au contexte sénégalais pour une meilleure gestion des ordures ménagères. Cette démarche favoriserait l'émergence de nouveaux métiers tels que des ingénieurs d'études, des responsables d'exploitations, des ambassadeurs de tri ou encore des superviseurs de collecte et de traitement des déchets, autant d'opportunités d'emplois pour les jeunes au chômage.

À ce jour, le Sénégal ne dispose d'aucun centre de traitement de déchets répondant aux normes requises de sécurité et d'hygiène. Le dépotoir de Mbeubeuss[151] qui accueille la quasi-totalité des déchets collectés dans la région de Dakar n'est plus conforme aux normes

---

[150] Ibrahima NIANG (2015). « La sécurité au service de la salubrité », in *L'AS de paix*, Revue de l'Agence d'Assistance à la sécurité de Proximité, n° 2, p. 23.
[151] Dépotoir d'ordures situé dans la banlieue de Dakar.

environnementales de stockage des déchets. Ce constat est aussi valable pour toutes les décharges des autres localités du pays. De même, le Sénégal ne dispose pas de Centre d'enfouissement technique (CET)[152] ni d'Installation de stockage de déchets non dangereux (ISDND). On ne note pas non plus l'existence de centres de tri qui permettraient de récupérer les matières recyclables (plastique, carton, verre, fer, aluminium…) en vue de les valoriser dans une seconde vie. Ce travail est fait par des « boudioumanes » dans l'informel total. De même, les déchets des hôpitaux et des centres de santé qui doivent être préalablement traités selon un procédé bien spécifique avant d'être mélangés aux autres déchets se retrouvent souvent dans les mêmes décharges, avec tout ce que cela comporte comme danger.

Or, le respect de l'environnement, notamment la préservation du cadre de vie des populations (hygiène, salubrité, propreté, etc.), doit être une affaire de tous. Pourtant, il est fréquent de voir un citoyen jeter par terre un mouchoir usagé, une peau de banane épluchée, un sac en plastique après usage, un gobelet de café après avoir bu le contenu, etc., sans même se soucier de l'impact du geste sur l'environnement ou sur la santé des autres[153]. Ce constat a été fortement observé durant l'aménagement des espaces publics lors du XVe Sommet de la Francophonie à Dakar.

En effet, le béton répandu pour embellir le terre-plein entre les deux allées de la Voie de dégagement nord (VDN) a été très vite couvert par des sacs en plastique de toutes sortes, jetés par les passants et les riverains. Parallèlement, d'autres, sans aucune autre considération, subtilisaient ce béton pour leurs besoins personnels. Ces actes d'incivilité notoire, dénudés de toute citoyenneté, pourraient être combattus par le déploiement d'ASP ou d'agents de surveillance dont le rôle serait de dissuader les contrevenants.

Toutefois, pour réussir de telles initiatives, il est nécessaire d'impliquer tous les citoyens par des actions de sensibilisation pour une meilleure préservation du cadre commun de vie.

---

[152] Le projet appuyé par la Banque mondiale qui devait être réalisé à Sindia tarde à voir le jour.
[153] Récemment, une nouvelle loi a été adoptée le 21 avril 2015 par l'Assemblée nationale pour interdire l'usage des sacs en plastique au Sénégal.

III. 2. DANS LE DOMAINE TOURISTIQUE

L'importance du tourisme dans l'économie nationale n'est plus à démontrer. Au niveau mondial, le tourisme constitue, après le pétrole et le commerce des armes, la troisième source de revenus. Certains n'hésitent pas à le qualifier de « troisième force économique » du monde. Au Sénégal, avec une centaine de milliards de FCFA de recettes annuelles, le secteur touristique s'impose comme le second facteur générateur de recettes en devises, après la pêche et devant les phosphates et l'arachide. Les recettes fiscales liées au secteur touristique représentent 5 % des recettes du budget de l'État. Par ailleurs, la contribution du tourisme à la formation du Produit intérieur brut (PIB) est évaluée à 2,5 % en moyenne annuellement.

Selon les autorités du secteur, l'objectif est d'atteindre 3 millions de touristes par an au Sénégal à l'horizon 2023. Pour atteindre cette perspective, le dispositif sécuritaire doit être renforcé afin de mieux rassurer les touristes.

Cependant, malgré ce beau tableau idyllique, de lourdes tendances entravent son dynamisme. Entre autres maux, le tourisme souffre d'un mal très pernicieux, l'insécurité qui risque de gangréner, de manière durable, le secteur et de lui faire perdre, à plus ou moins long terme, la place prépondérante dans l'économie nationale. Et au-delà des préjudices financiers et économiques, c'est le crédit moral et l'image du pays qui pourraient en pâtir, en subissant une stigmatisation imaginaire de potentiels visiteurs.

Pourtant, le Sénégal constitue l'une des meilleures destinations touristiques du continent, du fait de la richesse et de la diversité de la flore et de la faune, la permanence du soleil, l'amplitude des plages au sable de cristal ainsi que la stabilité politique. L'essentiel est de faire en sorte qu'au terme de son séjour dans notre pays, le touriste ait envie de revenir, une forte envie de revenir ou d'inciter d'autres à visiter le Sénégal. Pour ce faire, un séjour touristique dans les meilleures conditions de sécurité doit être garanti aux touristes.

En effet, il ne peut y avoir de développement du tourisme sans parapluie sécuritaire. La garantie d'une bonne sécurité et l'assurance d'un séjour tranquille sans désagréments, sans voies de fait, sans incivilités, sans agressions, influent sur le choix des pays à visiter.

Au Sénégal, la sécurité des touristes a toujours préoccupé les responsables en charge du secteur, tant au niveau de l'État, qu'au niveau des promoteurs. De tout temps, cette tâche est assurée par les services de sécurité de l'État. Cela participe, du reste, des prérogatives naturelles et régaliennes de l'État, d'assurer la sécurité des personnes et des biens sur l'ensemble du territoire national. Cependant, compte tenu des moyens logistiques insuffisants desdits services ainsi que son potentiel humain restreint, l'État n'a jamais pu remplir totalement et correctement cette importante mission. Prenant conscience de cette situation, les responsables du tourisme avaient mis des moyens logistiques à la disposition de la Police et de la Gendarmerie pour assurer, de manière beaucoup plus efficace, la sécurité des touristes. C'était mal circonscrire le problème qui se posait non seulement en termes de moyens matériels, mais aussi en termes de ressources humaines compétentes et qualifiées.

Cette approche qui s'articulait juste autour de la répression, a fini par montrer ses limites en raison de multiples facteurs dont :

- l'insuffisance des patrouilles et rondes, alors qu'une protection efficace des touristes nécessite une présence effective et permanente ;
- l'utilisation abusive et irrationnelle des véhicules à des tâches autres que celles initialement prévues ;
- la surveillance souvent plus apparente que discrète et efficace.

Les différentes techniques de protection n'ont pas été utilisées de manière judicieuse. Il n'a pas été tenu compte de la psychologie des touristes qui sont en majorité des ressortissants de pays développés et démocratiques, attachés aux valeurs sacrées de liberté et d'indépendance. Ces touristes sont certes, soucieux de leur sécurité, car ne voulant pas être victimes d'incivilités, de harcèlements et d'agressions, mais ne supportent pas non plus d'être trop surveillés et de se sentir épiés. En effet, une trop grande surveillance leur donne la désagréable impression que le pays n'est pas sécurisé au point de motiver la présence permanente d'un dispositif sécuritaire particulier.

Prenant conscience de cette situation, les autorités ont décidé de mettre en place un Commissariat spécial chargé de la sécurité touristique. Si l'idée est salutaire, les résultats n'ont pas, toutefois, répondu aux effets escomptés. Ce Commissariat spécial fonctionne sous la double tutelle du Ministère de l'Intérieur et de celui du Tourisme. Les effectifs déployés sont très en deçà des besoins réels en ressources humaines pour un maillage correct des différents sites et réceptifs. De même, la doctrine d'emploi au sein de la Police nationale a été systématiquement reconduite sans prendre en compte des spécificités du secteur. En fin de compte, l'on serait amené à douter des capacités du Commissariat spécial à la sécurité touristique à répondre aux attentes des pouvoirs publics.

Il apparaît nécessaire de revoir la problématique sécuritaire dans ce secteur, sous d'autres angles. Et dans ce cadre précis, le partenariat avec l'Agence d'assistance à la sécurité de proximité pourrait donner une autre image par son approche de proximité plus sécurisante. Ceci satisferait les Tours opérateurs et les professionnels du secteur par la mise en pratique d'une sécurité de proximité répondant mieux au modèle spécifique du tourisme.

Ainsi, dans la convention signée avec le Ministère du Tourisme, l'Agence d'assistance à la sécurité de proximité a mis à la disposition de ce dernier 680 ASP dont une quarantaine sert au Commissariat spécial. Toutefois, pour assurer une sécurité touristique efficace et correcte, il est nécessaire de mettre en place une structure spécialement dédiée à cette tâche avec une organisation et une structuration fonctionnelle adaptée et surtout avec un effectif qui ne devrait pas être inférieur à 2 000 agents.

Pour la mise en œuvre de la sécurité touristique, l'ASP pourrait consacrer des formations spécifiques propres à ce domaine d'activité. Un effort particulier devra également être fait à l'accueil des touristes qui aiment bien le loisir, mais ils préfèrent la sécurité. Cela rappelle l'histoire rapportée, à Saint-Louis, par un intervenant, qui disait qu'une dame, dans un pays limitrophe, tenait les propos suivants, à un guide : « J'aime bien votre pays, mais je préfère la sécurité », et ce dernier de réagir : « Madame, j'accueille une touriste mais pas un tout-risque » !

III. 3. Sécurité dans le secteur de l'éducation : « École-sûre »

III. 3. 1. Contexte et justifications

L'école est un sanctuaire du savoir, c'est-à-dire un lieu par excellence de transmission des connaissances, de formation et d'apprentissage des valeurs de civilisation et des principes fondamentaux de la République qui fondent les règles de la vie sociale et dont le respect garantit la paix et la sécurité. L'école est aussi une société en miniature dont les interactions des acteurs virent parfois à de fortes tensions et à des conflits qui créent des situations d'insécurité préjudiciables au remplissage correct de la mission et à la qualité des enseignements-apprentissages. Or, l'école, au regard de la Déclaration des droits de l'Enfant du 20 novembre 1959 et des orientations du PAQUET-EF (Éducation-Formation), doit assurer aux élèves un cadre de formation structurant et protecteur, garant de la réussite et de l'égalité des chances. Sous ce rapport, la dynamique sécuritaire de proximité, entre autres facteurs, est un levier sur lequel on pourrait s'appuyer pour, à la fois, améliorer les rendements scolaires par la sécurisation des écoles et créer des emplois citoyens au profit de la jeunesse.

Le dernier rapport national sur la situation de l'Éducation de 2013 montre que dans le cycle primaire, les taux d'abandon (9,8 %) et de redoublement (2,8 %) restent élevés[154]. Par ailleurs, le taux d'achèvement moyen (66,9 %) reste faible et en deçà de l'objectif fixé dans la Lettre de politique sectorielle actualisée, à travers laquelle le Sénégal s'était fixé comme objectif, à l'horizon 2020, d'atteindre un taux d'achèvement de 100 %. Dans l'enseignement moyen, le taux de redoublement est de 16,4 % et le taux d'abandon de 9,1 % avec un taux de réussite au BFEM de 41,2 % tandis que pour l'enseignement secondaire, le taux de redoublement pointe à 19,5 % pour un taux de réussite, au Baccalauréat, de 38 %[155]. Ainsi, il reste beaucoup d'efforts à accomplir pour venir à bout de ces insuffisances.

Par ailleurs, l'école doit assumer la responsabilité des élèves qui lui sont confiés. Elle est garante de leur protection et de leur surveillance tant sur le chemin qui y mène que dans l'enceinte de l'école elle-même. Sous ce rapport, il appartient à l'école de veiller à ce que les élèves, tout comme les enseignants, ne soient pas exposés à subir des dommages dans son enceinte et ses environs.

Pourtant, l'État a porté le budget de l'Éducation à 40 % du budget national et a consenti beaucoup d'efforts dans le financement de l'éducation universelle, le développement des compétences tant des élèves que des enseignants par la mise à la disposition des écoles d'intrants et de matériels pédagogiques. Ces efforts ont, certes, permis d'élargir l'accès, d'améliorer la qualité et la gestion du système éducatif à tous les niveaux, mais les initiatives butent sur le contexte local qui ne permet pas d'atteindre les résultats escomptés. Les raisons

---

[154] DPRE, 2012/2013.
[155] DPRE, 2012/2013, *op. cit.*

de ces aléas sont nombreuses. Mais, on peut retenir que le manque de sécurité est l'un des facteurs favorisant cette sous-performance dans bien des situations.

La violence sournoise (intimidation) ou physique (bagarres et autres) est un phénomène qui prend de l'ampleur dans les écoles. Depuis un certain temps, l'école sénégalaise est confrontée à de nouvelles formes de délinquance qui dégradent la qualité des enseignements-apprentissages, favorisent l'échec scolaire et mettent en danger la vie de ses acteurs. La situation sur le terrain fait état d'une augmentation croissante des actes d'insécurité et d'incivilité (destruction et dégradation des biens publics ou appartenant à de simples particuliers lors des mouvements d'humeur, injures et invectives, matage, intimidation et racket aux abords de l'école, vente d'alcool et de drogues, faits contre-nature, intrusions en bandes de malfaiteurs, introduction et utilisation d'armes dans l'enceinte scolaire ou à sa proximité immédiate, agression violente à l'égard des personnels et des élèves, viols conduisant à des grossesses précoces). Ces faits de délinquance perturbent la quiétude et l'ordre scolaire et fragilisent les établissements.

Que ce soit entre élèves, entre élèves et enseignants, entre enseignants ou encore entre l'école et certains acteurs de la société, la violence va *crescendo*. Elle empoisonne l'atmosphère dans les écoles et dans les classes, détruit le dynamisme de l'enseignant et dévalorise ses acteurs. Parfois même, la victimisation du côté de certains élèves et enseignants atteint un tel niveau que la fréquentation de l'école devient un malaise. Ce qui occasionne souvent le décrochage et la phobie scolaire.

Les grossesses précoces représentent un fléau pour la scolarité des filles à l'école. Selon l'étude réalisée par le Groupe pour l'étude et l'enseignement de la population (GEEP) portant sur les grossesses précoces en milieu scolaire, effectuée sur les périodes allant de 2010-2011, 2012-2013 et 2013-2014, 1 971 grossesses précoces ont été recensées, notamment dans la tranche d'âge de 13 à 19 ans. Plus de la moitié des grossesses recensées concerne des filles dont le niveau d'études est entre la 6ème et la 3ème, soit 71,9 %, et 28,1 % entre la 2nde et la Terminale. 45 % de ces filles ont entre 16 et 17 ans. La classe d'âge entre 13 et 15 ans arrive ensuite avec 31 % des grossesses. Enfin, 24 % des grossesses concernent les filles entre 18 et 19 ans. Au total, 75,4 % des cas de grossesses à l'école concernent la tranche d'âge située entre 13 et 17 ans. Plus de la moitié, soit 54,43 % des filles tombées enceintes abandonnent l'école. C'est aussi un des facteurs participant à l'échec scolaire, car 39,39 % des filles tombées enceintes redoublent de classe, seuls 15,16 % d'entre elles parviennent à reprendre leurs études.

Pour ce qui est des responsabilités, 49 % des cas de grossesses sont l'œuvre d'élèves, 11,12 % d'étudiants, 8,60 % d'autres jeunes et 2,02 % d'enseignants. La région de Sédhiou arrive en tête avec 30 % des cas, suivie de celles de Ziguinchor (19 %), de Kolda (9 %), de Matam et Thiès avec chacune 6 %, de Kédougou, Saint-Louis et Fatick (5 %). Dans les régions de Dakar, Diourbel, Louga, Kaolack et Kaffrine, le taux varie entre 4 et 2 %.

En effet, la corrélation entre les violences intra et extra scolaires et le taux d'échec scolaire est facilement démontrable. Les situations sociales insécures et de familles difficiles à cause de la pauvreté, de la violence verbale, physique ou psychologique, le harcèlement sexuel, la discrimination, les intimidations, les mouvements de grève, les vols et les rackets, à l'école ou à la maison, finissent par porter atteinte à l'intégrité physique et morale de beaucoup d'élèves qui, finalement, abandonnent l'école. Ainsi, l'analyse des flux scolaires dans les différents ordres du système éducatif, du cycle fondamental au secondaire, montre des contreperformances que l'on peut lier, entre autres facteurs, au manque de sécurité dans les établissements scolaires du pays. Il a été démontré que l'enfant intimidé prête plus d'attention à son camarade intimidateur en classe qu'à son maître. De même, les vols commis chez les parents sont souvent occasionnés par l'intimidation à l'école.

III. 3. 2. Stratégie de mise en œuvre

Avec un réseau scolaire dense de 13 368[156] établissements pour une population scolaire chiffré à 2 087 612, le renforcement de la sécurisation des écoles et le suivi de la délinquance à l'école deviennent des préoccupations urgentes au Sénégal. Cela nécessite la mise en place d'un dispositif de sécurité approprié qui permet de prévenir et de lutter, de manière efficace, contre des faits particulièrement graves et préjudiciables au bon fonctionnement de l'école. La prise en charge de cette situation par des actions

---

[156] DPRE, 2012/2013, *op. cit.*

Sécurité de proximité : mode d'emploi

préventives et de gestion des conflits permettrait de pacifier et de sécuriser les espaces scolaires.

Le bien-être et la quiétude des élèves à l'école, la sécurité dans l'école et ses alentours sont une responsabilité de la collectivité. La sécurité de proximité qui est un dispositif basé sur la prévention active, et qui est coproduite par tous les acteurs bénéficiaires, est un moyen sûr pour amener toute la communauté éducative à instaurer un dialogue constructif à travers des tables de dialogue et de concertation.

Seul un cadre apaisé permettra l'exercice d'une démocratie participative avec ses normes et règles de fonctionnement où règnera le respect mutuel pour un mieux vivre ensemble. Pour ce faire, un partenariat entre l'Agence et d'autres structures pourrait être envisagé, notamment pour la conception de modules de formation à la médiation scolaire destinés à tous les acteurs du champ scolaire (élèves, enseignants, parents d'élèves, partenaires) conjointement avec le ministère de l'Éducation nationale. Ces modules pourraient être intégrés dans les programmes scolaires afin de mieux renforcer et de pérenniser les acquis de l'éducation à la citoyenneté et à la démocratie.

Les ASP affectés dans les établissements scolaires pourraient :

- Veiller à la bonne sécurisation de l'école et de ses équipements ;

- Faire respecter les règles de sécurité qui garantissent l'hygiène alimentaire, l'intégrité et le bien-être physique de tous ;

- Prévenir et alerter les autorités sur les faits de violence pressentis ou réels ;

- Garantir la sécurité et assurer la protection des élèves et des personnels contre toute agression de nature à porter atteinte à leur intégrité physique ;

- Assister et secourir les maîtres de service pour une meilleure surveillance des élèves dans la cour de récréation ;

- Faire les secours de base en cas d'accidents ;

- Travailler avec tous les acteurs du champ scolaire à l'instauration d'un climat de paix et de confiance par le biais de la médiation ;

- Produire un rapport mensuel sur les actes de violence constatés mais aussi sur les facteurs d'amélioration de la sécurité de l'école et de ses abords.

La mise en place d'un partenariat avec les Ministères du secteur de l'Éducation en vue de l'affectation d'ASP dans chaque école du pays, selon des modalités définies, permettrait de générer de nombreux emplois dans le domaine de la sécurité de proximité.

Ainsi, le concept « École-sûre », en même temps d'être un moyen de sécurisation des écoles, pourrait constituer une importante niche d'emplois pour la jeunesse en proie à un chômage endémique. Ce qui, par ricochet, permettra, très certainement, de lutter contre les situations d'insécurité dans le pays. Il permettra de renforcer la quiétude autour des établissements scolaires, ce qui pourrait impacter sur les résultats.

III. 4. Le concept de « Campus-sûrs » pour l'apaisement de l'espace universitaire

III. 4. 1. Contexte et justifications

Depuis quelques années, l'Université sénégalaise est confrontée à des difficultés de toutes sortes qui se traduisent par une violence récurrente conduisant, parfois, à la situation extrême de mort d'hommes. Parmi les facteurs explicatifs de cette situation d'instabilité, figurent les mouvements d'humeur des étudiants et le non-respect des « franchises universitaires ». En effet, le rétablissement de l'ordre public dans l'espace universitaire est souvent sujet à des confrontations violentes entre étudiants d'une part, et entre étudiants et forces de défense et de sécurité, d'autre part, dans les campus et leurs dépendances.

Au cœur de la problématique sécuritaire au sein des universités, a pris naissance une divergence d'interprétation de la loi n° 94-79 du 24 novembre 1994, relative aux franchises et libertés universitaires. Selon les dispositions de la loi précitée, l'intervention des forces de l'ordre dans le territoire de l'université n'est possible que sur la demande du Recteur alors que les résidences universitaires (campus social) sont considérées comme un espace privé où les forces de l'ordre ont la latitude d'agir selon les règles de sécurité qui gouvernent ce type d'espace, sans autorisation préalable.

Cette situation engendre, souvent, un dialogue de sourds qui aboutit à l'incompréhension et à l'intolérance. Pourtant, la loi n° 94-79 prévoit l'intervention des forces de l'ordre sur le territoire de l'université, sur la demande du Recteur, ce dernier jouissant des prérogatives de la police administrative sur l'espace universitaire. Néanmoins, il faut noter que les interventions des forces de Police conduisent, parfois, à des dérapages regrettables.

Il est de notoriété publique que les espaces universitaires sont devenus des espaces de conflits mais également des lieux de prédilection de la délinquance émergente avec la vente de drogue, le racolage, les dégradations de biens publics, toutes choses qui expliquent, souvent, la survenance de scènes de violence. Au regard de ce tableau sécuritaire peu reluisant de la situation qui prévaut dans les universités, de manière générale, il s'avère nécessaire de repenser la question de la gestion de la sécurité allant dans le sens du respect des franchises universitaires mais également de l'élimination de toutes les conditions génératrices de violence susceptibles de menacer l'ordre public. Or, rien, ni personne ne peut garantir la non-intervention des forces de défense et de sécurité dans des espaces qui regroupent de milliers d'étudiants.

C'est en cela que le changement de paradigme sécuritaire s'avère nécessaire dans les universités, pôles, par excellence, de création et de transmission de connaissances. Il s'agit de rompre d'avec le système actuel qui se caractérise par des confrontations récurrentes entre étudiants et forces de sécurité par la restitution de la fonction pédagogique à l'espace universitaire. Cette réorientation sécuritaire stratégique suppose que tous les bénéficiaires, notamment les étudiants, soient les coproducteurs de leur propre sécurité. Il convient ainsi de trouver un modèle de sécurité qui s'appuie sur les principes de la responsabilisation, de la participation, de la proximité et de la prévention, et défini d'une manière consensuelle entre tous les acteurs de l'espace universitaire. C'est la première fois que la co-production de la sécurité dans l'espace universitaire est proposée comme alternative à la logique de l'ordre public et comme solution au respect des franchises universitaires.

Elle tire son fondement juridique de la loi n° 94-79 du 24 novembre 1994 relative aux franchises et libertés universitaires d'une part, en son article 8 qui dispose : « Pour prévenir les troubles à l'ordre public, en l'absence des forces de l'ordre, le Recteur peut disposer, s'il y est autorisé par l'Assemblée de l'Université, d'un corps d'agents de sécurité. » D'autre part, en vertu de l'article 6 de ladite loi, « lorsque la vie ou la liberté individuelle des personnes présentes dans l'université ou lorsque la sécurité des biens mis à la disposition de l'Université sont en danger, d'une manière grave immédiate, le Recteur doit demander l'intervention des forces de l'ordre. En cas d'inaction du Recteur ou d'empêchement, l'intervention des forces de l'ordre est de droit. Elle doit cesser dès que les menaces ayant justifié l'intervention ont disparu. » Enfin, selon l'article 7, « Le statut d'autonomie de police administrative ne fait pas obstacle à l'exercice des activités de la police judiciaire. Il ne fait pas, non plus, obstacle à la mise en œuvre des lois relatives à l'ordre public applicable sur l'ensemble du territoire national. Cependant, dans cette hypothèse, le Recteur ou son représentant est tenu d'informer de toute opération à mener à l'intérieur de l'Université et doit aviser l'Assemblée de l'université. »

Le projet « Campus-sûrs » a été présenté à certains Recteurs et responsables des Universités du pays. Une séance de travail s'est tenue avec le ministre de l'Enseignement supérieur, le Professeur Marie Teuw NIANE qui a salué cette initiative et proposé à l'ASP de faire un diagnostic sécuritaire des universités du pays comme préalable à la mise en œuvre. Son objectif principal est de contribuer à la pacification des espaces universitaires à travers la co-production de la sécurité dans un système approprié et géré par les acteurs eux-mêmes. Globalement, les activités du projet visent à améliorer la situation sécuritaire des étudiants, des professeurs et de l'ensemble des personnels administratifs, techniques et de service opérant dans l'espace universitaire par la mise en place d'un dispositif sécuritaire de proximité.

III. 4. 2. Stratégie de mise en œuvre

La stratégie d'intervention du projet « Campus-sûrs » consiste à amener l'ensemble des acteurs à mutualiser leurs efforts, dans un système non policier, coproduisant la sécurité dans l'espace universitaire. Dans cette perspective, il s'agit de faire en sorte que les franchises universitaires soient respectées tout en pacifiant l'environnement universitaire en s'adossant sur la prévention et la sensibilisation. Pour ce faire, sera mise en place une instance d'orientation, de gestion et de concertation et un dispositif de sécurité universitaire de proximité : la *Table de concertation universitaire de sécurité* comme plateforme de dialogue, de concertation et d'orientation. Organe de régulation et de gestion, elle est présidée par le Recteur, avec un rapporteur désigné.

Cette *Table de concertation universitaire de sécurité* sera composée de :

- Un représentant de la Présidence de la République chargé de l'Éducation ;
- Un représentant de l'Assemblée nationale ;
- Un représentant du Conseil économique, social et environnemental ;
- Un représentant de la Primature chargé de l'Éducation ;
- Un représentant du Ministère de l'Intérieur et de la Sécurité publique ;
- Un représentant du Ministère de l'Enseignement supérieur et de la Recherche ;
- Un représentant délégué de chaque faculté ;
- Un représentant du Ministère de la Gouvernance locale et de l'Aménagement du territoire ;
- Un représentant de la Médiature ;
- Un représentant de l'ASP ;
- Les représentants de la Société civile.

Elle aura, pour missions, d'étudier essentiellement les questions sécuritaires concernant l'Université et ses dépendances. Ce faisant, elle s'appuie sur les Assistants à la sécurité des universités (ASSUR). Elle seule peut, si elle estime nécessaire et si les circonstances l'exigent, faire appel aux forces de l'ordre. Elle se réunit périodiquement sur convocation de son président. Toutefois, la Table peut se réunir en session extraordinaire en cas de nécessité.

La stratégie du projet intègre également la mise en place de dispositifs de sécurité universitaire de proximité. Ces dispositifs s'appuient sur les brigades de sécurité de proximité. *Les brigades de sécurité de proximité sont responsables de la sécurité d*es personnes et des biens du campus pédagogique et du campus social. Ces dispositifs sont installés au sein de chaque université avec ses différentes composantes.

L'Agence d'assistance à la sécurité de proximité sera chargée de définir et de mettre en œuvre la stratégie se fondant sur le diagnostic universitaire de sécurité. Elle est responsable du recrutement des ASSUR qui se fera au sein des étudiants eux-mêmes sur la base de critères d'excellence et d'ancienneté. Par ailleurs, pour prétendre à être ASSUR, il faudra être titulaire, au moins, de la licence. Les ASSUR recrutés et en service sur les différents compartiments des universités continueront à suivre régulièrement leur cursus académique en alternance avec leurs activités de sécurisation. En contrepartie des services rendus, chaque ASSUR percevra un pécule mensuel et bénéficiera, en même temps, d'un bonus social d'insertion professionnelle.

Une autre formule est possible. Les ASP enrôlés par l'Agence d'assistance à la sécurité de proximité, sur la base de critères précis de recrutement, pourraient jouer la fonction d'ASSUR dans les universités.

III. 5. DANS LE DOMAINE PORTUAIRE ET AÉROPORTUAIRE

La sécurité et la sûreté des ports et aéroports, qui comprennent deux volets, l'un pour la prévention, l'autre pour le secours, trouvent toute leur place dans la nouvelle approche de la sécurité intérieure du pays, singulièrement à travers la Gouvernance sécuritaire de proximité. En effet, évoquer la responsabilité des États à propos de la sécurité et la sûreté dans ces secteurs met sous les yeux le contraste des sentiments qui opposent gouvernants et gouvernés. Et la revendication de sécurité et de sûreté est posée en exigence citoyenne par l'affirmation d'un droit globalement protecteur du consommateur.

La production de savoirs policiers dans les aéroports est interactivement connectée à l'évolution des nouveaux paradigmes de la sécurité. Il faut souligner que partout dans le monde, les entreprises privées de sécurité et de sûreté jouent un rôle important dans le processus managérial des aéroports et des ports, même si cela est difficile à accepter encore au Sénégal. La Gouvernance sécuritaire de proximité qui est certes une orientation politique relativement récente, prend en compte dans son champ d'application, notamment à travers ses deux mamelles : la sécurité qui est l'inconnu connu (acte involontaire) et la sûreté l'inconnu inconnu (acte volontaire). Le secteur de la sécurité et de la sûreté marchandes est déjà dominé par une poignée d'entreprises transnationales qui interagissent avec les maisons-mères, mais aussi avec d'autres fournisseurs de sûreté commerciaux au détriment de l'intérêt national.

Les aéroports et ports sont les premiers fournisseurs d'un marché en pleine expansion. Ils en constituent aussi les premiers clients. Par ailleurs, ils offrent des prestations de qualité à d'autres modes de transport et à d'autres secteurs de l'économie. De même, ils sont amenés à gérer avec rapidité et confort, des masses importantes de personnes en transit ou officiant sur place dans les règles de sécurité et de sûreté normées. À ce titre, il est indéniable que la recherche de ces marchés et de leurs retombées en termes médiatiques, d'images et de renommée, constitue un puissant levier pour la promotion et la valorisation du sérieux et du savoir-faire accumulés dans le domaine de la sécurité et de la sûreté.

Dans un contexte international fortement marqué par une concurrence et une compétition acharnées sous l'effet d'une industrie très exigeante et très concurrentielle comme le transport aérien, la sécurité et la sûreté constituent deux éléments indissociables de l'aviation civile internationale pour jauger les normes de qualité de premier plan. Par ailleurs, depuis les années 1970, les transports aériens sont la cible de choix de groupes terroristes, ayant conduit aux attentats du 11 septembre 2001 aux États-Unis. Ce qui a justifié la prise en compte de différentes mesures de sécurité et de sûreté, ces dernières années, tant pour les passagers que pour les bagages.

Dans cet esprit, l'Agence d'assistance à la sécurité de proximité pourrait contribuer à consolider les acquis par la certification de ses assistants en vue de leur utilisation dans ce domaine conformément aux dispositions réglementaires édictées par l'Organisation internationale de l'aviation civile (OACI) pour ce qui concerne les sites aéroportuaires.

Il s'agira pour l'Agence de former et de qualifier un grand nombre d'Assistants à la sécurité de proximité diplômés à la sûreté et sécurité aéroportuaires pour assurer la sécurité des passagers, des équipages, des aéronefs, du fret, du personnel au sol, du public et des installations aéroportuaires. Dans tous les aéroports modernes du monde, ces missions sont confiées à un personnel non policier. Toutefois, le contrôle des documents administratifs doit rester du domaine de la Police. Certains ASP disposant d'un profil académique et professionnel riche et diversifié à bien des égards, sont actuellement déployés au niveau de l'aéroport international Léopold Sédar SENGHOR pour assurer la sécurité des passagers au niveau de l'enceinte et des zones de « parking » des véhicules de l'aéroport.

Dans la perspective de l'ouverture de l'Aéroport international Blaise Diagne de Diass (AIBD), les ASP formés à différentes tâches de sûreté et sécurité aéroportuaires pourraient jouer un rôle important.

Ainsi, les gestionnaires de cette nouvelle plateforme aéroportuaire devraient contractualiser avec l'Agence d'assistance à la sécurité de proximité pour former des ressources qualifiées aux différents métiers de la sécurité et de la sûreté. Le plus grand défi résulte, sans doute, de la privatisation de la sécurité et de la sûreté qui n'épargne pas les aéroports. Même si l'intervention du privé est admise, de manière générale, il n'en demeure pas moins, qu'elle doit être d'utilité publique. En effet, confronté à une menace en mutation rapide et sans doute dans un souci d'efficacité, l'État a tendance à transférer une partie de ses prérogatives de sécurité au privé.

Aujourd'hui, l'État sous-traite le filtrage et la palpation des passagers dans les aéroports avec de grands opérateurs qui, eux-mêmes, sous-traitent avec des PME. Or, l'État doit se porter garant du contrôle de qualité des prestations. L'obligation de résultat de sécurité incombe à tout prestataire intervenant dans ce secteur.

Une véritable volonté politique pour la sécurité et la sûreté aéroportuaires devrait s'articuler autour d'un partenariat public-privé, bien compris et accepté par tous.

III. 6. DANS LE DOMAINE DE LA SÉCURITÉ ROUTIÈRE

Les accidents de la route restent une préoccupation majeure pour les acteurs en raison de leur taux élevé. La plupart de ces accidents sont causés par les jeunes et se déroulent, le plus souvent, en milieu urbain. D'où le thème de la semaine de la Prévention routière de l'année 2015 portant sur : « Les jeunes et la sécurité routière ». En effet, s'il y a un sujet banalisé, malgré sa gravité, c'est bien l'insécurité sur les routes du pays. Chaque année, on ne cesse de dénombrer des morts et des blessés. Au Sénégal, la route tue plus que le paludisme. Face à cette situation, le président de la République, Macky SALL, est monté au créneau à plusieurs reprises pour demander de lourdes sanctions contre les délinquants routiers.

À l'échelle mondiale, selon l'Organisation mondiale de la Santé (OMS), chaque année, 1 863 000 enfants meurent dans les accidents de la route, soit plus de 500 chaque jour. L'UNICEF estime que dix millions d'autres subissent un traumatisme[157]. Le coût global des accidents en Afrique s'élève, au moins, à 7,3 milliards de dollars par

---

[157] 1 dollar américain est égal à environ 500 FCFA.

an soit 1 à 1,5 % de son Produit intérieur brut[158]. Les tendances actuelles dans les pays à revenus moyens et faibles montrent que la situation pourrait s'aggraver si aucune action n'est entreprise. Au Sénégal, quelque 350 accidents de la route se produisent chaque année, et les jeunes représentent 25 % des victimes de ces accidentés[159]. Considérés comme un fléau à l'origine de nombreux décès, les accidents de la circulation sont imputables, dans la plupart des cas, à l'imprudence et à la négligence des conducteurs. Pour l'année 2009, la Gendarmerie a enregistré 3 190 accidents corporels ; 587 personnes tuées et 6 556 blessés sur les routes du pays. Le quart des accidents corporels est recensé dans la région de Dakar avec 1 026 cas. Cependant, les régions centre-ouest et ouest ont enregistré plus de morts avec respectivement 205 et 129 tués.

Les personnes tuées ou blessées dans les accidents sont le plus souvent des jeunes, des piétons, des passagers de voiture, des motocyclistes ou des passagers de motos. Le Plan national de sécurité routière (PNSR) dresse une liste des nombreuses insuffisances qui plombent l'essor de la sécurité routière au Sénégal. Cependant, si les causes des accidents de la route sont multifactorielles, le comportement de certains usagers, caractérisé par un manque de discipline notoire, constitue un des facteurs primordiaux.

La lutte contre ce fléau nécessite une synergie d'actions de tous les secteurs concernés. L'État, à travers le Plan national de sécurité routière, se propose de réduire de 35 % le taux des accidents de la circulation à l'horizon 2020[160]. En effet, à l'image de la communauté internationale, le Sénégal s'est engagé dans la Décennie mondiale d'actions pour la sécurité routière (2011-2020) proclamée par l'Assemblée générale de l'ONU en mars 2010. Mais cette volonté bute, pour le moment, sur l'absence de statistiques fiables et une évaluation globale de la problématique. Ce qui constitue une entrave à la planification des mesures pour juguler le phénomène et ainsi réduire le nombre d'accidents.

---

[158] Selon Mactar FAYE, Directeur de la Nouvelle Prévention, lors de la 13ᵉ semaine nationale de la prévention routière du 4 au 10 mai 2015.
[159] Selon Mactar FAYE, *op. cit.*
[160] Pape Alioune DIALLO, Directeur de cabinet du ministre des Infrastructures, des Transports routiers et du Désenclavement, lors de la 13ᵉ semaine nationale de la prévention routière du 4 au 10 mai 2015.

Certes, il est possible de réduire, au moins de 10 %, le nombre de décès des accidentés de la route[161], mais ceci passe d'abord par une bonne prise en charge, en cas d'accident, des services de secours et la mise en place d'unités d'urgence de proximité. Par la prévention, ces services se chargeront de la sensibilisation des populations sur les risques liés aux accidents.

À ce niveau, l'Agence d'assistance à la sécurité de proximité pourrait jouer un rôle fondamental en recrutant et en formant, en rapport avec les Sapeurs-pompiers et la Direction de la protection civile, des agents pour constituer des Unités de protection civile de proximité (UPP) à l'image des pompiers volontaires. Ces unités seront implantées le long des grands axes routiers du pays, équipées en moyens de locomotion et de matériel de secours, prêtes à intervenir, à tout moment et dans un délai raisonnable. Elles pourront aussi servir de points focaux pour relever les bulletins d'informations sur les accidents de la circulation. Ce qui permettra au pays de disposer d'une banque de données fiables pour aider les autorités à bien mener une politique de sécurité routière.

Dans cette perspective, il est prévu d'intégrer dans le Plan national de sécurité routière, un programme d'éducation à la sécurité routière dans le cursus scolaire. Ainsi, « tous les enfants, du primaire au secondaire, bénéficieront d'un enseignement de 50 heures minimum en sécurité routière, chaque année »[162]. Il est aussi important de revoir le mécanisme de constats d'accidents de la circulation, qui peuvent être des sources de désagréments et d'entraves à la fluidité de la circulation. Actuellement, les constats matériels sont établis par un huissier de justice avec le désengagement des Forces de sécurité et ils sont facturés à environ 35 000 FCFA, sans compter les désagréments de l'attente qui peuvent aller à longueur de journée. Les ASP pourraient être formés sur le constat d'accident afin d'assurer cette tâche. En France par exemple, le constat est fait à l'amiable, sans l'intervention d'un huissier ni d'un policier. Les deux parties remplissent un formulaire préétabli qui renseigne sur les positions des véhicules et sur toute information utile pour assurer l'indemnisation ou la réparation du préjudice subi par les assureurs. Il appartiendra à l'assureur de la personne fautive de trouver une solution à l'amiable

---

[161] Mamadou Kane DIAO, Chef de la Division planification à la Direction des Transports terrestres, lors de la 13ᵉ semaine nationale de la prévention routière du 4 au 10 mai 2015.
[162] Mamadou Kane DIAO, *op. cit.*

avec celui de la victime ou d'intenter une action récursoire pour préjudices subis.

La problématique des noyades et de la surveillance des plages interpelle fortement l'État et les communes. Il serait indiqué de former des ASP comme maîtres-nageurs et surveillants de plages pour la sécurité des personnes et des biens.

Les bâtiments menaçant ruine et les installations anarchiques posent aussi problème et restent, à ce jour, mal contrôlés. Le nombre de bâtiments en effondrement dont la récurrence est relatée dans la presse est inquiétant. Pourtant, au-delà de la compétence de l'État dans ce domaine, le maire dispose des pouvoirs de police qui lui confèrent le droit de démolir ou de réparer les édifices menaçant ruine (Article 119 du CGCL). Un partenariat entre la Direction de la protection civile et l'Agence pourrait apporter une réponse à ces errements. Les ASP formés comme UPP pourront bien assurer ces tâches et cette mission.

Pour mieux favoriser la discipline sur les routes du pays, il est important d'aller vers le permis à points. Ainsi, tout contrevenant pris en flagrant délit, du non-respect des règles du Code de la route, pourrait perdre des points, qu'il ne pourrait récupérer qu'après formation ou pendant un certain délai de non commission d'infraction au Code de la route. Ce retrait de points devrait être assorti d'une lourde pénalité pécuniaire afin de dissuader les contrevenants au Code de la route. Les montants ainsi récupérés pourront être reversés aux hôpitaux pour assurer la prise en charge d'urgence en cas d'évacuation d'accidentés de la route. Toujours dans le même sens, il serait pertinent d'instituer le délit « de la mise en danger d'autrui » applicable à tout conducteur qui serait reconnu coupable d'indiscipline sur la route.

Le comportement des automobilistes est inquiétant au Sénégal. Suite au drame du chavirage du bateau le *Joola*, le 26 septembre 2002, qui a ému tout le pays, la prise de conscience collective est loin d'être acquise. Après avoir vécu l'une des plus grandes catastrophes maritimes de l'humanité, avec 1 863 morts, plus que le célèbre naufrage du *Titanic*, les conducteurs continuent de mettre en danger la vie des citoyens, soit par des comportements d'indiscipline manifestes, soit par des chargements anarchiques, occasionnant des accidents mortels et des dégâts matériels importants de biens publics ou privés. L'histoire des taximen qui avaient emprunté la passerelle réservée aux piétons vers le rond-point de la Patte-d'Oie, pour enjamber l'autoroute à péage, le 09 août 2015, pour contourner les embouteillages nés des fortes pluies qui se sont abattues sur Dakar, est révélatrice. L'arrestation de l'un d'eux par la Police de la circulation devrait donner l'occasion de réfléchir sur la politique de répression de ce que nous appelons la délinquance routière.

Selon le Ministère des Infrastructures, des Transports terrestres et du Désenclavement, « cet acte d'incivisme et d'indiscipline qui a terni l'image du Sénégal, sera sanctionné par une procédure de retrait du livret de conducteur de ces chauffeurs de taxi, conformément à l'article 21 du décret n° 67-149 du 10 février 1967 fixant les règles applicables à l'exploitation et à la conduite des taxis urbains ». Le Ministère a joint l'acte à la parole en saisissant le Garde des Sceaux, ministre de la Justice, ainsi que le ministre de l'Intérieur et de la Sécurité publique en vue d'intenter une action judiciaire contre les auteurs dudit comportement « infractionnel ». Finalement, le chauffeur a été condamné à 45 jours de prison assortis d'une amende et du retrait du permis pour un an. Une sanction que l'un des syndicats de chauffeurs juge très lourde.

À notre sens, il faudra rendre plus rigoureuse la politique de répression des infractions au Code de la route dans notre pays. Les véhicules en panne sont abandonnés en pleine circulation par les propriétaires, gênant le trafic ; certains conduisent sans permis et parfois avant l'âge requis, d'autres n'hésitent pas à prendre le volant en état d'ébriété manifeste ou sous l'emprise de la drogue. Face à ces phénomènes, il faudra que nos corps de sécurité et de défense rendent systématique le contrôle de l'alcoolémie (par l'éthylomètre) et de la drogue dans le sang en faisant souffler, tout conducteur ayant un comportement anormal dans la circulation.

L'AGEROUTE est en train d'améliorer les infrastructures routières du pays, mais il reste beaucoup à faire quant au suivi. Les dos d'ânes sont posés de manière irrégulière par les populations, les routes sont coupées sans autorisation, soit pour faire passer des tuyaux, soit pour étendre son espace privé, les animaux sont laissés en divagation sur les routes, les charretiers font leurs lois dans la circulation, les populations transforment les trottoirs en poubelles, pour ne citer que ces incivilités. L'une des stratégies de préservation des routes que nous proposons à l'AGEROUTE, consiste à aménager un espace de fourrière adapté, loin de Dakar, pour y déposer tout véhicule encombrant la route. Le contrevenant sera contraint de payer non seulement les frais de transport du véhicule enlevé, mais aussi une amende journalière tout le temps que le véhicule restera en fourrière.

Cela va non seulement permettre de créer des emplois, mais aussi et surtout de limiter les accidents ainsi que les dégradations de nos routes. L'AGEROUTE pourra compter sur la collaboration de l'ASP pour explorer cette voie. Les ASP pourront aussi être formés sur le constat d'accident pour rendre cette formalité gratuite et plus efficace. Étant précisé que l'AGEROUTE doit être équipée de matériels d'enlèvement appropriés pour rendre effectives ces propositions.

L'Agence a mis à la disposition de la Nouvelle prévention routière 100 ASP pour assurer la fluidité de la circulation routière.

III. 7. LE CONCEPT DE QUARTIERS-SÛRS POUR ASSURER LA SÉCURITÉ DANS LES QUARTIERS

Au Sénégal, le quartier et le village constituent les cellules administratives de base, selon l'article 71 du Code général des Collectivités locales ; soit les plus petites échelles de regroupement interpersonnel. Le quartier est aussi le premier niveau de la sociabilité, celui des rencontres fortuites mais inévitables. C'est aussi le niveau spatial d'une identité forte, car tous les acteurs se connaissent ou se reconnaissent, se partagent les mêmes équipements et ressentent les mêmes nuisances. C'est le lieu où le bonheur et le malheur sont partagés. Un décès dans le quartier entraîne le report des manifestations récréatives et ludiques.

Par ailleurs, malgré les efforts consentis par l'État pour le renforcement et la modernisation des moyens des forces de Police et de Gendarmerie, la sécurité des personnes et des biens sur l'ensemble du territoire national se pose encore avec acuité. Le sentiment d'insécurité des populations ne cesse d'augmenter face à la montée, en puissance, de la délinquance, de la déviance et des incivilités, notamment en milieu urbain.

L'insuffisance du personnel des Forces de sécurité amène parfois les populations à prendre en charge leur propre protection. Dans certains quartiers, les populations qui en ont les moyens s'attachent les services de sociétés privées de gardiennage et dans d'autres, elles mutualisent leurs moyens pour mettre en place des comités de vigilance sans aucun encadrement juridique ni contrôle effectif.

L'Agence d'assistance à la sécurité de proximité, dans le cadre de ses missions, entend accompagner les communautés de base dans leur quête de sécurité. Cette nouvelle approche de « Quartiers-sûrs » se veut inclusive et participative, faisant de la sécurité une affaire citoyenne. Elle associe les forces de sécurité, les collectivités locales, la société civile, les mouvements associatifs, etc., autour du délégué de quartier. En tant que représentant du maire, le délégué de quartier constitue le prolongement de l'exercice des pouvoirs de police du maire conformément aux articles 118 à 127 du Code général des collectivités locales. Le quartier est une entité territoriale urbaine déconcentrée en même temps un démembrement de la commune. Selon l'article 83 du Code général des Collectivités locales, « des citoyens ou des représentants d'associations d'un quartier ou d'un village peuvent s'organiser pour prendre en charge tout dossier intéressant le quartier ou le village ». C'est pourquoi, l'initiative d'APROLOS à Sacré-Cœur 3-VDN[163] de la commune de Ouakam et celle des habitants du quartier Djily MBAYE de la commune de Yoff à Dakar consistant à accueillir le projet « Quartiers-sûrs » dans leur localité, est à saluer. Elle constitue un acte de citoyenneté pleinement assumé par ses populations.

III. 7. 1. Le délégué de quartier clé de voûte du concept « Quartiers-sûrs »

Chaque quartier est dirigé par un délégué nommé par arrêté du maire. Cette nomination ne sera effective qu'après approbation de l'autorité de tutelle (Article 5 du décret n° 86-761 du 30 juin 1986 relatif à l'organisation des communes en quartiers et fixant le statut des délégués de quartier). Ce décret a été modifié d'abord par le décret n° 92-1615 du 20 novembre 1992, ensuite par celui n° 2009-359 du 20 avril 2009 qui confère au délégué de quartier plus d'égard à son statut. Le délégué de quartier est aussi bien auxiliaire du maire (article 8) que représentant de l'Administration centrale (Article 4). À ce titre, il est chargé de veiller à l'application des lois et règlements ainsi qu'aux décisions et mesures d'hygiène et de salubrité publiques prises par les autorités administratives et municipales.

En outre, il apporte son concours en sensibilisant les populations pour combattre les calamités et participe aux investissements humains décidés par les pouvoirs publics et les habitants du quartier. Enfin, il

---

[163] Association des Propriétaires et Résidents de Logements de Sacré-Cœur.

apporte son concours au recensement de la population et au recouvrement des taxes, notamment l'impôt de quatrième catégorie, le minimum fiscal (Article 9). À cet effet, il perçoit une indemnité mensuelle et un pourcentage (7 %) du montant perçu de cet impôt.

Comme presque partout en Afrique au sud du Sahara, au Sénégal, le délégué de quartier est une véritable clef de voûte de la sécurité, de la paix et de la salubrité publique à l'échelon de base de la vie sociale et administrative[164]. Le délégué de quartier est une institution de proximité à laquelle les résidents font volontiers confiance pour résoudre toutes sortes de conflits, litiges et problèmes qui les opposent à d'autres citoyens ou à l'administration.

Aux termes du décret n° 86-761 du 30 juin 1986, les quartiers disposent d'un Conseil de quartier présidé par le délégué de quartier. La fonction de délégué de quartier est née à l'époque coloniale pour contrôler le pouvoir coutumier[165]. Toutefois, le délégué de quartier assure une multitude de fonctions officielles et non officielles. Comme fonctions officielles, sous la responsabilité du maire, il est chargé :

- Des mesures d'hygiène ;
- Des opérations de perception de certains impôts ;
- Du recensement administratif ;
- De la collecte de certains renseignements en matière d'état-civil ;
- De la délivrance de certificats de résidence nécessaires à l'établissement de plusieurs documents administratifs.

Ces fonctions ont une forte connotation policière guidée par une logique de surveillance et de prévention. À côté de ces missions officielles, le délégué de quartier gère également d'autres problèmes. Il est aussi le médiateur dans les conflits familiaux et sociaux (professionnels, de voisinage ou entre locataires et propriétaires). À ce titre, le délégué de quartier joue le rôle d'auxiliaire de Justice. En arrangeant les différends mineurs, il contribue à désengorger les postes de Police et les tribunaux de certains conflits.

---

[164] COGINTA (2014), pp. 206-227.
[165] TALL E. M. (1998).

III. 7. 2. Opérationnalisation du dispositif

L'objectif général visé par le projet « Quartiers-sûrs » est de faire contribuer les populations, en relation avec les collectivités locales et les Forces de sécurité, à assurer le bon ordre, la sûreté, la tranquillité, la sécurité et la salubrité publique dans les quartiers.

De façon plus spécifique, il s'agit de :

• Mettre en place un poste local de sécurité de proximité dans le quartier géré par un superviseur désigné par l'ASP sous la responsabilité du délégué de quartier ;

• Mettre à disposition une équipe d'Assistants à la sécurité de proximité pour assurer les activités de paix sociale et de tranquillité publique dans le quartier.

La stratégie d'intervention du programme s'articule autour des points suivants :

• L'information et la sensibilisation des populations sur les mesures de sécurité à prendre ;

• La surveillance des différentes parties du quartier afin d'éviter des infractions et des incivilités ;

• L'alerte des forces de Police ou de Gendarmerie après avoir identifié la présence d'individus suspects dans le quartier ou avoir constaté la commission d'infractions ;

• Le secours et l'assistance aux populations du quartier et de ses riverains en cas de besoin.

Sous la responsabilité du délégué de quartier, le poste local de sécurité de proximité est animé par une équipe d'ASP formés en sécurité préventive urbaine. Sous le commandement d'un superviseur, elle veille au bon fonctionnement du dispositif mis en place. Les ASP opèrent dans les limites de leur compétence territoriale, sous la surveillance des autorités administratives et locales. Dans l'exercice de leur fonction, ils sont encadrés par la Gendarmerie et la Police du secteur en question. Une ligne téléphonique est mise à disposition pour permettre aux ASP de communiquer avec les Forces de sécurité en cas de nécessité.

Sur la base de la convention signée avec l'Agence d'assistance à la sécurité de proximité, le quartier prend en charge les coûts liés au fonctionnement (ligne téléphonique, équipements de protection individuelle, bâtons, lampes torches, gilets…).

Au-delà de l'encadrement et du suivi quotidien du dispositif, il est prévu des rencontres périodiques entre le quartier et l'Agence pour faire le point afin de prendre des mesures correctives si nécessaire et au besoin, rendre compte au président du Comité départemental de prévention et de lutte contre la délinquance, en l'occurrence le préfet. Ainsi, toutes les questions liées à la délinquance, sous toutes ses formes, seront discutées autour d'une « Table sécuritaire de concertation » de quartier.

III. 8. LA SÉCURITÉ DANS LE DOMAINE DU SPORT

Le sport doit favoriser le développement des capacités physiques, comme la force, la souplesse et les réflexes, mais aussi des qualités morales telles que la confiance en soi, la volonté, la discipline, le goût de l'effort, la maîtrise de soi, la tolérance et l'altruisme[166]. Cependant, les scènes de violences auxquelles nous assistons dans des rencontres de football, de basket-ball ou de combats de lutte n'honorent pas le sport sénégalais. La violence sur le terrain, dans les tribunes et hors des stades est devenue un phénomène récurrent, pour atteindre des proportions alarmantes et dangereuses. Chaque saison apporte son lot d'incidents dans les enceintes sportives. Souvent, ce sont les débordements de supporters conduisant à des scènes de heurts et d'agressions qui ne se terminent qu'après l'intervention énergique des Forces de défense et de sécurité[167].

Les actes de vandalisme prennent de nouvelles dimensions, avec tout ce que cela implique comme troubles à l'ordre public, destruction de biens d'autrui. Plus grave encore, c'est l'accroissement du sentiment d'insécurité, notamment dans les quartiers adjacents aux enceintes sportives. Cette violence « gratuite » fait, très souvent, plusieurs victimes innocentes comme ce fut le cas à Guédiawaye, où un bus avait heurté un supporter. Dans le passé, les familles allaient suivre les manifestations sportives en toute quiétude. Aujourd'hui, les terrains de sport et les arènes constituent des zones interdites aux enfants à cause de la violence qui y règne. Les Sénégalais assistaient ou pratiquaient le sport par amour, aujourd'hui le côté business a pris le dessus sur toutes les autres formes.

---

[166] SY A., BADJI Y. et BA D., (2010).
[167] *Idem.*

La lutte, en raison de sa forte médiatisation, est devenue, du fait des enjeux financiers énormes, un phénomène de société. Les jeunes qui s'y adonnent pensent trouver leur salut, en comptant plus sur l'accumulation de muscles, que sur leur potentiel intellectuel. Les clubs de supporters constituent les vecteurs de la violence, prolongeant ainsi les combats de lutte en dehors de l'arène[168]. La violence dans les stades est un phénomène mondial qui nécessite un travail de proximité dans la durée. En effet, les affrontements entre supporters et éléments de la sécurité sont banalisés dans les stades, alors que ces derniers sont requis pour la protection des personnes et des biens. Il faut, pour la combattre, anticiper par des mesures dissuasives et éducatives.

Le hooliganisme a connu son paroxysme dans les années 1980. L'Angleterre qui a été longtemps confrontée à ce phénomène sur ses terrains de football, a trouvé la parade au bout de nombreuses années de labeur et d'efforts soutenus. La criminalisation des insultes, menaces, provocations dans les tribunes, considérés en Bulgarie, comme un délit passible d'une peine d'emprisonnement et d'une forte amende financière a permis de calmer les ardeurs des supporters belliqueux dans les stades. En Europe, on trouve de moins en moins de policiers dans les stades que les supporters considèrent, à tort, comme provocateurs. En France, on utilise des stadiers, en Angleterre des stewards pour rendre plus civiles les interventions dans les enceintes sportives. Avec l'avènement des ASP, le Sénégal expérimente cette voie, notamment dans certains stades du pays. C'est dans ce cadre qu'il a été mis à la disposition du Ministère des Sports, 900 ASP répartis dans la cinquantaine de sites sportifs du pays[169]. En 2015, comme l'actualité en témoigne, on a noté moins de violence dans les stades, singulièrement lors des activités *navétanes*[170].

Cette violence a valu, pendant un an, la suspension du Stade Léopold Sédar SENGHOR, accompagnée d'une amende de 100 000 dollars (soit 50 millions de FCFA)[171]. Malheureusement, les sanctions

---

[168] Les heurts qui ont suivi le face-à-face entre Gouye Gui et Ama Baldé, le 29 juin 2015, en sont une parfaite illustration de cet état de fait.
[169] Le ministre des Sports, Mbagnick NDIAYE, lors de la 1ère édition de la journée internationale du sport au service du développement et la paix au Sénégal.
[170] Championnat populaire organisé pendant les vacances d'été.
[171] À la suite du match de football Sénégal-Côte d'Ivoire comptant pour les éliminatoires de la Coupe d'Afrique des nations prévue en Afrique du Sud en janvier 2013. La conséquence immédiate, le Sénégal a été obligé de disputer ses rencontres éliminatoires de la Coupe du monde 2014 dans un pays tiers.

sportives et financières prévues et appliquées dans toute leur rigueur ne permettent toujours pas de venir à bout de ce fléau, ce qui pose la nécessité de les accompagner par d'autres mesures. Prévenir la violence au lieu de la subir ne doit pas être seulement l'œuvre de spécialistes, mais cela exige l'effort de tous. En effet, face aux incidents répétés dans les stades et dans les arènes de lutte du pays, d'autres mécanismes, comme la surveillance accrue de groupes dits « à risque » et l'interdiction de stades à tous ceux qui sont identifiés comme véhiculant des comportements violents, à l'extérieur comme à l'intérieur, devront être expérimentés. Dans cet ordre d'idées, le Conseil interministériel sur la violence dans les *navétanes*, présidé par le Premier ministre d'alors, Souleymane Ndéné Ndiaye, avait donné des orientations articulées, notamment autour de l'éducation et la formation des jeunes.

Il en est de même du Ministère de la Pêche et de l'Administration territoriale. En somme, dans tous les secteurs, on trouve une fibre sécuritaire. Mais, malgré l'importance de tous ces sujets, nous n'avons pas eu le temps de les traiter tous dans cet ouvrage.

CHAPITRE 4

LES ASP DANS LA POLITIQUE NATIONALE D'INSERTION DES JEUNES

IV.1. L'ASP : UNE RÉPONSE APPROPRIÉE AU DÉFI DE L'EMPLOI DES JEUNES

L'emploi, en particulier celui des jeunes, est un défi majeur pour l'économie du pays, pour l'équilibre et la cohésion sociale de la Nation. La vision du Chef de l'État en création d'emplois pour les jeunes pourrait se réaliser incontestablement dans le domaine de la sécurité, comme il le précisait lors du Conseil des Ministres annonçant la création de l'Agence d'assistance à la sécurité de proximité : « Cette initiative permettra un emploi massif de jeunes ». En effet, l'une des principales missions de l'Agence est d'assurer le recrutement, la formation et le déploiement auprès de structures publiques, parapubliques ou privées, d'Assistants à la sécurité de proximité mais aussi de faciliter leur insertion professionnelle à la fin de leur engagement.

Comme dans tous les pays du monde, il existe des acteurs sociaux qui secondent la Police nationale et la Gendarmerie nationale dans leur mission de prévention. Par exemple, en France, afin de régler le problème du chômage des jeunes et du manque d'effectifs de la Police, en particulier dans les banlieues, il a été instauré un recrutement massif d'Adjoints de sécurité (ADS) dans « l'emploi jeune » sur tout le territoire national, conformément au décret n° 2000-800 du 24 août 2000. L'Adjoint de sécurité assiste les policiers dans leurs missions de prévention et de répression de la délinquance, de surveillance générale et d'assistance aux victimes. Doté d'uniforme, il concourt à l'accueil et à l'information du public dans les commissariats, participe aux patrouilles dans les quartiers et contribue à la réponse à la problématique sécuritaire.

Dans la même dynamique, en 2004, le ministre de l'Intérieur, Nicolas SARKOZY, et le ministre délégué à la Promotion de l'Égalité des Chances, Azouz BEGAG, créent les « Cadets de la République ».

Ce programme avait pour objectif de promouvoir l'égalité des chances au sein de la Police nationale en permettant à des jeunes n'ayant pas le baccalauréat de se préparer aux concours de gardien de la paix. C'est donc un dispositif à vocation sociale dont la première promotion a débuté en septembre 2005. Les Cadets de la République sont des agents contractuels de droit public. Ils ont le statut d'Adjoint de sécurité et ils signent un contrat de trois (3) ans renouvelable une fois, soit six (6) ans d'engagement au maximum.

Au Sénégal, le tandem « sécurité-emploi » initié à travers l'application du concept de Gouvernance sécuritaire de proximité a permis de donner espoir à 10 000 jeunes sans-emploi issus de toutes les régions du pays. Ce projet a permis autant le recasement d'anciens militaires libérés de l'Armée (42 %), que de jeunes à la recherche d'un emploi, tous ayant un seul objectif : contribuer au renforcement de la sécurité dans le pays. L'Agence avait suscité, au départ, de nombreuses interrogations sur sa faisabilité opérationnelle. Certains se posaient la question : « Où est-ce que l'État devra tirer les ressources nécessaires pour la rémunération de 10 000 ASP et le fonctionnement de l'Agence ? »

Pour mener à bien son programme, l'Agence dispose de ressources de provenance diverses :

- La dotation annuelle allouée par l'État ;
- La contribution tirée du Fonds de dotation de la décentralisation (FDD) affecté aux collectivités locales ;
- Les redevances versées par les bénéficiaires en contrepartie des services et autres prestations fournis ;
- Les dons et legs ;
- Toutes autres ressources autorisées par les lois et règlements.

Il faut souligner que cette mission n'est nullement antinomique à celle de prestataire de service en matière de sécurité. En effet, les Forces de défense et de sécurité peuvent, et en toute légalité, percevoir, à l'occasion de certaines prestations dénommées « Services rétribués », une contrepartie financière pour leur déploiement. Ces services rétribués existent aussi dans plusieurs pays, comme en France, pour la gestion des activités sportives, entre autres. Au Sénégal, c'est le décret n° 2008-756 du 15 juillet 2008 qui réglemente la rémunération des services rendus par les Forces de sécurité (Gendarmerie nationale ; Musique principale des Forces armées ;

Groupement national des Sapeurs-pompiers ; Police nationale) et fixe les règles d'utilisation des recettes.

L'État, grand consommateur de sécurité, est obligé de confier certaines de ses activités au secteur privé, alors qu'il a les moyens potentiels et les capacités d'être un véritable producteur de sécurité, en s'appuyant sur les citoyens. Le passage de l'État « consommateur » à l'État « producteur » et « distributeur » de sécurité pourrait naturellement faire jouer à l'État son rôle de régulateur du secteur de la sécurité en impulsant et en coordonnant les interventions des différents partenaires pour assurer la sécurité par tous, pour tous et partout.

IV. 2. APPUI À L'INSERTION PROFESSIONNELLE DES ASP

La production de la sécurité relève d'un engagement civique, d'une volonté citoyenne de lutter contre la délinquance, sous toutes ses formes.

Les jeunes investis de cette mission bénéficieront, en retour, d'un encadrement, d'une formation dans le dessein de faciliter leur insertion durable dans la vie productive. C'est ainsi que durant leur période d'engagement (4 ans au maximum), et avant la fin de celui-ci, l'Agence leur assure un renforcement de capacité en adéquation avec leur cursus ou une formation qui les intéresse. Pour cela, l'identification des besoins des ASP se fait subséquemment avec l'élaboration d'un Plan de formation pour l'aide à l'insertion en leur faveur. C'est dans cette optique que l'Agence a noué un partenariat avec le Ministère de la Formation professionnelle, de l'Apprentissage et de l'Artisanat (MFPAA) afin de formuler et de mettre en œuvre un plan de formation par alternance en leur faveur.

En s'inscrivant en droite ligne de l'option de l'État du Sénégal d'accroître les opportunités d'accès à l'emploi pour les jeunes, en multipliant notamment les initiatives pour lutter contre le chômage de cette frange de la population, les ASP bénéficient, durant leur engagement, de deux types de formation : une formation préparatoire aux examens et concours administratifs, une formation technique ou professionnelle. Dans ce cadre, l'Agence a mis sur pied une plateforme via Internet dénommée « Un ASP, un Métier » pour permettre aux ASP de s'inscrire en ligne et de choisir la formation qu'ils souhaiteraient poursuivre[172].

IV. 2. 1. Des formations pour une insertion qualifiante

Au titre des dispositifs de formation pour former les jeunes aux métiers et emplois en vue de leur insertion professionnelle, le gouvernement du Sénégal a procédé au développement de filières de formation dans les secteurs identifiés comme stratégiques et porteurs d'emplois (agriculture, mines, tourisme, BTP, etc.). Ainsi, le ministre de la Formation professionnelle, de l'Apprentissage et de l'Artisanat, Mamadou TALLA, a mis à la disposition de l'Agence un programme offrant une plateforme de formations qui comprend 17 filières et 72 spécialités. Le Ministère dispose de 235 structures de formation réparties dans les 14 régions du Sénégal dont 106 à Dakar et 38 à Thiès. Ces centres présentent l'avantage d'avoir des Cellules d'Appui à l'Insertion (CAI) pour l'organisation de l'accompagnement des formés dans leur parcours d'insertion. Cette plateforme est à la disposition des ASP par l'intermédiaire du site Internet dédié.

La mise en place de ce partenariat va permettre d'assurer un pilotage approprié et une gestion adaptée pour la formation professionnelle et technique de chaque ASP qui le désire. L'Agence nationale pour la promotion de l'emploi des jeunes (ANPEJ) qui intervient dans l'accompagnement des jeunes dans la formation et le financement de leurs projets d'intégration pourrait être également un partenaire de choix dans cette perspective. Enfin, les ASP pourraient aussi bénéficier, s'ils remplissent les conditions, de la Convention nationale État-employeurs privés pour l'emploi des jeunes (CNEE).

Dans le souci de favoriser la promotion interne des ASP, les titulaires de diplôme de master ont été promus coordonnateurs départementaux et déployés aux chefs-lieux de département. Ce changement de statut a nécessité une formation complémentaire pour exercer leurs nouvelles responsabilités. Ces derniers ont bénéficié d'enseignements portant sur : la Gouvernance sécuritaire de proximité, les règles d'éthique, la déontologie, la discipline, l'organisation de l'Agence et le statut de l'ASP, les méthodes et techniques de supervision, les techniques de surveillance de la voie publique. De même, quelques notions sur les infractions, la Police

---

[172] On peut accéder à cette plateforme au : www.formation.asp.gouv.sn/

municipale, le civisme et la citoyenneté, le suivi et l'évaluation, leur ont été aussi prodiguées.

De même, dans le renforcement des capacités des ASP, l'Agence, en partenariat avec la Rencontre africaine pour la défense des droits de l'Homme (RADDHO), a organisé deux sessions de formation, du 24 au 28 février 2015 puis du 2 au 6 mars 2015, sur les « Instruments juridiques de lutte contre la criminalité et la corruption » au profit de quatre-vingt-dix (90) ASP à Dakar. Cette formation qui est une phase pilote d'un programme général, a bénéficié du soutien financier du Fonds canadien d'initiatives locales (FCIL) de l'ambassade du Canada au Sénégal.

Également, avec la mise en place du volet social de l'Agence, notamment à travers la mutuelle de santé, 45 gérants délégués, tous des ASP, ont été sélectionnés au niveau départemental pour suivre une formation de renforcement de capacité sur les fondamentaux d'une mutuelle de santé, la gestion des conventions de soins et pharmacie, l'identification des adhérents et bénéficiaires, la collecte des pièces administratives, la prévention des tentatives de fraude, l'orientation des patients, le contrôle des factures, les exclusions de soins et pharmacie, la surconsommation, l'application du ticket modérateur, etc.

IV. 2. 2. Appui à la préparation aux concours administratifs

Les ASP qui en respectent les conditions, peuvent bénéficier d'encadrement et de formation pour accéder à certains corps, notamment la Gendarmerie, la Police, la Douane, les Eaux et Forêts, etc. En effet, avec l'expérience acquise sur le terrain, il leur est prodigué des cours préparatoires à ces concours afin de mieux les aider à réussir. Ils pourront intégrer ces corps, notamment comme commissaire de Police ou officier de Gendarmerie pour les masters, le concours de sous-officier de Police ou de Gendarmerie pour les titulaires du Baccalauréat et le concours d'agents de Police pour les détenteurs du BFEM.

Aujourd'hui, les ASP sont déployés auprès de 130 structures à travers le pays. Intégrés directement dans le milieu professionnel pour la première fois, pour la plupart, ils bénéficient de cette expérience qui sera un atout certain dans leur insertion professionnelle future.

Chapitre 5

Pertinence de la loi d'orientation sur la sécurité intérieure

V.1. Contexte

Avec la croissance démographique et l'urbanisation galopante, la criminalité et le grand banditisme se sont naturellement développés dans notre pays[173]. Le développement technologique marqué par la cybercriminalité ainsi que la menace terroriste n'a pas facilité les choses. De même, la survenance de plusieurs catastrophes majeures, durant ces dernières années, a amené les pouvoirs publics à revoir le système de prévention et de gestion des catastrophes et à inscrire la Gestion des risques de catastrophes (GRC) au rang de priorité de l'action gouvernementale.

Plusieurs milliards sont investis dans la gestion des inondations sans impact réel, jusqu'en 2012. Ce qui a amené l'État à mettre en place un programme décennal de gestion des inondations évalué à 766 milliards de FCFA et ensuite, à instituer un département ministériel chargé des inondations. Le Sénégal, pays en voie de développement, touché par la crise économique, a rudement ressenti les effets pervers des Politiques d'ajustement structurel (PAS) et de la dévaluation du franc CFA.

Cette situation économique associée à l'évolution de la criminalité, notamment la menace terroriste, le trafic humain, la circulation des armes, la délinquance faunique, nécessite la coordination des acteurs, la rationalisation des moyens pour mieux faire face au phénomène criminel qui devient de plus en plus grandissant et complexe.

Les textes qui régissent le cadre sécuritaire du pays se caractérisent par la diversité des normes, à cheval sur la Gendarmerie nationale et la Police nationale. Sur le plan institutionnel, il y a un dualisme du système sécuritaire avec la Police nationale qui opère essentiellement en milieu urbain et la Gendarmerie nationale, force militaire, qui opère

---

[173] Le rapport de l'ANSD de mars 2014 note que le taux d'accroissement de la population sénégalaise entre 2002 et 2013 est de 2,5 %.

sur le reste du territoire national. Sur des espaces différents, la Police et la Gendarmerie exercent des missions similaires. Cette dualité des acteurs ne garantit pas la mise en synergie des Forces de sécurité encore moins la mutualisation des moyens.

En vertu du décret n° 2013-1266 du 23 septembre 2013 relatif aux attributions du Ministère de l'Intérieur et de la Sécurité publique, cette autorité est chargée d'assurer la Sécurité intérieure et le maintien de l'ordre public. Pourtant, l'analyse du maillage sécuritaire du pays fait ressortir que la majeure partie du territoire national est du ressort de la Gendarmerie qui n'est pas organiquement rattachée au Ministère de l'Intérieur[174].

Dès lors, même si cette autorité peut disposer de la Gendarmerie, un problème de cohérence institutionnelle se pose dans la mesure où cette force militaire est organiquement rattachée au Ministère des Forces armées. Par conséquent, la réorientation des paradigmes de la gestion sécuritaire se pose comme un impératif. Cette volonté politique s'est clairement manifestée lors du Conseil des ministres du 28 novembre 2013 à l'occasion duquel, le Chef de l'État a demandé au Gouvernement « de préparer un projet de Loi d'orientation sur la Sécurité intérieure (LOSI) qui indiquera les ambitions, les moyens et l'organisation adéquate en la matière. La LOSI doit fixer les directions de la politique de sécurité pour la période (2015-2020) ».

Aujourd'hui, les acteurs de la sécurité travaillent, chacun selon sa compétence territoriale et de manière isolée. Les informations sont traitées en régie avec des moyens et des procédés propres à chaque acteur.

Voilà le contexte dans lequel se pose la nécessité de mettre en place cette réforme en profondeur de l'architecture sécuritaire du pays. Seulement, il ne faudra pas perdre de vue les obstacles qui pourraient rendre difficile l'aboutissement d'une telle initiative. Notre préoccupation, dans cet ouvrage, est d'identifier les contraintes majeures et de proposer des pistes de solutions pour une bonne harmonisation du dispositif sécuritaire du pays.

Loin d'anticiper sur ce que pourrait être cette loi, notre démarche est d'user de notre expérience en la matière pour apporter notre modeste contribution à la construction de l'édifice sécuritaire du pays.

---

[174] Loi n° 74-571 du 13 juillet 1974 portant uniquement sur l'emploi et le service de la Gendarmerie, la loi n° 64-53 du 10 juillet 1964 portant organisation de la défense civile et décret n° 64-563 du 30 juillet 1964 organisant la protection civile.

La nouvelle architecture nationale pose ainsi la nécessité d'élargir le champ de la sécurité intérieure, d'une part, le nouveau mode de commandement, d'autre part, et enfin le rattachement de la Gendarmerie nationale au Ministère de l'Intérieur.

C'est pour la première fois que la sécurité est considérée comme un droit affirmé dans un texte : « La sécurité est un droit fondamental et l'une des conditions d'exercice des libertés collectives ».

V. 2. L'ÉLARGISSEMENT DU CHAMP D'APPLICATION : DE LA DUALITÉ À LA PLURALITÉ DES ACTEURS

Désormais, telle que prévue dans la Loi d'orientation sur la sécurité intérieure en gestation, l'architecture sécuritaire du Sénégal devra s'articuler autour de trois composantes principales : la *Sécurité publique*, la *Sécurité civile* et la *Sécurité de proximité*.

V. 2. 1. La Sécurité publique

Lorsqu'il s'agit de la sécurité publique, on retrouve une dualité d'acteurs majeurs, Police-Gendarmerie, représentants le pouvoir régalien de l'État en sécurité. Cette disposition héritée de l'histoire coloniale du pays a été renforcée par la crise de décembre 1962, entre Mamadou DIA, Président du Conseil et Léopold Sédar SENGHOR, Président de la République. La Gendarmerie a acquis, à la suite de cette crise, son intégration dans les Forces armées, donc rattachée à ce Département. Ainsi, elle est sortie du giron du Ministère de l'Intérieur comme c'est le cas jusque-là.

La sécurité publique a pour objet d'assurer le respect des lois, de garantir la protection des personnes et des biens, de prévenir les troubles et de maintenir la paix et l'ordre publics. Elle est assurée par la Police nationale et la Gendarmerie nationale.

La notion de sécurité publique s'associe à celle de police. Étymologiquement, le mot « police » signifie organisation de la cité. Ici, le terme s'identifie à la « politique » en tant qu'art de gouverner et moyen de Gouvernement[175]. PLATON définissait cette notion de police en recourant au concept de norme. Il y voyait « la vie, le règlement et la loi par excellence, ce qui maintient la cité ». Aristote la concevait comme « le bon ordre, le Gouvernement de la vie des

---

[175] JACQUES E. et RAPHAEL P. (1981). « Co-police » en France » Ed Berger Levrunlt, pp. 1 et 5. NIANG P. K. (1997). « L'expérience française de Polices municipales », *op. cit*, et BON P. (1975), «Police Municipale », Thèse Bordeaux, pp. 5 et suite.

peuples, le premier et le plus grand de tous les biens ». Le Robert affirme que, jusqu'au début du XVIIe siècle, le terme « police » signifiait la manière dont une société est organisée en État. Cela est confirmé par le Littré qui voit là une notion ayant à cette époque un sens identique à celui d'organisation politique entendue au sens large. MONTESQUIEU, au XVIIIe siècle, pouvait opposer aux tyrannies soumises à l'arbitraire du Prince, les États « policés » c'est-à-dire ceux où le droit à supplanter le simple bon vouloir du monarque. Il écrit « la séparation des pouvoirs constitue une bonne police ». Le mot police désigne donc le Gouvernement d'un pays. D'ailleurs, les Romains, après les Grecs, assimilèrent le mot « politia » au pouvoir chargé d'élaborer et de faire respecter les règles de vie de la cité[176]. Au XIVe siècle, le sens latin « politia » se transforme en « polici » qui au XVe siècle devient « police » pour désigner un être poli, civilisé[177].

Au Sénégal, la sécurité publique fait appel à la notion de police au sens large du terme. Ainsi, le terme « Police » revêt plusieurs sens :

- Il décrit l'autorité ayant le pouvoir de prendre des mesures s'imposant au public ;

- Il désigne ces décisions elles-mêmes autrement dit la réglementation ;

- Il peut s'appliquer à l'action menée pour assurer l'exécution des mesures de police ;

- Il définit le personnel chargé de mener cette action. C'est pourquoi le droit administratif distingue la police administrative de la police judiciaire.

Cette activité peut être, soit de police judiciaire, soit de police administrative. La police administrative vise à prévenir les troubles à l'ordre public (bon ordre, sûreté et salubrité publics). Sa finalité est essentiellement préventive. Elle relève du pouvoir administratif et du contrôle du Juge administratif. De son côté, la police judiciaire a pour tâche de rechercher les acteurs d'infraction et de les livrer à la justice. Sa finalité est donc répressive. Elle relève des juridictions répressives. Ce sont ces deux notions qui gouvernent les missions de sécurité publique exercées par la Police et la Gendarmerie nationales. De même, la sécurité publique est chargée aussi de la surveillance de l'opinion. Elle informe le pouvoir politique sur l'état d'esprit et les

---

[176] Le dictionnaire Larousse.
[177] NIANG P. K. (1997). « L'expérience française de Polices municipales », *op cit*.

réactions de la population, anticipant ainsi les éventuelles actions déstabilisatrices. Cette police dite « politique » est désignée sous le terme « Renseignements Généraux ». Certains auteurs préfèrent « police de prévision » ou « police civique ».

En effet, la gestion de la sécurité publique incombe à l'État sur toute l'étendue du territoire national. Cette responsabilité part du niveau central au niveau local. Le président de la République est garant du fonctionnement régulier des institutions de l'indépendance nationale et de l'intégrité du territoire en vertu de l'article 42 *alinéa* 5 de la Constitution. Conformément à cette disposition, il est responsable de l'ordre public en temps normal et il devient le rempart lorsque le pays se trouve dans une situation de crise et conformément à l'article 52 de la Constitution. Une telle conception a retenu l'appréhension juridique de la Police telle que nous la percevons matériellement, c'est-à-dire l'activité d'un policier ou d'un gendarme destiné à maintenir l'ordre public. En effet, dans cette acception, nous appréhendons la police comme une activité accessoire à l'Administration ou à la Justice. En définitive, la doctrine a entendu, par Police, « L'ensemble des actes d'exécution des lois et règlement administratifs[178].

La Police désigne encore les autorités chargées d'exercer des activités de police. Le Premier ministre impulse et coordonne l'action gouvernementale. Sous réserve de l'article 44 de la Constitution, il a le droit de regard sur les questions relevant de l'ordre public et reste informé de son évolution sur l'ensemble du territoire national.

Le ministre de l'Intérieur et de la Sécurité publique est l'autorité la plus impliquée dans la gestion quotidienne de la sécurité publique. Il est le responsable central des questions de sécurité publique. Les autorités administratives territoriales, les Gouverneurs, les préfets et les Sous-préfets, comme en dispose l'article 1er du décret n° 69-998 du 12 septembre 1969 et les articles 10, 23 et 32 du décret n° 72-636 du 29 mai 1972 portant attributions des chefs de circonscriptions administratives, sont délégataires de pouvoir. Le maire concourt en vertu de ses pouvoirs de police à la politique de sécurité intérieure, selon les articles 5 et 117 du Code général des collectivités locales.

L'exercice de la sécurité publique fait appel à plusieurs techniques policières qui mériteraient d'être distinguées. Pour le maintien de la

---

[178] MERLE R. et VITU A. (1979), p. 261, cité par NIANG P. K. (1996), *op. cit.*

paix sociale, les activités de la Police nationale et de la Gendarmerie nationale se traduisent par le service d'ordre, le maintien de l'ordre et enfin le rétablissement de l'ordre. Le service d'ordre suppose un dispositif d'effectifs en unité constituée sur la voie publique ou dans les lieux publics pour couvrir des activités à caractère pacifique, religieux ou festif.

Le maintien de l'ordre désigne l'ensemble des opérations de police mises en œuvre avec des effectifs regroupés en unités constituées, d'importance très variable, à l'occasion d'actions collectives, organisées ou spontanées, hostiles ou bienveillantes, violentes ou pacifiques, à caractère revendicatif ou festif, se déroulant sur la voie publique ou dans les lieux publics. Cette définition fait appel à deux situations : soit il y a des risques réels de violences ou de débordement (c'est le maintien de l'ordre au sens *stricto sensu*), soit l'ordre est en train de se troubler, de dégénérer (c'est le rétablissement de l'ordre)[179].

La sécurité publique est aujourd'hui préoccupée par la menace de l'extrémisme politico-religieux. C'est dans ce sens que le Plan d'action contre le terrorisme (PACT) a été initié en partenariat entre la France et le Sénégal. Le PACT a pour objectif de renforcer les capacités des principaux acteurs de la lutte contre le terrorisme au Sénégal, policiers, gendarmes et magistrats, principalement dans les domaines suivants : contrôles aux frontières, lutte contre la fraude documentaire, renseignement, intervention, protection des personnalités, enquêtes et poursuites judiciaires sur des faits à caractère terroriste. Le projet PACT est doté d'un budget prévu sur trois ans et sa mise en œuvre se décline en actions de coopération (formations et dons de matériels). L'ASP est membre du comité de pilotage du projet PACT depuis 2015. Le conseiller technique français du ministre de l'Intérieur et de la Sécurité publique du Sénégal, Georges DIASSINOUS, en assure la coordination et la mise en œuvre.

Le projet PACT est un projet novateur proposant une approche à la fois stratégique et opérationnelle dans la lutte contre la menace terroriste dont les axes forts visent notamment à répondre à :

• L'anticipation du risque terroriste qui consiste à renforcer les capacités des services de renseignement et de sécurité ;

---

[179] Colonel à la retraite Abdoulaye B DIALLO « Cadre juridique, organique et administratif du maintien de l'ordre ».

- La mise en œuvre d'obstacles à l'action terroriste visant à améliorer les capacités opérationnelles d'intervention et la protection des personnalités exposées ;

- La recherche et l'administration de la preuve qui doivent être améliorées par l'emploi de techniques d'investigation modernes et l'élaboration de procédures judiciaires adéquates.

V. 2. 2. La Sécurité civile

La sécurité civile est chargée d'assurer la protection et la réduction des risques de toute nature ainsi que la protection des personnes, des biens et de l'environnement contre les accidents, les catastrophes et les sinistres. Elle est aussi chargée d'informer et d'alerter la population sur les risques de toute nature. La sécurité civile agit avant (alerte, informe), pendant (secours) et après (assistance).

La Brigade nationale des Sapeurs-pompiers et la Direction de la protection civile concourent à la sécurité intérieure. L'élargissement du concept de sécurité, qui était jusque-là confondue avec celle de police, s'impose dans la Loi d'orientation sur la sécurité intérieure en gestation. Compte tenu de la nécessité pour le citoyen de faire de la sécurité civile l'affaire de tous, il serait pertinent, à l'image de l'ASP, de recruter des jeunes pour en faire des Unités de protection civile de proximité (UPP). Cette structure pourrait apporter son concours aux services de protection civile, notamment la Brigade nationale des Sapeurs-pompiers et la Direction de la protection civile. Cette expérience est déjà tentée en Côte d'Ivoire avec l'aide de la Coopération française.

V. 2. 3. La Sécurité de proximité

L'innovation majeure dans la nouvelle architecture sécuritaire du Sénégal, c'est la consécration de la sécurité de proximité comme composante de la sécurité intérieure. La sécurité de proximité a pour objet la prévention et la lutte contre la délinquance. Elle repose sur la gestion de la sécurité par les citoyens en y associant tous les acteurs concernés par le phénomène.

L'Agence d'assistance à la sécurité de proximité met en œuvre la Gouvernance sécuritaire de proximité par le biais des agents appelés Assistants à la sécurité de proximité (ASP). Les ASP n'ont aucun pouvoir répressif. Leurs activités se limitent à la prévention, l'information, l'alerte et le secours.

Les ASP ne doivent pas être considérés comme des agents dépositaires de l'autorité publique tel que prévu par l'article 19 Code de procédures pénales qui confère le statut d'agent de police judiciaire aux militaires de la Gendarmerie et aux membres de forces de Police. Toutefois, ils doivent bénéficier de la protection conférée aux agents d'autorité contre les outrages et les violences. Cette protection liée au statut d'agent d'autorité ne demande pas des attributions supplémentaires mais simplement à sauvegarder leur dignité et à protéger leur intégrité physique eu égard au service rendu à la Nation. La Cour de cassation française, Chambre criminelle, a considéré dans l'arrêt n° 006836381 du 28 février 2001 que : « Entre dans les prévisions de l'article 433-5 alinéa 1 du Code pénal, l'agent de surveillance de la ville de Paris, chargé de veiller sur le stationnement régulier des véhicules qui est investi, à ce titre, d'une portion de l'autorité publique, dès lors que les propos outrageants ont porté atteinte au respect dû à la fonction »[180].

En vertu du caractère d'utilité publique des fonctions de certains agents tels que les instituteurs, les agents de surveillance de transport et du stationnement, la France leur accorde la même protection que les agents dépositaires d'autorité publique. Il est alors nécessaire que les ASP bénéficient de la protection de la loi ; ce ne sera que justice pour ces derniers et bénéfique pour la sécurité. En effet, le nouveau dispositif institutionnel qui sera mis en place dans le cadre de la LOSI, devrait leur conférer le statut d'agents d'autorité, c'est-à-dire protégés au même titre que les agents investis de prérogatives de puissance publique.

Enfin, l'un des aspects de la Sécurité intérieure qui est souvent ignoré, c'est naturellement les agences de sécurité privée. Ainsi, une large plage de la Sécurité intérieure relève d'acteurs privés (environ 300 structures y interviennent). Ces acteurs privés de la sécurité

---

[180] L'article 433-5 réprime les outrages adressés à une personne dépositaire de l'autorité publique ou chargée d'une mission de service public. « Constituent un outrage puni de 7 500 euros d'amende les paroles, gestes ou menaces, les écrits ou images de toute nature non rendus publics ou l'envoi d'objets quelconques adressés à une personne chargée d'une mission de service public, dans l'exercice ou à l'occasion de l'exercice de sa mission, et de nature à porter atteinte à sa dignité ou au respect dû à la fonction dont elle est investie. Lorsqu'il est adressé à une personne dépositaire de l'autorité publique, l'outrage est puni de six mois d'emprisonnement et de 7 500 euros d'amende. Lorsqu'il est commis en réunion, l'outrage prévu au premier alinéa est puni de six mois d'emprisonnement et de 7 500 euros d'amende, et l'outrage prévu au deuxième alinéa est puni d'un an d'emprisonnement et de 15 000 euros d'amende. »

auraient notamment eu leur place dans la loi d'orientation de Sécurité intérieure à travers une disposition particulière organisant leurs interventions et précisant le système de contrôle ainsi que les conditions d'utilisation de leurs agents.

Toutefois, l'État se trouve dans l'obligation d'encadrer ces acteurs privés par une réglementation stricte afin d'éviter l'anarchie dans le secteur.

V. 3. LE NOUVEAU MODE DE COMMANDEMENT : UNIFICATION DES CENTRES DE DÉCISION

C'est le décret n° 2014-869 du 22 juillet 2014 qui fixe les nouvelles attributions du Ministère de l'Intérieur et de la Sécurité publique.

V. 3. 1. Missions et organisation du Département

V. 3. 1. 1. Les missions

Aux termes du décret n° 2014-869 du 22 juillet 2014, le Ministère de l'Intérieur et de la Sécurité publique est chargé, sous l'autorité du Premier ministre, de préparer et de mettre en œuvre la politique arrêtée par le Chef de l'État en matière d'administration territoriale, de sécurité intérieure, de police administrative, de défense civile et d'organisation des élections. Il est responsable du commandement territorial et, à ce titre, a autorité sur le Gouvernement, les préfets et les Sous-préfets, dans le respect de leurs attributions propres de représentants de l'État. Il est responsable de la préparation administrative et du bon déroulement des opérations électorales, en collaboration avec la Commission électorale nationale autonome (CENA) et les institutions judiciaires.

Il gère la délivrance des pièces d'identité nationale et des titres de voyage et, en relation avec le Ministère des Affaires étrangères, il organise et régule le séjour des étrangers sur le territoire national, y compris les ressortissants communautaires qui bénéficient de la liberté de circulation et d'établissement. Il est chargé de la Sécurité intérieure sur l'ensemble du territoire de la République. En rapport avec le Ministère de l'Économie et des Finances, il est chargé de protéger l'économie nationale contre la contrebande, les importations frauduleuses ou prohibées. Il a autorité sur les Forces de police, sous réserve des attributions des procureurs de la République en matière de police judiciaire. Il est chargé de la protection civile et de la lutte contre les incendies et calamités naturelles. Il développe et gère la coopération internationale en matière de police.

Pour l'exercice de ses attributions, les forces de défense et de sécurité, autres que les Forces de police, lui apportent leur concours dans les conditions prévues par les dispositions législatives et réglementaires en vigueur.

Ce nouveau décret traduit la volonté politique de confier les centres de décision au Ministère de l'Intérieur et de la Sécurité publique. En réalité, dans les textes, ces prérogatives du Ministère ont toujours existé mais difficilement applicables compte tenu de l'appartenance de la Gendarmerie au Ministère des Forces armées et de la Police au Ministère de l'Intérieur. Faudra-t-il aller au rattachement ou trouver des mécanismes opérationnels permettant au ministre de l'Intérieur d'accomplir, de manière effective, ses attributions ? Deux formules sont possibles : le rattachement ou l'organisation opérationnelle.

V. 3. 1. 2. Le rattachement ministériel et militarité de la Gendarmerie

Cette longue tradition dualiste, Police nationale dépendant du Ministère de l'Intérieur et la Gendarmerie nationale, du ministère des Forces armées, sera rompue par la Loi d'orientation sur la sécurité intérieure qui consacre le rattachement organique de la Gendarmerie pour tendre vers une unité fonctionnelle, c'est-à-dire l'unité de commandement. Cette volonté de reconstitution de l'architecture sécuritaire de l'État doit faire appel à une large concertation sans remettre en cause le statut militaire de la Gendarmerie qui est non seulement culturel, mais aussi affectif. Cette expérience déjà vécue par la France ne s'est pas faite de manière facile.

En France, même si lors de la campagne présidentielle de 2002, les deux principaux candidats, Jacques CHIRAC et Lionel JOSPIN avaient pris position en faveur de cette réforme, la modification du rattachement ministériel de la Gendarmerie à l'annonce de la composition du gouvernement RAFFARIN a, malgré tout, fait l'effet d'un électrochoc[181]. Il est vrai que la question qui est posée dépasse le domaine purement politique et institutionnel. Il ne s'agit pas seulement de savoir qui commande la Gendarmerie, le ministre de la Défense ou son collègue de l'Intérieur. Ils sont nombreux, en effet, notamment dans les rangs de la Gendarmerie, à redouter que cette

---

[181] DIEU F. (2006).

Sécurité de proximité : mode d'emploi

réforme soit le préalable, le point de départ d'une démilitarisation déguisée ou non de la Gendarmerie, ce qui signifierait à terme, sa disparition par fusion dans un corps unique de Police à statut civil. Avec comme spectre la disparition de la Gendarmerie belge entamée au début des années 1990, ce scénario catastrophique comporterait alors les trois étapes suivantes : rattachement au Ministère de l'Intérieur, démilitarisation, intégration dans la Police nationale[182].

Les acteurs de la sécurité se diversifient de plus en plus au rythme du perfectionnement et de la complexité de la criminalité.

Cependant, au Sénégal, la gestion de la sécurité ne suit pas ce rythme d'évolution. L'État n'a jamais été encore disposé à mettre en place une politique globale allant dans le sens de mutualiser les moyens humains et matériels, sous le même commandement. Or, la sécurité ayant un coût, elle mérite d'être rationalisée et repensée dans le cadre d'une loi qui harmonise les moyens matériels et humains. Il s'agit de penser à l'avenir, à faire en sorte que les Forces de défense et de sécurité puissent s'adapter aux évolutions de la délinquance et de l'insécurité occasionnés, en partie, par le développement des nouvelles technologies.

La police de proximité est une technique policière ou *gendarmique*, alors que la sécurité de proximité est l'affaire de tous. Pour la sécurité, le développement de nouvelles technologies doit être mis à profit dans tous les domaines intéressant l'activité des services, aussi bien des missions de sécurité générale que dans la lutte antiterroriste ou d'investigation judiciaire (traitement de l'information et des données statistiques, moyens de communication, observation et enregistrement, vidéo protection, biométrie, matériel roulant, armement, matériels de protection, etc.).

La Loi d'orientation sur la sécurité intérieure en gestation est-elle guidée par l'optimisation de la coopération et la complémentarité opérationnelle ou simplement pour un changement de paradigme sécuritaire voulant regrouper tous les acteurs régaliens sous la seule tutelle du Ministère de l'Intérieur et de la Sécurité publique ? Les avis sont partagés et parfois même, ils sont contradictoires. Mais, en tout état de cause, des pistes de solution peuvent être trouvées pour éviter toute difficulté dans la mise en œuvre opérationnelle de la réforme en vue.

---

[182] *Idem.*

V. 3. 2. L'organisation opérationnelle ou rapprochement

Les préoccupations sécuritaires de notre pays sous le magistère du Président Macky SALL ajoutent au dispositif existant, une Gouvernance sécuritaire de proximité. La pluralité des acteurs et la volonté d'assurer la sécurité par tous, pour tous et partout, exigent irréversiblement une nouvelle organisation. La stratégie adoptée porte sur une reconfiguration à travers une loi d'orientation de l'architecture sécuritaire du pays afin d'assurer une organisation de la coopération entre les acteurs et de mettre en place un organe de décision unifié.

C'est ainsi qu'à côté des structures traditionnellement chargées de la sécurité publique, la Police nationale et la Gendarmerie nationale, d'autres telles que les Armées, la Douane, les Eaux et Forêts et les agents relevant de structures chargées de certaines missions de police judiciaires, conformément au Code de procédure pénale, sont tout également concernés par la sécurité intérieure.

Dans cette nouvelle stratégie de sécurité intérieure, les pouvoirs du préfet de département devraient être renforcés dans le cadre de l'Acte 3 de la décentralisation qui consacre la départementalisation des politiques publiques. Il devient l'organe central d'animation et de coordination en matière de prévention de la délinquance. Il aura la possibilité de fixer les missions dans le domaine de la sécurité à l'ensemble des services déconcentrés et des forces dépendant de l'État. Dans le même sens, les gouverneurs devront coordonner l'action des préfets des départements pour prévenir les événements troublant l'ordre public.

Le Conseil national de sécurité intérieur (CNSI) présidé par le président de la République détermine les orientations générales menées dans le domaine de la Sécurité intérieure et en fixe les priorités. Les objectifs nationaux définis et approuvés par le Gouvernement sont mis en œuvre par le ministre de l'Intérieur. C'est en tenant compte de ces nouvelles réalités et par souci de cohérence institutionnelle et d'efficacité stratégique et opérationnelle qu'il est envisagé de rattacher organiquement toutes les forces de sécurité au Ministère de l'Intérieur. La Gendarmerie nationale qui dépendait jusque-là du Ministère des Forces armées sera rattachée au Ministère de l'Intérieur dans le respect du statut militaire de son personnel et du Code de procédure pénale.

La volonté d'instituer un commandement unitaire des acteurs de la sécurité est à saluer. Toutefois, elle ne sera pas chose facile compte tenu de l'histoire très ancienne de la Gendarmerie nationale et de l'importance de son effectif ainsi que de son maillage national.

Pour faciliter la mise en œuvre de cette réforme, il est nécessaire de répertorier l'ensemble des textes relatifs au statut militaire du personnel de la Gendarmerie. En France, le premier symbole de la mise en synergie des acteurs de la sécurité est intervenu progressivement dès 2002 lorsque la Gendarmerie avait été placée pour emploi, auprès du ministère de l'Intérieur. On se rappelle encore la première fois qu'on a positionné un policier et un gendarme devant la grande grille de la Place Beauvau[183].

La France est allée du rapprochement au rattachement. En effet, la cohabitation géographique a été opportunément une première exigence, imposant à certains services de Police jusque-là locataires de la Place Beauvau de s'en éloigner pour laisser l'espace libéré au cabinet du Directeur général de la Gendarmerie nationale. Les Directeurs généraux de la Police et de la Gendarmerie se trouvent en toute proximité du ministre, de son Directeur de cabinet et de son Secrétaire général. La proximité géographique et fonctionnelle aura donné, à chaque partie, l'occasion de découvrir l'autre, d'apprendre à le connaître, à s'imprégner de sa culture tout en refusant toute acculturation de l'un aux dépens de l'autre. En somme, ce rapprochement a permis de s'apprécier mutuellement[184].

C'est la loi n° 2009-971 du 3 août 2009 relative au rattachement qui définit les forces de Police. En réalité, le rattachement s'est inspiré de la Loi d'orientation et de programmation de la sécurité n° 95-73 du 21 janvier 1995 qui a confié au préfet le droit de fixer les missions et de veiller à la coordination de l'action des deux Forces de sécurité, en matière de police administrative et d'ordre public. Le Livre Blanc a tiré les leçons des mesures d'ordre interne arrêtées dès 2002 qui ont placé l'emploi de la Gendarmerie sous l'autorité du ministre de l'Intérieur pour ces missions de sécurité intérieure (rapprochement). C'est elle, en effet, qui a largement inspiré la subtile alchimie de la loi du 3 août 2009 relative au rattachement[185].

---

[183] Rapport d'évaluation de la loi du 3 août 2009 relative à la Gendarmerie nationale française.
[184] Ce rapprochement avait déjà assuré le respect de l'équilibre entre les deux forces et l'identité propre à chacune de ces dernières, selon DIEU F.
[185] DIEU F. (2006), *op. cit.*

Au Sénégal, le projet de Loi d'orientation sur la sécurité intérieure prévoit le rattachement de la Gendarmerie au Ministère de l'Intérieur afin de rapprocher les Forces de sécurité et d'opérer une mutualisation des moyens humains et matériels. Elle vise, entre autres, à renforcer les pouvoirs du préfet qui dispose désormais, sous son commandement, dans son département, des Forces de sécurité, à la condition de respecter le statut militaire de la Gendarmerie. Ce rattachement est envisagé du point de vue organique et opérationnel pour assurer naturellement la cohérence et l'efficacité du dispositif de sécurité intérieure. Cependant, il ne faudra pas négliger l'exploitation d'une autre possibilité qui, à notre sens, aboutira au même résultat.

Il est possible de rapprocher les Forces de défense et de sécurité par la création d'un ministère de la Sécurité intérieure et des Libertés publiques. Cette option présente l'intérêt de mieux spécialiser les Forces de sécurité sur des activités proprement policières. Avec l'évolution de la criminalité qui devient de plus en plus professionnelle, les Forces de défense et de sécurité ont besoin, plus que par le passé, de formations plus poussées et plus spécialisées pour faire face aux nouvelles menaces. De plus, la création d'un tel ministère permettra à chacune de ces forces de garder son identité culturelle et affective par rapport à son statut de base. Il existera alors une Police nationale à statut civil et une Gendarmerie nationale à statut militaire, en cohabitation au sein d'un ministère de la Sécurité intérieure et des Libertés publiques.

Là, on parlera de rapprochement au lieu de rattachement. Avec ce choix, la réquisition devrait être assouplie afin de permettre aux préfets de disposer des différentes Forces de sécurité sans passer par des procédures très lourdes et parfois contraignantes. Il ressort des dispositions de l'article 1er du décret n° 74-571 du 13 juin 1974 portant règlement sur l'emploi et le service de la Gendarmerie que « cette arme constitue la seconde branche de la force publique, du fait de sa mission qui consiste, entre autres, à veiller à la sûreté publique, assurer le maintien de l'ordre public et l'exécution des lois et règlements... ». L'article 2 dudit décret dispose que « la Gendarmerie, compte tenu de son organisation militaire et de la nature mixte de son service est mise en mouvement sur demande de concours ou sur réquisition par toutes les autorités habilitées à l'employer ».

Les attributions du Ministère de l'Intérieur en matière de sécurité sont expressément rappelées par l'article 109 sous réserve du statut militaire de la Gendarmerie. L'article 115 du décret donne la possibilité au gouverneur, après en avoir convenu avec le commandant de légion, de demander l'envoi, sur le point menacé, un peloton territorial, lorsque les renseignements prévisionnels font craindre quelques émeutes ou attroupements séditieux. L'article 116 précise que « les officiers et commandants d'unités de Gendarmerie ne sont point appelés à discuter de l'opportunité des demandes que les autorités administratives compétentes croient devoir formuler pour assurer le maintien de l'ordre lorsque la tranquillité publique est menacée, mais qu'il est de leur devoir de désigner les points qui ne peuvent être dégarnis sans danger.

Le décret n° 90-050 du 17 janvier 1990 détermine l'organisation et l'emploi de la Légion de Gendarmerie d'intervention (LGI). Les articles 4 et 5 du décret de 1990 en font une force de réserve générale à la disposition du président de la République qui ne peut être mise en mouvement que sur l'ordre de celui-ci et par le ministre des Forces armées. Cependant, l'*alinéa* 3 de l'article 5 donne la possibilité au ministre de l'Intérieur de demander au président de la République l'autorisation de requérir tout ou partie de la LGI. Si cette autorisation est donnée verbalement, elle doit être confirmée par écrit. Ainsi, dès réception de la réquisition, le Haut Commandant de la Gendarmerie nationale donne les ordres préparatoires, pour ne passer à l'exécution qu'après réception de l'autorisation écrite signée par le président de la République. La LGI est employée conformément à la réglementation relative à la participation des Forces armées au maintien de l'ordre.

En cas de nécessité, le président de la République peut, sans préavis, annuler la réquisition et utiliser la LGI selon la procédure de mise en mouvement précédemment définie[186]. Une fois la réquisition assouplie, avec l'intervention de deux autorités, à savoir le président de la République et le ministre de la Sécurité intérieure, tous les résultats attendus pourront être obtenus, ainsi que la mutualisation des moyens humains et matériels sans passer par un rattachement proprement dit mais plutôt par un rapprochement. Étant bien entendu que la réquisition de la Gendarmerie d'intervention (décret n° 90-050 du 17 janvier 1990 article 4 et 5) demeurera inchangée. Elle nécessite l'intervention du président de la République et la mise en mouvement par le ministre des Forces armées. Enfin, l'autorité judiciaire aura à disposer des deux Forces de sécurité dans le cadre de ses attributions

---

[186] Voir le Colonel Abdoulaye Marième DIALLO, *op. cit.*

judiciaires de manière plus efficace et plus rationnelle. En outre, compte tenu des difficultés de concilier la nécessité de l'ordre public et celle de la protection des Libertés individuelles, le ministre de la Sécurité intérieure se chargera de veiller à l'équilibre entre ces deux exigences.

En définitive, le rattachement ou le rapprochement des Forces de sécurité est nécessaire, mais il faudra s'assurer de la mise en œuvre, la plus consensuelle possible, et du respect de l'identité statuaire des deux forces.

Pour ce faire, il importe de créer un ministère chargé de l'Administration territoriale et des Élections. Une telle proposition pourrait aboutir à la départementalisation des politiques publiques de sécurité.

V. 4. LA DÉPARTEMENTALISATION DES POLITIQUES PUBLIQUES DE SÉCURITÉ

La départementalisation du pays née de la dernière réforme territoriale de l'Acte 3 de la décentralisation a positionné le département comme territoire pertinent de mise en œuvre des politiques publiques. En effet, « dans le respect de l'unité nationale et de l'intégrité du territoire, les collectivités locales de la République sont le département et la commune » (Article 1 du CGCL). Le département est créé par décret qui détermine le nom, le chef-lieu et le périmètre (Article 22 du CGCL).

Selon l'article 22 du décret n° 72-636 du 29 mai 1972 relatif aux attributions des chefs de circonscriptions administratives et des chefs de village, modifié par le décret n° 96-228 du 22 mars 1996, et l'article 123 du Code général des Collectivités locales, le préfet exerce, au nom de l'État, sur toute l'étendue du département, les pouvoirs de :

1-réprimer les atteintes à la tranquillité publique, telle que les tumultes excités dans les lieux publics. Les attroupements, les bruits et rassemblements qui troublent le repos des habitants et tous les actes de nature à compromettre la tranquillité publique ;

2-maintenir le bon ordre dans les endroits où il se fait de grands rassemblements d'hommes, tels que les foires, marchés, réjouissances et cérémonies publiques, spectacles jeux, cafés, lieux de culte et autres lieux publics.

Il peut, en outre, prendre, pour les arrondissements, les arrêtés réglementaires dans toutes les matières de police qui sont de la compétence des maires. Il exerce, à l'égard des communes de son département, le pouvoir de substitution prévu à l'article 124 du Code général des Collectivités locales. En vertu de l'article 23 du même décret, le préfet est responsable du maintien et du rétablissement de l'ordre dans le département.

En cas de trouble, il avise les autorités supérieures et prend toutes mesures nécessitées par les circonstances. Il fait appel, au besoin, à l'assistance du gouverneur qui met à sa disposition tous les moyens dont il peut, lui-même, disposer et transmet, le cas échéant, la demande de renfort nécessaire. Le préfet est tenu, après le rétablissement de l'ordre, d'établir un rapport qui est transmis par le gouverneur au président de la République, au Premier ministre et au ministre de l'Intérieur.

Dans le département, le préfet est le représentant de l'État (Article 271 du CGCL). À ce titre, il est la clé de voûte de toutes les politiques publiques au niveau déconcentré de l'État. Ainsi, il assure la coordination de l'action des services du département et celle des services de l'État dans sa circonscription, en rapport avec le président du Conseil départemental (Article 38 du CGCL). Il réunit, au moins, deux fois par an, une conférence d'harmonisation sur les programmes d'investissement de l'État et du département. Cette rencontre est co-présidée par le préfet du département et le président du Conseil départemental.

En vertu de l'article 16 du même décret, le préfet coordonne l'activité de tous les services civils dans le département. Il contrôle la gestion des crédits mis à leur disposition. Il assure la coordination et le contrôle des actions de formation permanentes des fonctionnaires et agents de l'État en service dans le département. Il réunit, au moins, une fois par mois, les sous-préfets et les chefs de services départementaux.

À cette occasion, il commente les instructions reçues des autorités supérieures, s'informe des difficultés rencontrées et donne des instructions particulières dans le cadre des instructions générales reçues des autorités supérieures qualifiées. Il adresse le compte-rendu de cette réunion au président de la République, au Premier ministre, aux ministres et au gouverneur.[187] Par ailleurs, le préfet assure le contrôle de légalité des actes pris par le département ou la commune (Article 243 du CGCL).

Dans le domaine sécuritaire, la départementalisation des politiques publiques de sécurité est aussi affirmée par l'avant-projet de Loi d'orientation sur la sécurité intérieure. Dans cette perspective, la coordination de la sécurité intérieure serait du ressort du préfet. Le Comité départemental de prévention et de lutte contre la délinquance ainsi créé serait composé comme suit :

- Le préfet (Président) ;
- Le Procureur de la République ou son représentant dans le département ;
- Le président du Conseil départemental ou son représentant ;
- Les représentants de la sécurité publique (Police et Gendarmerie) ;
- L'Agence d'assistance à la sécurité de proximité ;
- Les représentants des services de l'État désignés par le préfet ;
- Les maires des communes du département ;
- Les représentants de la société civile ;
- Les représentants des autorités religieuses et coutumières ;
- Les organisations communautaires de base (OCB) ;
- Toutes autres ressources humaines dont la présence est requise.

Cependant, il ne faudrait pas confondre le Comité départemental de prévention et de lutte contre la délinquance (CDPLD) et le Comité départemental de sécurité, déjà existant, où ne sont représentés que les acteurs régaliens de la sécurité. La composition de cette dernière se justifie par la confidentialité des affaires traitées et par la nécessité de garder secret les stratégies définies.

Au-delà de la réforme amorcée, il est plus que jamais nécessaire de trouver des mécanismes de contrôle de tous les acteurs chargés de la sécurité, compte tenu des difficultés de concilier la nécessité de l'ordre et les libertés individuelles.

---

[187] JO n°4230 p. 965.

V. 5. LA NÉCESSITÉ DE LA MISE EN PLACE D'UNE HAUTE AUTORITÉ NATIONALE DE LA DÉONTOLOGIE DE LA SÉCURITÉ

La reconnaissance de la sécurité comme un droit fondamental est aujourd'hui irréversible. Elle est d'ailleurs issue de la Déclaration universelle des Droits de l'Homme et du Citoyen du 26 août 1789 en son article 2 : « La sûreté est un droit naturel et imprescriptible de l'homme. Elle relève de la responsabilité de l'État, elle lie l'État et le citoyen par un contrat social ». L'article 12 de cette même Déclaration dispose que « La garantie des droits de l'Homme et du citoyen nécessite une force publique ; cette force est donc instituée pour un avantage de tous et non pour l'utilité particulière de ceux auxquels elle est confiée ».

D'une part, sur le plan national, la sécurité est une exigence de plus en plus revendiquée par les concitoyens avec la délinquance récurrente et des délinquants plus professionnels. Aux problèmes habituels de maintien de l'ordre et de garantie de sécurité sur la voie publique, se sont jointes des préoccupations croissantes quant à la sécurité dans les stades, les plages, les campagnes, contre l'exploitation des enfants... Or, la compréhension et la maîtrise de certaines situations spécifiques deviennent difficiles pour les Forces de sécurité.

D'autre part, cette demande accrue de sécurité, surveillance, contrôle, prévention, répression, traditionnellement exercés par les forces publiques, se voit davantage déléguée à des acteurs privés. La variété des situations auxquelles s'applique la demande de sécurité ainsi que la diversité des professionnels chargés d'y faire face exigent incontestablement qu'un socle commun de règles déontologiques devant s'appliquer à toutes ces professions soit bien défini.

Cette nouvelle politique de sécurité de proximité nécessite une fédération entre les corps de sécurité étatiques, les administrations, les élus, les citoyens autour d'un même projet de société qui est le maintien de la paix sociale dans la cité.

À ces exigences internes, s'ajoute l'environnement global. En effet, le Sénégal s'est inscrit dans une logique de promotion démocratique irréversible qui l'a amené à signer toutes les conventions internationales relatives aux respects des Droits de l'Homme. Il existe une frontière très mince entre les exigences de la sécurité et le respect des droits fondamentaux et des libertés.

Ces constats préliminaires autorisent à conclure que le contrôle de l'exercice des activités de sécurité doit être effectué par un organe indépendant pour éviter les dérapages et les critiques parfois mal fondées dont les Forces de défense et de sécurité sont victimes. Les pays démocratiques comme la France et l'Espagne ont respectivement instauré des institutions comme le « Défenseur des droits » et le « Défenseur du peuple » afin de permettre à tout citoyen d'avoir un droit de recours contre tout manquement provenant des acteurs de la sécurité au sens le plus large du terme, qu'ils soient publics ou privés.

En France, il existait la Commission nationale de la déontologie de la sécurité (CNDS), comme une autorité indépendante créée par la loi n° 2000-494 du 6 juin 2000. Cette dernière était compétente pour instruire toute violation des règles déontologiques liées à l'exercice de la sécurité publique et privée. Toutefois, après onze années d'exercice, le président de la CNDS reconnaissait « des difficultés, des oppositions, des échecs dans la mission de défense des droits de l'Homme avec l'exercice des missions de sécurité ». C'est ainsi que la loi organique n° 2011-333 du 29 mars 2011 a confié au « Défenseur des droits » les fonctions exercées précédemment par quatre autorités administratives différentes : le médiateur de la République, la CNDS, le Défenseur des droits des Enfants, la Haute autorité de lutte contre les discriminations et pour l'égalité (HALDE).

L'article 4 alinéa 4° de ladite loi dispose que : « Le Défenseur des droits est chargé de veiller au respect de la déontologie par les personnes exerçant des activités de sécurité sur le territoire de la République ». La nouveauté dans cette consécration par rapport aux institutions précédentes, c'est la souplesse de la saisine et la résolution des conflits de compétence qui existaient entre les structures précédentes. Avec ces dernières, la saisine se faisait indirectement et elle n'était exercée que par des parlementaires (députés et sénateurs), par des associations ou organismes sociaux.

Concernant le Défenseur des droits, la saisine peut se faire soit directement par la personne ou ses ayants droit, soit indirectement par des députés, sénateurs ou associations. Le Défenseur des droits peut se saisir d'office. Il a le droit de suite, c'est-à-dire de suivre ses recommandations jusqu'à leur réalisation définitive contrairement à ses prédécesseurs dont le rôle était juste de transmettre une recommandation à l'institution concernée. Toutefois, il peut intervenir et faire des observations devant les juridictions pénale, administrative et civile dans un dossier dont il est saisi. Cette faculté était réservée seulement à la HALDE. Le Défenseur des droits a un pouvoir d'investigation, c'est-à-dire de descendre sur le terrain pour faire des vérifications (Police, lieux de détention, société, etc.). Il peut adresser des demandes d'explication et se faire communiquer toutes pièces sollicitées. Il peut également intervenir dans le cadre des règlements de différends relatifs au dysfonctionnement des structures soumises à son contrôle.

Dans tous ses domaines de compétences, le Défenseur des droits peut saisir l'autorité disciplinaire pour demander à celle-ci d'engager des poursuites contre un fonctionnaire qui a commis une faute, de sanctionner une personne physique ou morale, publique ou privée, soumise à autorisation ou agrément administratif, et qui serait à l'origine d'un manquement. Le Défenseur des droits peut intervenir, à titre préventif, pour la promotion du droit et de l'égalité en organisant et en vérifiant le renforcement des capacités des agents œuvrant dans le domaine des droits de l'Homme, de la déontologie et de l'éthique. Il est chargé, par ailleurs, de l'amélioration des relations entre les citoyens, l'Administration et les services publics, notamment par le biais de la médiation.

Partant de cette expérience française, la mise en œuvre du concept de « Gouvernance sécuritaire de proximité » exige le respect des droits fondamentaux par les acteurs de la sécurité. En effet, si la sécurité est indispensable, elle ne devrait pas s'exercer au détriment des libertés individuelles et collectives. Avec le projet de loi d'orientation de la sécurité intérieure, le Sénégal inscrit une nouvelle page de son histoire de politique de sécurité intérieure. Afin de compléter cette évolution, il serait indispensable d'instaurer une Haute autorité de la déontologie de la sécurité pour assurer l'équilibre entre la nécessité de l'ordre et de sécurité.

À côté des structures proprement dites de contrôle de sécurité, existent des structures de réflexion et de veille stratégique nationale, voire internationale.

V. 6. LES ORGANES DE RÉFLEXION ET DE VEILLE STRATÉGIQUE

V. 6. 1. Les organes de réflexion

V. 6. 1. 1. Le Conseil national de sécurité

Le Conseil national de sécurité intérieure est régi par le Décret n° 2013-1152 du 20 août 2013. En vertu de l'article 45 de la Constitution, le président de la République préside le Conseil supérieur de la défense nationale et le Conseil national de sécurité. Si, pour le premier conseil, différents décrets ont été successivement pris depuis l'indépendance pour fixer son organisation et ses attributions, il n'en est pas de même pour le second.

Pour mémoire, le Conseil supérieur de la défense nationale est chargé, conformément à l'article 7 de la loi 70-23 du 6 juin 1970 modifiée, de l'étude des problèmes de la Défense nationale et de l'élaboration de tous les avis et recommandations pouvant résulter de cette étude ainsi que toutes propositions ayant trait aux besoins de la défense nationale.

S'agissant du Conseil national de sécurité (CNS), il est chargé, conformément à l'article premier du décret de 2013 précité, d'assister et de conseiller le président de la République dans les domaines relevant de la sécurité nationale. Le CNS est un organe administratif placé sous l'autorité directe du président de la République et chargé de l'assister dans le suivi de la situation sécuritaire nationale et dans la détermination des actions nécessaires pour faire face aux menaces et crises. Il constitue également un cadre dans lequel le président de la République peut adresser directement des instructions aux responsables des différents ministères et services de l'État intervenant dans les domaines intéressant la sécurité nationale. Il permet, en outre, au président de la République de veiller à l'efficacité de l'orientation, de la coordination et de l'évaluation des actions relatives à la sécurité nationale.

Le président de la République peut appeler tout autre membre du Gouvernement ou, dans le respect du principe de la séparation des pouvoirs, tout autre responsable d'un service de l'État à participer aux réunions et travaux du CNS. Il peut également convoquer toute personne dont il estime l'audition par le CNS utile en raison de ses connaissances ou de sa qualification (Article 3).

Il peut réunir le CNS dans une composition restreinte qu'il fixe en fonction des questions inscrites à l'ordre du jour (Article 4). Le CNS se réunit une fois par semaine et, sur décision du président de la République, chaque fois que la situation sécuritaire l'exige (Article 5). Les membres de droit du CNS adressent régulièrement, par écrit, au Directeur général du Centre d'orientation stratégique (COS) les points qu'ils estiment mériter une inscription à l'ordre du jour d'une réunion. Le Directeur général du COS élabore les projets de l'ordre du jour sur la base de ces propositions et des renseignements exploités par son service.

L'ordre du jour définitif et la composition correspondante du conseil sont fixés par le président de la République (Article 6). Le Chef d'état-major particulier du président de la République est chargé :

- De veiller à la convocation des membres et personnes participant au CNS, en relation avec le secrétariat particulier du président de la République ;

- D'établir les procès-verbaux des réunions ;

- De formaliser les instructions et orientations données par le président de la République à l'occasion des travaux et de les transmettre aux membres ou aux responsables des services concernés ;

- De contrôler l'exécution de ces directives et d'en rendre compte au président de la République (Article 7).

Des comités spécialisés sont rattachés au CNS et sont chargés, sur les questions relevant de leurs spécialités respectives, de faire des analyses et d'exprimer des avis techniques (Article 8). Les comités spécialisés sont présidés par le président de la République et ils sont composés de responsables des Ministères et services intervenant dans un même domaine ou des domaines connexes relevant de la sécurité nationale. Des comités ad hoc peuvent, en outre, être créés sur décision du président de la République (Article 9).

Les articles 2 à 4 fixent la composition du CNS en précisant les membres de droit ainsi que la possibilité, pour son président, de le réunir dans une composition plus restreinte ou au contraire élargie à d'autres personnes. Les articles 5 à 7 réglementent le fonctionnement du CNS, notamment la périodicité, la préparation et l'organisation des réunions ainsi que le suivi des directives présidentielles. Les articles 8 à 15 définissent le rôle, la composition et le fonctionnement des comités spécialisés qui sont rattachés au CNS.

En dehors des comités ad hoc qui peuvent être mis en place par le président de la République pour le traitement de questions ponctuelles, quatre (4) comités permanents sont institués pour assurer un meilleur suivi et, le cas échéant, une meilleure prise en charge des menaces les plus importantes et les plus sérieuses contre la sécurité nationale.

Le premier comité, relatif au renseignement, vise une meilleure utilisation de cet outil stratégique tandis que les deux suivants se focalisent respectivement sur la sécurité intérieure et extérieure. Le dernier comité, chargé de la veille économique, étudie les vulnérabilités éventuelles de l'économie nationale afin de déterminer les mesures appropriées pour la défense du système et du tissu économique, notamment contre les nouvelles formes de menaces non prises en compte dans le cadre de l'organisation générale de la défense nationale.

Le président de la République peut réunir tout comité spécialisé dans une autre composition qu'il arrête en fonction des questions inscrites à l'ordre du jour. Il convoque chaque comité une fois par an et chaque fois qu'il le juge opportun (Article 14).

Le ministre de l'Intérieur, le ministre des Affaires étrangères et des Sénégalais de l'extérieur, le ministre de l'Économie et des Finances et le directeur général du Centre d'orientation stratégique assurent la préparation et le suivi des réunions des comités respectifs de la sécurité intérieure, de la sécurité extérieure, de veille économique et du renseignement.

À ce titre, ils sont responsables de l'élaboration des projets d'ordre du jour et des procès-verbaux des réunions et du suivi de l'exécution des directives données par le président de la République dans leurs comités respectifs (Article 15). Les documents et correspondances relatifs aux activités du CNS et des comités spécialisés doivent être élaborés et communiqués conformément aux règles relatives à la protection des Secrets et des informations concernant la Défense nationale et la Sûreté de l'État (Article 16).

V. 6. 1. 2. Le Centre des hautes études de défense et de sécurité

Logé à la Primature, le Centre des hautes études de défense et de sécurité (CHEDS) a été créé pour satisfaire les besoins de l'État en expertises (savoir, savoir-faire, savoir-être, savoir-faire faire) sur des questions d'ordre stratégique liées à la protection des individus et des biens, à la politique étrangère, à la science, à la technologie et aux phénomènes économiques et sociaux.

Sa mission est de :

• Répondre aux attentes des décideurs politiques sur des problématiques d'ordre stratégique qui affectent le développement du pays ;

• Participer à la formation de hauts cadres civils et des forces de défense et de sécurité, par le renforcement des connaissances fondamentales en stratégie, l'appropriation des clés de compréhension de l'environnement géostratégique ainsi que des enjeux liés à la défense et à la sécurité ;

• Promouvoir la résolution, par une approche holistique, des questions de défense et de sécurité intéressant la Communauté économique des États de l'Afrique de l'Ouest (CEDEAO) et l'Union africaine (UA).

En effet, la raison ayant présidé à la création du CHEDS, est l'existence d'une multitude de structures qui traitent des questions de stratégie et de sécurité sans organe de coordination. Ainsi, outre les formations de courte durée, à travers des ateliers et des rencontres d'échanges entre leaders de différents domaines, il est prévu également des formations en master et ou doctorat sur des questions de défense et de sécurité. C'est dans cette perspective que le CHEDS a initié un partenariat avec le Centre de politique de sécurité de Genève (GCSP), les Armées du Sénégal et l'Office national de formation professionnelle (ONFP). Aujourd'hui, le CHEDS est dirigé par le Général Paul Ndiaye.

V. 6. 1. 3. L'Institut panafricain de stratégies

L'Institut panafricain de stratégies (ISP) est né d'une initiative indépendante d'intellectuels et d'experts africains. Il est dirigé par le Docteur Cheikh Tidiane GADIO, ancien Ministre d'État, chargé des Affaires étrangères du Sénégal. Il a joué un rôle important dans l'organisation du Forum international de Dakar sur la Paix et la sécurité en Afrique les 14, 15 et 16 décembre 2014.

L'ISP se donne comme mission la promotion de la Paix, de la Sécurité, de la Bonne Gouvernance, la Réflexion stratégique et l'Unité du continent africain. Elle se définit comme une structure autonome de formation et de valorisation de l'expertise africaine qui désire apporter sa contribution aux réseaux de réflexion et d'action pour l'unité et le renouveau de l'Afrique. Dans le but de consolider sa vocation continentale, elle entend mobiliser les élites et les experts afro-arabes du Nord du continent ainsi que ceux de l'Afrique subsaharienne.

Dans cette perspective, elle s'appuie aussi sur l'expertise des partenaires internationaux (Nations unies, Union européenne, Afrique Caraïbes Pacifique (ACP), Organisation de la Coopération islamique, Organisation internationale de la Francophonie (OIF), Ligue arabe, Communauté des Caraïbes (CARICOM), Communauté des Pays de Langue Portugaise (CPLP) et sur celle des nombreux amis du continent africain dans le monde et de la diaspora.

L'ISP dispose de cinq départements pour mener ses activités :

1. Département Paix

2. Département Sécurité

3. Département Gouvernance

4. Département Réflexion stratégique

5. Département Formation, Publication et Communication

Ses activités sont de plusieurs types : ateliers thématiques pour la réflexion stratégique sur l'avenir du continent africain et sur les grands défis de l'Afrique du XXIe siècle ; participation aux médiations concernant l'Afrique et aux activités de prévention et de résolution des conflits ; promotion et consolidation d'une culture de la Paix, de la Tolérance et du Dialogue politique, religieux et social en Afrique par la formation, l'implication dans les processus électoraux ; soutien à la lutte contre la corruption et la promotion de l'éthique du « servir et non se servir ». L'ISP dispose également de plusieurs programmes dont celui destiné à la sensibilisation et à la formation des Jeunesses africaines à la culture de la Paix, à la prise de conscience du défi sécuritaire et des enjeux de la bonne Gouvernance ainsi qu'à la promotion de l'Unité continentale et au respect des Droits humains.

V. 6. 1. 4. Le Conseil de paix et de sécurité de l'Union africaine

Créé en 2004, le Conseil de paix et de sécurité (CPS) est sans doute l'innovation institutionnelle la plus ambitieuse de l'Union africaine. Chargé de la prévention des conflits et du maintien de la paix, le CPS consacre le principe de « non-indifférence », inspiré du « devoir d'ingérence », en cas de violations graves des droits de l'Homme par un État du continent. Il est basé sur le modèle du Conseil de sécurité des Nations unies. Ses membres sont élus par la Conférence de l'Union africaine de manière à refléter l'équilibre régional, ainsi que d'autres critères, dont la capacité à contribuer militairement et financièrement à l'Union, la volonté politique de le faire, et l'efficacité de la présence diplomatique à Addis-Abeba. Il est composé de 15 membres, dont cinq sont élus pour un mandat de trois ans, et dix pour un mandat de deux ans. Les pays sont immédiatement rééligibles à la fin de leur mandat.

Institution-clé dans un continent encore marqué par la guerre et l'instabilité politique, le CPS a été lancé, officiellement, à l'occasion de la Journée de l'Afrique, le 25 mai 2004. Il a remplacé l'organe central du mécanisme pour la prévention, la gestion et le règlement des conflits de l'Organisation de l'unité africaine (OUA), dont les insuffisances étaient décriées. Le CPS a pour fonctions prioritaires la promotion de la paix, de la sécurité et de la stabilité ; la prévention, la gestion et le règlement des conflits ; la consolidation des processus de paix et de reconstruction post conflit ; l'action humanitaire et la gestion des catastrophes.

Théoriquement, le CPS ne comprend ni membres permanents ni droit de veto. Ce choix s'explique par la volonté des pays africains de ne pas reproduire ce qu'ils considèrent comme une injustice au sein du Conseil de sécurité et qu'ils condamnent énergiquement dans la réforme des Nations unies. Il traduit aussi le souci de faire prévaloir l'égalité et la solidarité en évitant de donner trop de puissance à certains États et en permettant la rotation des sièges.

Cependant, certains pays dotés des mandats les plus longs (trois ans) sont parfois tentés par l'idée de les exercer en permanence. Ce sont des États confrontés, dans leur voisinage plus ou moins immédiat, à de graves enjeux de sécurité. C'est le cas de l'Éthiopie par rapport à la Somalie ; de l'Algérie pour le Sahara occidental, la Mauritanie pour la lutte antiterroriste ; ou encore du Nigeria par rapport à Boko Haram. À cela s'ajoute le fait que les États membres du CPS, gros contributeurs financiers de l'Union à l'instar de l'Algérie et du Nigeria, qui apportent chacun 15 % du budget ordinaire de l'organisation, disposent indéniablement d'un « veto de fait » dans le processus décisionnel.

Le CPS est déjà intervenu dans de nombres dossiers-clés, notamment l'application automatique de sanctions en cas de coup d'État, les violences postélectorales de rétablir un certain ordre dans des pays en faillite institutionnelle et sécuritaire, en proie à l'instabilité et aux rébellions, etc.[188] Cependant, malgré de nets progrès par rapport aux mécanismes de paix et de sécurité prévus par l'UA, l'action du CPS demeure limitée par la faiblesse des instruments juridiques dont il dispose.

Le CPS a aussi une mission de protection des populations civiles. De plus, si le CPS formule des ambitions claires et prend des décisions, il n'arrive pas toujours à les faire appliquer, en raison du manque de moyens matériels et humains dont souffre l'Union. Par ailleurs, le Comité d'État-major (CEM) destiné à conseiller et à assister le CPS sur toutes les questions militaires et de sécurité du continent n'est pas encore pleinement opérationnel, victime d'un manque de volonté politique évident de la part des États membres. Les réunions se tiennent donc irrégulièrement, et le quorum est souvent difficile à obtenir.

Malgré ces difficultés, le CPS se montre d'ores et déjà actif, visible, et tente d'avoir un véritable impact politique dans la gestion des crises continentales. Réfléchissant à l'amélioration de ses méthodes de travail, il dispose d'un groupe de sages, mis en place en 2007, chargé de l'appuyer et de le conseiller. Cette instance est composée de cinq (5) personnalités africaines hautement respectées. Les nouveaux membres du troisième groupe sont : Lakhdar BRAHIMI d'Algérie, Edem KODJO du Togo, Albina Faria d'Assis Preira AFRICANO d'Angola, Luisa DIOGO du Mozambique et Espcioza Naigaga Wandira KAZIBWE d'Ouganda.

V. 6. 1. 5. Au niveau sous-régional avec la CEDEAO

Au moment de sa création, en 1975, la CEDEAO avait pour objectif de favoriser l'intégration économique de ses 15 États membres. La guerre civile qui a éclaté au Liberia en 1989 a cependant marqué un tournant décisif : une force d'interposition dirigée par un État-major nigérian et composée de ressortissants de plusieurs pays membres importants a été créée. Cette approche musclée a été

---

[188] Delphine Lecoutre, Doctorante en sciences politiques à l'université Paris-I - Panthéon-Sorbonne, attachée à l'Institut d'études éthiopiennes de l'université d'Addis-Abeba et au Centre français des études éthiopiennes (Addis-Abeba).

officialisée par le protocole de 1999 sur la prévention des conflits, qui établit un lien explicite entre le développement économique et la paix, et par le protocole additionnel de 2001 sur la Bonne Gouvernance, selon lequel « toute accession au pouvoir doit se faire à travers des élections libres, justes et transparentes ».

Parmi les autres instruments utilisés, la CEDEAO a recours à des missions d'information et d'observation des élections, à la nomination de représentants spéciaux et de médiateurs, à des sanctions ainsi qu'à la création de groupes de contact internationaux pour résoudre ou prévenir des conflits.

La CEDEAO dispose aussi d'une Force africaine en attente (FAC). Après plusieurs déploiements du groupe de contrôle de cessez-le-feu de la CEDEAO, plus connu sous son acronyme anglophone ECOMOG (*ECOWAS Cease-Fire Monitoring Group*), la CEDEAO a institutionnalisé sa politique de sécurité, en adoptant, en décembre 1999, son protocole relatif au Mécanisme de prévention, de gestion, de règlement des conflits, de maintien de la paix et de la sécurité. Au terme de ce protocole, il a été créé une force régionale en attente qui a conservé la dénomination ECOMOG et qui est devenue, depuis 2004, l'une des composantes de la Force africaine en attente (FAA), à l'échelle continentale.

Les pays membres devaient mettre à la disposition de la force continentale, une brigade de 6 500 hommes déployables immédiatement dans la région en cas de conflit. La brigade de la CEDEAO, à l'instar des autres brigades régionales, doit comporter des composantes militaire, policière et civile et englober les capacités pluridisciplinaires et multidimensionnelles d'une opération de soutien à la paix ».

V. 6. 2-Les organes de veille

V. 6. 2. 1. L'Office national de lutte contre la fraude et la corruption

La corruption constitue un frein au développement économique et social. Elle sape les fondements de l'État de droit : la paix, la sécurité et la démocratie. Elle décourage les investissements privés étrangers, accroît la pauvreté, les inégalités et instaure une mal gouvernance qui rend impossible l'exercice des droits humains. Les sommes dilapidées dans les pratiques frauduleuses et de corruption représentent un pourcentage élevé des PIB des États. Ces ressources sont détournées des objectifs de développement auxquels elles étaient destinées telles que la réalisation d'infrastructures, la satisfaction en services sociaux de base (la santé, l'éducation et la formation), la recherche, la promotion de l'emploi des jeunes, l'élimination des discriminations à l'égard des couches vulnérables.

Ces conséquences néfastes de la fraude et de la corruption ont conduit le Gouvernement du Sénégal à mettre en œuvre une politique de Bonne Gouvernance et de transparence. Dans cette perspective, l'État a décidé d'instituer une autorité administrative indépendante, dénommée Office national de lutte contre la fraude et la corruption (OFNAC), créé par la loi n° 2012-30 du 28 décembre 2012.

L'OFNAC dispose de comités et de commissions qui sont des instances de coordination, de concertation et de normalisation, d'une unité d'audit et de contrôle interne qui veille à la transparence de la gouvernance interne. La loi l'autorise à solliciter la coopération internationale pour financer ses programmes de prévention, de lutte et de recherche-action et elle est dotée de pouvoirs d'auto-saisine. Il a compétence pour faire des enquêtes et des investigations sur la base des plaintes des citoyens et peut être saisi par des dénonciations anonymes. Il a compétence pour transmettre des dossiers au Procureur de la République. L'OFNAC assure également le traitement et la vérification des déclarations de patrimoine reçues des autorités assujetties.

La déclaration de patrimoine initiée par le Chef de l'État marquera, pour toujours, son magistère. Elle est régie par la loi n° 2014-17 du 02 avril 2014. Ainsi, la gouvernance vertueuse constitue un choix politique, une urgence démocratique et une forte préoccupation pour l'autorité publique et les citoyens conformément à la loi n° 2012-12 du 27 décembre 2012 portant Code de Transparence dans la gestion des finances publiques adoptée par le Sénégal. Sont directement assujettis à la déclaration de patrimoine :

• Le président de l'Assemblée nationale, le premier questeur de l'Assemblée nationale ;

• Le Premier ministre, les ministres ;

• Le président du Conseil économique, social et environnemental ;

• Tous les administrateurs de crédits, les ordonnateurs de recettes et de dépenses, les comptables publics, effectuant des opérations portant sur un total annuel supérieur à 1 milliard de FCFA.

Désormais, tout administrateur ou gérant de deniers publics répondant aux conditions à l'article susvisé doit faire une déclaration de patrimoine à la prise et à la fin des fonctions. Cette volonté d'instaurer une gouvernance vertueuse est à saluer et à encourager.

L'histoire de la traque des biens mal acquis devrait inciter à consacrer tous les efforts sur la prévention afin d'éviter l'exportation de nos deniers publics vers les banques étrangères. Ce qui est plus difficile dans cette criminalité à col blanc, criminalité financière, ce n'est pas la preuve de la culpabilité des auteurs mais surtout la récupération des fonds déjà placés. Rares sont les banques qui coopèrent avec les pays victimes, car soit l'argent détourné est déjà placé, soit les banques réclament des commissions élevées en contrepartie de la restitution du butin.

Sur ce point, nous sommes étonnés des attaques que nous jugeons non justifiées portées contre la loi n° 81-53 1981 et la loi n° 81-54 du 10 juillet 1981 portant respectivement répression de l'enrichissement illicite et création de la Cour de répression de l'enrichissement illicite (CREI). Ceux qui évoquent sa disparition confondent une loi en désuétude avec une loi abrogée. Une loi en désuétude reste longtemps sans être appliquée. Cela n'entache en rien sa valeur juridique alors qu'une loi abrogée disparaît de l'environnement juridique.

D'autres, en revanche, par rapport à cette loi, ont du mal à comprendre le renversement de la charge de la preuve qu'ils jugent contraire à la présomption d'innocence. Pourtant, en procédure pénale, on peut citer plusieurs présomptions de culpabilité. En France notamment, un pays dont nul ne doute de la culture démocratique, la présomption de culpabilité est admise pour certaines infractions.

L'article 418 du Code des Douanes français présume que les marchandises saisies dans le rayon douanier sans titre de circulation valable ont été introduites frauduleusement. L'article 125-6 du Code pénal répute proxénète tout individu incapable de justifier de ressources correspondant à son train de vie tout en vivant avec une personne qui se livre habituellement à la prostitution. L'article 222-39-1 réprime au titre du trafic de stupéfiants, le fait de ne pouvoir justifier de ressources correspondant à son train de vie tout en étant en relations habituelles avec une ou plusieurs personnes se livrant à ce trafic. L'article 450-2-1 du Code pénal punit, au titre de l'association de malfaiteurs, le fait de ne pouvoir justifier de ressources correspondant à son train de vie, tout en étant en relations habituelles avec une ou plusieurs personnes se livrant à cette infraction.

En conclusion, les présomptions de culpabilité sont admises à la fois par la Cour de cassation et par le Conseil constitutionnel. Il faut seulement qu'elles ne soient pas absolues et qu'elles respectent les droits de la défense. Si l'on se réfère à la Cour européenne, on peut voir que dans l'arrêt Sala Biaku du 7 octobre 1988, la Cour européenne des droits de l'Homme a rappelé que tout système juridique connaît des présomptions de preuves et que la convention n'y met évidemment pas obstacle en principe, mais en matière pénale oblige les États contractants à ne pas dépasser les limites raisonnables, prenant en compte la gravité de l'enjeu et préservant les droits de la défense.

En conséquence, le renversement de la preuve est autorisé à la fois par la Cour européenne des Droits de l'Homme et par la Cour de cassation, de même que le Conseil constitutionnel français. Il faut simplement qu'il ne soit pas absolu et qu'il respecte les droits de la défense. Une présomption simple de culpabilité donne toujours la possibilité à la personne d'apporter la preuve contraire, contrairement à la présomption irréfragable qui est absolue. C'est cette dernière qui est interdite par la Cour européenne.

Ce qui justifie la création de l'OFNAC qui a pour mission la prévention et la lutte contre la fraude, la corruption, les pratiques assimilées et les infractions connexes, en vue de promouvoir l'intégrité et la probité dans la gestion des affaires publiques et privées. Pour ce faire, l'OFNAC collecte, analyse et met à la disposition des autorités judiciaires chargées des poursuites, les informations relatives à la détection et à la répression des faits de corruption, de fraude et d'infractions connexes, commis par toute personne exerçant une fonction publique ou privée.

Elle peut aussi recommander toute réforme législative, réglementaire ou administrative, tendant à promouvoir la Bonne Gouvernance, y compris dans les transactions commerciales internationales. Elle reçoit les réclamations des personnes physiques ou morales se rapportant à des faits de corruption, de pratiques assimilées ou d'infractions connexes, formule, sur la demande des autorités administratives, des avis sur les mesures de prévention ; en outre l'OFNAC reçoit, contrôle et assure le suivi des déclarations de situation patrimoniale faites par les autorités qui y sont assujetties par la loi. Pour inscrire son action dans l'optique d'une gouvernance vertueuse, l'OFNAC a créé un bureau des plaintes accessible à tous les citoyens sénégalais et étrangers désireux de déposer des plaintes contre la fraude, la corruption et les infractions connexes commises sur le territoire sénégalais et au sein des institutions sénégalaises à l'étranger (ambassades et consulats).

V. 6. 2. 2. La Cellule nationale de traitement des informations financières

Faisant suite à la loi uniforme n° 2004-09 du 6 février 2004 relative à la lutte contre le blanchiment de capitaux dans l'espace UEMOA et CEDEAO[189], la Cellule nationale de traitement des informations financières (CENTIF) est créée par le décret n° 2004-1150 du 18 août 2004 qui organise son fonctionnement.

Elle est née de la volonté du Sénégal de donner une réponse à la mobilisation internationale traduite sur le plan sous-régional (UEMOA, CEDEAO) à travers le Groupe inter-gouvernemental contre le blanchiment d'argent (GIABA), de lutter contre la criminalité financière. Cette loi a trois (3) objectifs : prévenir le blanchiment de capitaux, détecter, en vue de la répression, le blanchiment de capitaux, permettre la coopération internationale autour de la lutte contre le blanchiment de capitaux.

Ladite loi définit le cadre juridique relatif à la lutte contre le blanchiment de capitaux et a pour objet de prévenir l'utilisation des circuits économiques, financiers et bancaires de l'Union à des fins de recyclage de capitaux ou de tous autres biens d'origine illicite applicables à toute personne physique ou morale qui, dans le cadre de sa profession, réalise, contrôle ou conseille des opérations entraînant des dépôts, des échanges, des placements, des conversions ou tous autres mouvements de capitaux ou de tous autres biens (Article 5). Les opérations de change, mouvements de capitaux et règlements de toute nature avec un État tiers doivent s'effectuer conformément aux dispositions de la réglementation des changes en vigueur (Article 6).

La CENTIF est une cellule de renseignements financiers de type administratif. Elle est placée sous l'autorité du ministre chargé de l'Économie et des Finances. Dotée d'un pouvoir de décision autonome

---

[189] Il y a blanchiment de capitaux, même si les faits qui sont à l'origine de l'acquisition, de la détention et du transfert des biens à blanchir, sont commis sur le territoire d'un autre État membre ou sur celui d'un État tiers.

et d'une autonomie financière (budget propre), elle est composée de six (6) membres dont des analystes et des enquêteurs nommés par décret pour un mandat de trois (3) ans renouvelable une seule fois. Elle dispose de la possibilité de faire recours à des correspondants (nommés par arrêté) au sein des services institutionnels. Ses membres sont soumis à l'obligation de confidentialité.

La CENTIF a un double fonctionnement : opérationnel et stratégique. Elle collecte, analyse et traite des renseignements financiers propres à établir l'origine des transactions ou la nature des opérations objets des déclarations de soupçons des assujettis. Sur la base de ses analyses, elle émet des avis sur la mise en œuvre de la politique de l'État en matière de lutte contre le blanchiment de capitaux et propose les réformes nécessaires au renforcement de l'efficacité de la lutte contre le blanchiment.

Son action s'inscrit tant envers les personnes physiques (identité et adresse), que morales dans les circonstances ci-après :

- Identification des clients occasionnels ;

✓ Toute opération portant sur une somme en espèces égale ou supérieure à 5 000 000 de FCFA ;

✓ Répétition d'opérations distinctes pour un montant individuel inférieur à 5 000 000 de FCFA.

- Identification de l'ayant droit économique (mandant) ;
- Surveillance particulière de certaines opérations ;

✓ Paiement en espèces (ou par titre au porteur) dans des conditions normales d'une somme d'argent dont le montant unitaire ou total est supérieur ou égal à 50 000 000 de FCFA ;

✓ Toute opération supérieure ou égale à 10 000 000 de FCFA ;

✓ Conservation des pièces et documents par les organismes financiers pendant dix (10) ans à compter de la date de clôture de leurs comptes ou de cessation de leurs relations avec les clients habituels ou occasionnels ;

✓ Communication des documents sur demande des organes de contrôle ou de la CENTIF ;

✓ Élaboration d'un dispositif interne harmonisé de lutte contre le blanchiment de capitaux avec désignation d'un responsable anti blanchiment.

Mais également certaines opérations particulières (articles 14 et 15 de la loi uniforme), comme :

- Agréées au change manuel ;

✓ Attention particulière aux opérations (sans limite réglementaire) dont le montant atteint 5 000 000 de FCFA.

- Casinos et établissements de jeux.

✓ Justification origine licite des fonds en cas de demande d'ouverture ;

✓ Identification des joueurs pour toute opération portant sur une somme égale ou supérieure à 1 000 000 de FCFA ;

✓ Conservation des documents (registre d'enregistrement des joueurs) pendant dix (10) ans après la dernière opération enregistrée ;

✓ Conservation pendant dix (10) ans à compter de la dernière opération enregistrée, du registre spécial d'enregistrement des transferts de fonds entre casinos et établissements de jeux.

On n'a pas besoin d'aller loin pour évaluer l'impact de cette loi. Il est certain que son application a diminué les gaspillages dans les cérémonies familiales et dans le comportement quotidien des populations. Sa création a certainement créé un électrochoc dans la conscience populaire des Sénégalais, qui ont désormais tendance à éviter l'exhibitionnisme. D'autres vont jusqu'à aménager des caves à domicile pour garder l'argent mal acquis. Certains fatalistes diabolisent en disant « rewmi dafa makii » [190] pour dire, en d'autres termes, que l'argent ne circule plus dans le pays. De quel argent parle-t-on réellement, celui gagné honnêtement par le travail ou alors celui qui est mal acquis ?

V. 6. 2. 3. Le contrôle parlementaire de la politique sécuritaire

Le contrôle parlementaire du secteur de la sécurité est prévu par l'article 85 de la Constitution. Les députés peuvent poser au Premier ministre et aux autres membres du Gouvernement qui sont tenus d'y répondre, des questions écrites ou des questions orales avec ou sans débat. Les questions ou les réponses qui leur sont faites ne sont pas suivies de débats ». En conséquence, en vertu de cet article, les députés peuvent adresser aux ministres chargés de la Défense et de la Sécurité des questions écrites et orales. Des commissions d'enquête

---

[190] Pour faire allusion au nom du Président *Macky*, c'est-à-dire que dans ce pays l'argent ne circule plus.

parlementaires peuvent être créées, à condition que les faits étudiés n'aient pas donné lieu à des poursuites judiciaires. L'Assemblée peut, également, mettre en place des missions d'information ad hoc, conformément aux articles 32, 45, 62 et 85.

Conformément à l'article 24 du règlement de l'Assemblée, la commission de la défense et de la sécurité, composée de 30 membres, est chargée de toutes les questions ayant trait à la défense nationale, à la préservation de l'intégrité territoriale, à la coopération militaire internationale, aux établissements militaires et paramilitaires, aux personnels civils et militaires des armées, à la sécurité publique et à la sûreté, à la Gendarmerie et à la Justice militaire. Force est de constater que l'Assemblée nationale usait rarement de ses prérogatives en matière de sécurité. Toutefois, le passage régulier du Premier ministre, Mahammad Boun Abdallah Dionne, ainsi que les membres de son Gouvernement à l'Assemblée nationale pour répondre aux questions d'actualité, constitue une innovation majeure dans le contrôle du parlement de l'action de l'Exécutif.

V. 6.2. 4. La Commission de protection des données personnelles

Avec le développement de l'informatique et de ses applications, le domaine traditionnel de la vie privée s'enrichit chaque jour de nouveaux éléments. Partie intégrante de ces éléments, les données à caractère personnel se révèlent être des ressources très convoitées. Leur traitement doit se dérouler « dans le respect des droits, des libertés fondamentales, de la dignité des personnes physiques ». De ce fait, la législation sur les données à caractère personnel s'avère être un instrument de protection générale à l'égard des droits et libertés fondamentaux de la personne.

Prenant pour base les principes directeurs pour la réglementation des fichiers informatisés contenant des données à caractère personnel édictés par l'Assemblée générale de l'ONU en 1990, les exigences européennes en matière de transfert de données vers des pays tiers et les principes fondamentaux consacrés par la loi d'orientation sur la société de l'information, la Loi sur la protection des données à caractère personnel (LDCP) offre un autre niveau élevé de protection. Celle-ci organise divers régimes de protection et règle la question de l'ancrage institutionnel en créant une autorité administrative indépendante chargée de la mise en œuvre des régimes de protection.

La Commission de protection des données personnelles (CDP) est une autorité administrative indépendante, instituée par la loi n° 2008-12 du 25 janvier 2008 portant sur la protection des données à caractère personnel. Elle est chargée de veiller à ce que les traitements des données à caractère personnel soient mis en œuvre conformément aux dispositions de la loi. Elle informe les personnes concernées et les responsables de traitement de leurs droits et obligations et s'assure que les TIC ne comportent pas de menace au regard des libertés publiques et de la vie privée (Article 5).

Selon l'article 2 de cette loi, sont soumis à la cette loi :

1) toute collecte, tout traitement, toute transmission, tout stockage et toute utilisation des données à caractère personnel par une personne physique, l'État, les collectivités locales, les personnes morales de droit public ou de droit privé ;

2) tout traitement automatisé ou non de données contenues ou appelées à figurer dans un fichier, à l'exception des traitements mentionnés à l'article 3 de la présente loi ;

3) tout traitement mis en œuvre par un responsable tel que défini à l'article 4.14 de la loi sur le territoire sénégalais ou en tout lieu où la loi sénégalaise s'applique ;

4) tout traitement mis en œuvre par un responsable, établi ou non sur le territoire sénégalais, qui recourt à des moyens de traitement situés sur le territoire sénégalais, à l'exclusion des moyens qui ne sont utilisés qu'à des fins de transit sur ce territoire. Dans les cas visés à l'*alinéa* précédent, le responsable du traitement doit désigner un représentant établi sur le territoire sénégalais, sans préjudice d'actions qui peuvent être introduites à son encontre ;

5) tout traitement des données concernant la sécurité publique, la défense, la recherche et la poursuite d'infractions pénales ou la sûreté de l'État, même liées à un intérêt économique ou financier important de l'État, sous réserve des dérogations que définit la présente loi et des dispositions spécifiques en la matière fixées par d'autres lois.

Avec la nécessité de la protection des libertés individuelles, il est plus que jamais nécessaire d'appliquer rigoureusement ces textes qui semblent être ignorés par les populations et par les gérants de sites Internet. Il n'est pas rare de voir des personnes insultées dans les sites sans suite judiciaire, alors que cela constitue des faits extrêmement graves qui portent atteinte à la dignité des victimes et de celle de leur famille. Certains n'hésitent pas à enregistrer des conversations privées, à filmer ou à monter des images d'honnêtes citoyens, à leur insu, pour en faire un moyen de chantage. Il est alors opportun de renforcer la répression et de rendre responsables les gestionnaires de site web ainsi que toute personne ayant mis en ligne des images et diffusé des sons avec l'intention de nuire. Les comptes anonymes ainsi que les faux sites doivent être identifiés et réprimés sévèrement.

Pourtant, le Code pénal, en son article 258, définit la diffamation comme étant « *toute imputation ou allégation d'un fait qui porte atteinte à l'honneur ou à la considération de la personne ou du corps auquel le fait est imputé par tous les moyens de diffusion publique : la radiodiffusion, la télévision, le cinéma, la presse, l'affichage, l'exposition, la distribution d'écrits ou d'images de toutes natures, les discours, chants, cris ou menaces proférés dans des lieux ou réunions publics, et généralement, tout procédé technique destiné à atteindre le public* ». Les peines prévues aux articles 254 et 255 du Code pénal sont applicables au prévenu dans ce cas.

La diffusion d'une publication déclarée diffamatoire aux conditions fixées par le Code de la presse est également punie par le Code pénal (Article 67 de la loi 96-04 du Code de la presse). L'article 139 du Code pénal impose même la délivrance d'un mandat de dépôt lorsque le requiert le Procureur de la République. Étant précisé que cela ne devrait pas être une remise en cause du droit à la liberté d'expression.

CONCLUSION

Au Sénégal, l'État a traditionnellement le devoir d'assurer la sécurité en veillant sur l'ensemble du territoire national, de protéger les institutions et les intérêts nationaux, de faire respecter les lois et règlements, de maintenir l'ordre public et de sauvegarder la protection des personnes et des biens.

À la suite des développements ci-dessus, nous pouvons confirmer qu'après plusieurs années de monopolisation de la sécurité par l'État, marquées par « le tout État », sans qu'une réponse appropriée ne soit trouvée aux problèmes de l'insécurité, une nouvelle stratégie s'impose. Aussi, cet ouvrage propose un modèle et définit les modalités de sa mise en œuvre à travers le concept de Gouvernance sécuritaire de proximité.

L'insécurité doit être comprise, quantifiée avant d'être combattue. La sécurité fondée sur la vision wébérienne a laissé beaucoup de tares dans l'évolution des politiques de sécurité intérieure des États. La sécurité au sens de WEBER veut que « la monopolisation de la violence légitime appartienne à l'État ». Or, avec l'évolution de la démocratie et de l'État de droit consacrant une place importante à la protection des droits de l'Homme et des Libertés fondamentales, désormais nul ne détient un monopole orienté vers la violence. C'est pourquoi, la sécurité de proximité, telle que déclinée dans cet ouvrage, est axée sur la prévention, l'anticipation, l'alerte qui sont des devoirs pour tout citoyen afin d'éviter la violence sous toutes ses formes.

La violence légitime est celle qui est fondée en droit et organisée dans une procédure particulière. Or, il est difficile de délimiter la frontière entre violence légitime et violence illégitime. La bonne compréhension du droit, en général, et des droits de l'Homme, en particulier, par les acteurs de la sécurité, constitue le seul moyen de concilier les impératifs de l'ordre avec la nécessité de protection des droits de l'Homme et des Libertés fondamentales.

L'implication des citoyens dans la nouvelle stratégie de Gouvernance sécuritaire de proximité est l'innovation majeure qui accompagne cette nouvelle vision du Chef de l'État qui consacre la sécurité par tous, pour tous et partout. La Gouvernance sécuritaire de proximité, telle qu'elle ressort de nos développements précédents s'articule autour des Contrats locaux de sécurité, des Comités départementaux de prévention et de lutte contre la délinquance et de l'Agence d'assistance à la sécurité de proximité en appui aux Forces de défense et de sécurité. Ce dispositif constitue les variables indissociables pour rendre compte de cette vision nouvelle du Chef de l'État. L'articulation de ces trois instruments donne corps à ce nouveau concept qui consacre la gestion pluraliste de la sécurité.

Les Contrats locaux de sécurité, symbolisant une démarche globale partenariale, reposent sur des rites d'échanges, de réflexions, de concertations, d'analyses avec comme support de base un diagnostic local de sécurité. Ce dernier permet de mettre en place un observatoire national de la prévention de la délinquance afin de mieux adapter les réponses sécuritaires aux réalités du terrain.

Les Comités départementaux de prévention et de lutte contre la délinquance créent un nouveau cadre décisionnel allant du département au niveau central. Ils regroupent aussi bien les autorités déconcentrées, judiciaires et locales, que toute personne-ressource pouvant apporter son concours à l'amélioration de la sécurité. Les préfets en sont, naturellement, les coordonnateurs.

Avant la grève des policiers en 1987, les effectifs de la Police recelaient des gardiens de la paix d'un niveau académique relativement élevé, baccalauréat ou plus. Les premières mesures prises à la suite de l'intégration des policiers grévistes, étaient de rendre obligatoire le service militaire pour intégrer le corps des agents de Police. Cette porte, qui a été fermée aux diplômés supérieurs, a beaucoup contribué à la baisse du niveau des gardiens de la paix qui deviennent agents de Police. Il est alors opportun de relever le niveau en ouvrant le concours d'entrée à toute personne remplissant les conditions de diplômes requises, même si celle-ci n'a pas accompli le service militaire. L'ouverture du concours aux civils pourrait ainsi contribuer à rehausser le niveau des agents de Police et à améliorer la qualité de leurs prestations.

La question se pose également de savoir si c'est seulement la population « victime potentielle » qui doit participer à la prévention de la délinquance ou bien cette possibilité devrait être autorisée à la « population à risque », c'est-à-dire les délinquants potentiels. Si la réponse peut paraître difficile pour un non initié, la meilleure manière d'endiguer la délinquance est de mettre la jeunesse, souvent tentée par l'appât du gain, à l'abri du besoin en lui trouvant du travail. Ce n'est pas parce que la personne a été un jour en conflit avec la loi, qu'elle doit être exclue de la société. Cette prévention secondaire doit être privilégiée afin de donner une chance à ceux qui ont soldé leur compte avec la société en séjournant en prison. L'État a le devoir de resocialiser ces personnes en leur trouvant une place dans la société à la suite de leur séjour carcéral. Elles pourraient être dans des programmes de prévention afin de se réconcilier avec la loi et les valeurs sociétales. Le Projet travail alternatif payé à la journée (TAPAJ) expérimenté à Montréal en est une belle illustration et pourrait être une source d'inspiration pour le Sénégal.

Une gestion efficace et rationnelle de la prévention implique inévitablement une compréhension et une évaluation scientifiques fiables. Cette dernière ne devrait pas être confondue avec le bilan administratif généralement présenté par les Administrations policières. Elle devrait être faite par un personnel indépendant et qualifié, formé spécialement à la recherche évaluative. L'objectif de l'évaluation est d'avoir des indicateurs permettant aux spécialistes de mener une stratégie allant dans le sens de la réduction de la criminalité. Il permet également la modification des comportements susceptibles de faciliter le passage à l'acte.

La question de la criminalité nécessite alors une compréhension scientifique qui doit précéder toute réponse policière ou sociétale. Plusieurs théories ont été développées en criminologie, mais nous nous en limiterons à quelques-unes. La « théorie criminaliste » appelée aussi « criminologie spontanée » axée sur le jugement du « sens commun » défendue par les pénalistes, prône l'idéologie sécuritaire. On la retrouve chez beaucoup de professionnels de la Justice et de la Police[191]. Elle est adoptée par certains criminologues contemporains, en particulier Maurice CUSSON, par la théorie stratégique et par nombre de pénalistes à travers la théorie économique du crime[192].

La connaissance professionnelle qui repose à la fois sur la formation et sur l'expérience professionnelle, occupe une position intermédiaire entre le « sens commun » et la « connaissance

---

[191] M. CUSSON M (1993). *La Théorie du contrôle social et l'évolution de la criminalité, problèmes actuels de sciences criminelles*, T, II, P 39 -63, the *structuring effects of social control*, AIC, 1993, 45-58, les régulateurs de la criminalité, RICPC, 1994, 135, 144, Raymond GASSIN R. (1994), *op. cit.*

[192] *Idem.*

scientifique », mais elle ne doit pas être confondue avec cette dernière, comme le pensent trop souvent certains professionnels[193]. C'est une erreur de croire que le contrôle de la criminalité dans une société est assuré par la seule politique criminelle développée par les acteurs régaliens.

La théorie socio-économique est celle qui privilégie l'influence du facteur économique dans l'explication de la criminalité[194]. Il ne faut pas la confondre avec la théorie économique du crime qui, en expliquant l'acte criminel par la supériorité des bénéfices de l'action criminelle sur ses coûts, parmi lesquels figure, au premier chef, la sanction pénale, s'inscrit au contraire dans la mouvance de la théorie criminaliste exposée plus haut. L'idée selon laquelle la pauvreté et la misère expliqueraient la criminalité remonte à HOMÈRE, auteur d'un fameux dicton : « Ventre affamé n'a point d'oreille ». Cette théorie « économiste » de la criminalité est, à l'heure actuelle, non seulement retenue par les théoriciens marxistes, mais par la politique criminelle de la Gauche française[195].

La théorie culturaliste part de l'hypothèse selon laquelle la conduite des individus est orientée essentiellement par un système de valeurs socio-morales. Selon cette théorie, la criminalité est la projection d'une défaillance dans ce système ; c'est autour de ce système que s'ordonnent tous les facteurs explicatifs de la criminalité. Cette conception correspond à une tradition criminologique solide, depuis la théorie de l'anomie, l'affaiblissement des normes sociales de DURKHEIM, revue par MERTON jusqu'à la théorie de l'intégration culturelle différentielle de D. SZABO, en passant par la théorie des conflits de cultures de SELLIN et par celle des sous-cultures délinquantes de COHEN et autres[196]. La théorie de l'inadaptation du droit pénal défend la thèse selon laquelle il y aurait un décalage entre, d'une part, le droit pénal et les institutions qui en assurent l'application et d'autre part, les exigences morales des populations qu'ils régissent[197].

---

[193] *Idem.*
[194] *Idem.*
[195] *Idem.*
[196] Sur ces diverses théories, cf. GASSIN p. 217 et suite. Pour Durkheim E. n° 191.
[197] LÉAUTÉ J., *Droit pénal et démocratie*, in « Mélanges Ancel », (1975), Tome II, pp. 151 ; rôle du droit pénal dans le contexte social, conférence sur la politique criminelle, comité européen sur les problèmes criminels.

Maurice CUSSON amorce une théorie « plurifactorielles » dans son ouvrage « Croissance et décroissance du crime » publié en 1990. L'auteur a entendu donner une théorie explicative de l'évolution de la criminalité dans les pays occidentaux de 1960 à 1986. Il retient trois variables explicatives : l'importance de la classe d'âge des 14 à 25 ans et son degré d'intégration sociale à travers les conjonctions familiales, scolaires, l'entrée dans le marché du travail et l'ampleur des occasions de délinquance ou son opportunité, des circonstances matérielles à la réussite du délit, ainsi que les mesures d'autoprotection destinées à réduire lesdites opportunités. En conséquence, la haute conjoncture criminelle qui s'est développée au cours des trente dernières années s'expliquerait par la conjonction de classes de jeunes, nombreuses et mal intégrées socialement, la multiplication des opportunités de délinquance dans les sociétés occidentales d'abondance et l'inefficacité croissante du système de répression pénale. L'avantage de la théorie de CUSSON consiste à modéliser l'interaction de ces facteurs.

Le rappel de ces différents courants de pensée criminologique montre que la politique criminelle d'un État nécessite non seulement un dispositif sécuritaire opérationnel, mais aussi des spécialistes de la police scientifique et technique. En raison de sa dimension multiforme, l'approche multifactorielle doit être privilégiée afin de traiter globalement le phénomène. Pour ce faire, notre Police a besoin d'être modernisée par l'ouverture du secteur à d'autres spécialistes, tels que les sociologues, les ingénieurs en informatique, les biologistes, les planificateurs, les géographes, les psychologues, etc. Tous les pays qui ont réussi à professionnaliser leur Police sont passés par cette ouverture pour rendre la Police plus scientifique et technique. Si la Police sénégalaise bénéficie d'un système d'informatisation de bon niveau, c'est parce que des ingénieurs en informatique, venant du milieu civil, ont été commissionnés sur titre pour accompagner la Direction de l'automatisation des fichiers du Ministère de l'Intérieur et de la Sécurité publique. Il s'agit principalement d'Aliou GASSAMA, qui s'est retrouvé finalement à la SONATEL et d'Ibrahima DIALLO, qui occupe encore cette direction.

Si la Gendarmerie sénégalaise bénéficie de hauts cadres, c'est parce qu'elle s'est appropriée la crème de l'École polytechnique pour en faire des officiers de qualité. Cette politique est appuyée par la présence du centre d'application de l'École des officiers de la Gendarmerie, en relation avec la France et par des stages réguliers à l'École des officiers de Melun et partout dans le monde. Le partenariat entre l'Académie internationale des hautes études de la sécurité (AIHES) et l'Institut d'études politiques de Toulouse a permis de coupler la formation de certaines promotions d'élèves officiers de la Gendarmerie avec le master II « Politique et Sécurité » du Centre d'études et de recherches sur la Police de Toulouse.

La nécessité de renouveler le personnel scientifique et technique va en droite ligne avec la loi n° 2009-18 du 9 mars 2009 relative au statut du personnel de la Police nationale. Selon l'exposé des motifs, la loi n° 66-07 du 18 janvier 1966 relative au statut du personnel des Forces de Police est aujourd'hui dépassée par les nouvelles réalités sociales. En effet, les exigences du métier de policier, dans l'environnement politique, économique, social, culturel et technologique actuel, diffèrent totalement de celles des années 1960.

Les fonctionnaires du cadre de l'Administration générale ainsi que les agents non fonctionnaires de l'État mis à la disposition de la Direction générale de la Police nationale peuvent être commissionnés dans les différents corps de la Police. Ce commissionnement ne peut intervenir que si l'agent est appelé à accomplir un service effectif dans la Police nationale en qualité de personnel technique, scientifique ou spécialisé et après avis conforme d'une commission spéciale dont le statut, la composition et le fonctionnement sont définis par décret. Toutefois, nul ne peut être commissionné au grade d'Inspecteur général de Police ni à celui de Contrôleur général de Police (Article 42). Le nombre d'agents commissionnés dans les emplois d'un corps ne peut dépasser 5 % de l'effectif du corps concerné. À titre transitoire et pour une période fixée par décret, une dispense du service militaire est accordée par l'autorité ayant pouvoir de nomination, aux candidats de sexe féminin pour le concours de recrutement des agents de Police. Pour le respect de la politique de genre et de l'égalité des citoyens devant le service public, cet article doit être abrogé.

L'Agence d'assistance à la sécurité de proximité, en même temps qu'outil opérationnel du nouveau concept de « Gouvernance sécuritaire de proximité », constitue un cadre de développement de la réflexion sur les questions de sécurité comme le prévoit son décret d'organisation et de fonctionnement. Nul ne doute aujourd'hui de l'impact positif de l'Agence sur la diminution de la petite délinquance, de la déviance et des incivilités et incidemment sur la création d'emplois. Les 10 000 ASP répartis sur l'ensemble du territoire national constituent des relais économiques non négligeables. À la fin de chaque mois, les habitants des localités ou sont déployés les ASP attendent impatiemment le virement des pécules. Les restaurants, les commerçants, les transporteurs y trouvent naturellement leur compte. Des appels téléphoniques sont reçus, à la fin de chaque mois, pour s'enquérir du jour de paie des ASP. La mise en place de l'Agence a permis la prise en charge médicale de l'ensemble des ASP, leur (s) époux/épouse et leurs enfants. L'Agence constitue, à cet égard, le prolongement de la Couverture maladie universelle (CMU) instituée par le Chef de l'État.

Toutefois, l'atomisation des acteurs de la sécurité pose incontestablement un problème de contrôle, comme disait MONTESQUIEU, « tout individu qui a du pouvoir est tenté d'en abuser ». La sécurité moderne assurée par la prévention situationnelle doit être compatible avec les Libertés individuelles, avec l'ouverture des espaces de vie à la liberté de circulation des personnes et des biens et avec la limitation du strict minimum du recours à la force[198]. D'où la nécessité de trouver un organe de contrôle. Il est alors opportun de faire voter une loi d'orientation sur la Sécurité intérieure intégrant tous les acteurs publics et privés et prévoyant une Commission nationale de la déontologie de la sécurité.

La politique de sécurité intérieure inspirée par le Chef de l'État est conforme à celle de développement orientée vers les communautés de base. L'Agence qui a pour devise « la citoyenneté au service de la sécurité », consacre « la sécurité par tous, pour tous et partout ». Cette péréquation de la sécurité fondée sur la proximité et la citoyenneté constitue une variable non négligeable du Programme d'urgence de développement communautaire (PUDC).

En instituant la départementalisation des politiques publiques, le Chef de l'État entend orienter le développement en faveur des sociétés de base. Dans son discours d'ouverture au forum sur les Partenariats publics-privés tenu à Dakar le 5 mai 2015, le Président Macky SALL a prôné la nécessité, pour le Sénégal, de tendre vers une administration de développement. Selon lui, « la nécessité de moderniser l'administration doit impérativement passer d'une logique de commandement à une dynamique de développement véritable » (…) « Nous avons hérité d'une administration de commandement ;

---

[198] CUSSON M., *op. cit.*

l'agent considère l'employé comme un administré alors qu'il devrait le considérer comme un partenaire... J'appelle à une nouvelle prise de conscience. Il faut que nous changions de méthode ; on n'est pas là pour commander ». Cette nécessité de considérer l'administré comme un acteur de développement est aussi valable dans le domaine de la sécurité où le citoyen doit être la première sentinelle. Aussi, dans nos pays, on assiste progressivement à la formation d'un nouveau contexte politico-institutionnel décentralisé, où le rôle des élus locaux prend une nouvelle dimension stratégique. Alors, qui sont les acteurs de la sécurité aujourd'hui ?

En définitive, le sens commun nous renvoie à des images d'uniformes, d'armes, de structures, notamment ministérielles, de mission en rapport avec la grande criminalité. Mais chaque élément examiné séparément fait apparaître des caractéristiques plus ou moins différentes. En réalité, sur le plan opérationnel, il est très difficile de faire des distinctions entre les différents corps de Police et les autres acteurs qui participent accessoirement à la prévention de la délinquance et au maintien du bon ordre dans la cité, car chacune des parties joue un rôle important. Aux Forces de sécurité, s'ajoutent d'autres acteurs intervenant dans les opérations d'assistance et de secours. C'est le cas de la Brigade des Sapeurs-pompiers et de la Direction de la protection civile. Des forces qui, du reste, peuvent prendre part à un service d'ordre. À côté des forces principales, il existe des forces complémentaires, que sont : l'Armée, les Eaux et Forêts, la Douane, la Police municipale, le Service d'hygiène... Il existe également des acteurs privés de sécurité, notamment les sociétés privées de sécurité et de gardiennage dont le statut mérite d'être clarifié.

Si la police de proximité a toujours été utilisée pour rendre compte du travail policier en prévention, en revanche, la sécurité de proximité n'a, jusque-là, été conceptualisée dans aucun pays alors qu'elle constitue l'approche la plus pertinente pour prendre en compte la participation citoyenne dans les politiques de prévention de la délinquance. La « police de proximité » qui est exercée par la Police nationale et la Gendarmerie nationale à travers l'îlotage et la patrouille se distingue alors de la sécurité de proximité qui est une activité essentiellement citoyenne. Cette dernière est fondée sur la participation des populations dans la prévention de la délinquance aux côtés des Forces de défense et de sécurité. Dès lors, le concept de sécurité ne se confond plus avec celui de police. Si cette dernière est l'apanage des acteurs régaliens, la première est l'affaire de tous. Nous avions déjà émis le souhait de ce changement de paradigme dans le cadre de la soutenance de notre thèse de doctorat mais sans pour autant avoir l'occasion de la faire mettre en application[199].

Au Sénégal, le concept de sécurité a dépassé le cadre proprement policier pour s'inscrire dans la nouvelle politique de territorialisation des politiques publiques. Dans ce domaine, la sécurité a pris la place de la notion de maintien de l'ordre. Ce concept de sécurité doit être le pivot des nouvelles politiques de sécurité basées sur la prévention et le partenariat entre tous les acteurs. Cependant, la logique de « l'ordre public » s'impose dans le domaine de la répression, notamment dans la lutte contre la grande criminalité et elle reste et restera exclusivement de la compétence de la Police nationale et de la Gendarmerie nationale. Ceux qui défendent la thèse wébérienne selon laquelle « l'État a le monopole de la violence légitime » devraient se réjouir du maintien de la prééminence de l'État dans l'ordre public tant défendu lors de l'annonce de la création de l'ASP.

Mais, il ne faudra pas perdre de vue, qu'avec le développement de la grande criminalité, notamment le terrorisme, la criminalité, organisée, la cybercriminalité, tous les citoyens doivent être acteurs de prévention, de veille et d'alerte pour anticiper sur le passage à l'acte. Comme disait BECCARIA, auteur italien du XIXe siècle, « l'essentiel est que l'insécurité change de camp, ce qui importe c'est la conviction du risque encouru d'être pris »[200]. Le maintien de la paix sociale dans la cité et la lutte contre la grande criminalité constituent aujourd'hui le problème majeur pour la Police nationale et la Gendarmerie nationale. Il est inutile de dire que nous vivons une époque marquée par des menaces de toutes sortes. La loi est de moins en moins respectée et le phénomène de la criminalité par sa récurrence et ses formes devient intolérable. La société est de plus en plus préoccupée par l'augmentation du crime, du terrorisme, de la délinquance technologique et informatique. Bref, de la dégradation de l'ordre public et du mépris grandissant de la loi[201].

---

[199] NIANG P. K. (1996), *op cit*, p. 251
[200] BECCARIA C. (1965). « Traité des délits et des peines ». Genève, Éditions DROZ-GENEVE, cité p NIANG P. K. (1996), *op cit*.
[201] NIANG P. K. (1995). « Les polices municipales véritables polices de proximité ? ». Communication à l'occasion du séminaire des Hauts fonctionnaires francophones « Libertés publiques et Sécurité » organisée par IIAP/IHESI, Paris 27 Novembre-22 Décembre, 14 p.

Comme nous l'avons démontré, le champ de la sécurité est très large et transversale. Même si ce champ traditionnel concerne principalement l'ordre public, la sécurité embrasse toutes les activités de la vie économique et sociale : on parle de la sécurité environnementale, sanitaire, alimentaire, aéroportuaire, faunique, scolaire,... qui doit impliquer toutes les couches de la population. L'idée même de la participation civile à la prévention de la délinquance est relativement ancienne. En effet, le « Chicago area project »[202] fut le précurseur de cette approche. Ce projet visait l'amélioration du contact social dans certains quartiers. Dans l'Angleterre du XVIIe siècle, chez FIELDING, on retrouve les premières méthodes de prévention fondées sur la citoyenneté.

Le développement d'une politique préventive de la délinquance supposait une forte police d'où l'effet dissuasif pour les délinquants, une implication de la population par la mise en place de groupes actifs de citoyens « volontaires de la prévention », selon les termes de FIELDING[203]. En France, en 1938, DONNEDIEU DE-VABRES a présenté au Conseil supérieur de la prophylaxie criminelle un rapport en vue de la coopération des pouvoirs publics et de l'initiative privée pour la prévention du crime : « Il n'était pas question de substituer à l'action de l'État celle des citoyens, mais de faire en sorte que ceux-là participent à la lutte contre la petite délinquance par le biais de la prévention »[204]. De même, à Montréal, des programmes de prévention communautaire comme le « Tandem à Ville Saint-Laurent » sont mis en œuvre avec succès.

Cette évolution est née simplement du besoin de combler le vide en sécurité et d'adapter la politique nationale de sécurité aux réalités locales. Naturellement, la Gouvernance sécuritaire de proximité se rattache à cette idéologie universelle sans laquelle l'État est obligé d'assurer seul la sécurité ou de laisser les citoyens assurer leur propre vengeance.

Si le phénomène criminel doit être combattu, il nécessite, avant tout, une quantification. Le véritable défi du moment est de mettre en

---

[202] CASTAIGNEDE J. (1989). « Participation communautaire et prévention de la délinquance » Donostia-San Sébastia, pp. 115 à 127, NIANG P. K. (1992). « Police et Prévention de la délinquance : l'inter partenariat à travers l'exemple de la ville de PAU » Diplôme supérieur des sciences de l'inadaptation et de la délinquance juvénile, PAU, Institut de Sciences Criminelles. pp. 246.
[203] NIANG P. K. (1992), *op. cit.*
[204] *Idem.*

place une structure de collecte et de centralisation des données statistiques de la criminalité. Si la méthode classique fondée sur les statistiques policières, gendarmiques, pénitentiaires et judiciaires est toujours pratiquée dans nos pays, elle n'est pas en mesure de refléter les réalités du phénomène criminel dans lequel, le plus souvent, « le chiffre noir » est ignoré. Il faudra privilégier la méthode de mesure criminologique qui prend en compte le chiffre noir de la délinquance et tendre vers une centralisation des différents fichiers. En effet, on ne soulignera jamais assez que le premier critère d'évaluation d'un investisseur étranger dans un pays est la sécurité, alors que celle-ci ne peut être mesurée qu'à partir d'une méthodologie fiable avec des statistiques collectées, selon des méthodes modernes.

La sécurité est un patrimoine national, protégé principalement par la Police nationale et la Gendarmerie nationale qui sont des services publics. En Afrique, le service public est exclusivement entre les mains de l'État, alors que dans le domaine de la sécurité, l'exercice du service public ne pourra jamais être effectif en raison du caractère complexe et dynamique de la criminalité.

Les principes à la base de la notion de Bonne Gouvernance et de l'émergence de nos pays doivent trouver une application directe dans le domaine de la sécurité afin que la criminalité et l'insécurité puissent être endiguées et prévenues de façon efficace et durable. Le glissement du rôle traditionnel de la Police vers une sécurité de proximité, axée sur l'inclusion et la participation des citoyens, constitue la clef de réussite des politiques publiques de sécurité dans nos sociétés en pleine mutation.

La Bonne Gouvernance est perçue, depuis 1990, comme une exigence essentielle du développement durable des États et des villes. Le concept fait appel à la capacité d'exercer l'autorité dans une société de manière efficace, honnête, équitable et imputable, en respectant les droits de la personne dans un contexte démocratique[205]. Cette capacité doit se traduire par l'élaboration et la mise en œuvre de politiques, par l'établissement d'une interaction et par un partenariat entre l'État et la société civile[206]. L'idée d'émergence promue au Sénégal n'est certainement pas une vue de l'esprit. Elle repose sur des faits tangibles.

---

[205] Banque Mondiale 1992, HARFANG et BOATENG, 1997.
[206] CHALON M. LÉONARD L. VANDERSCHUERON F. VÉZINA C. *Sécurité urbaine et Bonne Gouvernance : Le rôle de la police.*

L'Afrique est aujourd'hui, de toutes les zones économiques, celle qui connaît la plus forte croissance. Les experts et les institutions économiques internationales s'accordent à prédire que le devenir de la croissance mondiale réside dans le continent africain. Il s'agit de la croissance du $21^{\text{ème}}$ siècle fondée, pour l'essentiel, sur l'exploitation des nouvelles technologies et la transition énergétique. L'Afrique dispose, outre les richesses de ses sols et de son sous-sol, d'atouts considérables. En particulier, face à l'Europe et l'Asie vieillissantes, elle bénéficie d'une dynamique démographique avec une population jeune. Sa croissance résulte et résultera de ses besoins en infrastructures avec la construction de routes, de réseaux de canalisation, d'écoles, d'hôpitaux... À l'évidence, avec le développement de l'urbanisation, la demande de sécurité ira grandissante. La principale condition d'une émergence (les économistes, à la suite de ROSTOW W., parlent de *Take off*) demeure une croissance soutenue. Or, il n'y a pas de croissance sans investissement. À l'heure de la globalisation, ce sont les Investissements directs étrangers (IDE), principal outil de la mondialisation, qui véhiculent la prospérité entre les nations. À l'instar, hier, des dragons d'Asie, les pays qui obtiendront les meilleures performances macroéconomiques sont ceux qui parviendront à être les plus attractifs et sécures.

Convenons que le retour sur investissement n'est pas seulement lié à des paramètres financiers. Des facteurs tels la stabilité institutionnelle, une Justice et une Police efficaces, un environnement sécurisant pour les personnes et les biens sont aussi déterminants. Il serait alors illusoire de prétendre à l'émergence, si la sécurité des personnes et des biens n'est pas pleinement assurée. Le Rwanda, cité aujourd'hui en exemple pour ses performances économiques, se distingue notamment par sa stabilité institutionnelle et la sécurité des investisseurs qu'il accueille. Dans ce cadre, les progrès du Sénégal dans la lutte contre la corruption, soulignés récemment par l'ONG *Transparency International,* constituent un atout majeur.

Émergence et sécurité sont, de ce fait, étroitement liées. La sécurité est l'une des conditions *sine qua non* de l'émergence. Elle participe à l'attractivité des pays (territoires), favorable au développement des IDE donc à la croissance et *in fine* à l'émergence. Pour les Sénégalais, principalement les jeunes, fraîchement diplômés des écoles ou des universités, une croissance plus forte signifie des créations d'emplois, des revenus, de la consommation, de l'épargne et l'accès à la propriété... S'amorce alors un cercle vertueux de croissance permettant à chacun d'envisager l'avenir avec davantage de sérénité. En conséquence, et il ne peut en être autrement, les pays candidats à l'émergence doivent impérativement inscrire, dans leur agenda, le défi d'une meilleure sécurité.

La sécurité est un patrimoine universel. Au niveau mondial, la croissance économique et le développement urbain sont associés à un taux important de la criminalité. Étant jusque-là celle de comportement, la criminalité tend, plutôt, aujourd'hui, vers la recherche du bonheur et du confort. À cela, s'ajoute le développement du terrorisme et de la violence radicale face auxquels on définit des stratégies de lutte au détriment de la prévention. Or, la meilleure manière d'anticiper sur ses fléaux, c'est de privilégier un dispositif humain préventif.

Le Sommet de Dakar, du 14 au 16 décembre 2014, sur « la Paix et la Sécurité en Afrique », a posé les jalons d'une alliance sécuritaire régionale afin de traiter, de manière plus globale, la menace terroriste. Les organisateurs de ce Sommet ont bien compris que la sécurité sous-régionale est intimement liée à celle de chacun des pays de la sous-région. Nous pouvons même dire que la sécurité mondiale dépend de la sécurité intérieure des pays. D'où la nécessité de partager les bonnes pratiques afin d'éviter le « phénomène des cafards ». Disons que toute politique criminelle d'un État donné déplace le phénomène chez le voisin qui n'a pas pris les mêmes dispositions de précaution. La politique des cafards consiste à traiter en même temps que le voisin le phénomène pour éviter qu'il ne se déplace chez ce dernier. Pour une bonne harmonisation des politiques de prévention et de lutte dans ce domaine, notre continent est condamné à mettre en place un pacte sécuritaire prenant en compte les réalités sociopolitiques locales de tous les pays.

La libre circulation des personnes et des biens est un atout majeur pour le développement socio-économique du continent. C'est pourquoi, il est nécessaire de mettre en place des mécanismes de surveillance des résidents. Pour ce faire, les maires et les délégués de quartier doivent jouer un rôle important dans la gestion de la population accueillie dans leurs localités. L'obligation doit être faite aux agences immobilières et à chaque bailleur de signaler tout nouveau locataire afin de permettre à l'autorité locale d'établir un certificat de résidence indispensable à l'identification des nouveaux occupants. Afin de trouver des solutions durables qui vont au-delà des réponses traditionnelles et sectorielles, il faudra nécessairement mutualiser les moyens humains, matériels et intellectuels autour d'un dispositif de veille et d'alerte afin de prévenir tout risque éventuel.

Cet ouvrage qui pourrait être une source d'inspiration pour d'autres pays, n'a nullement vocation de donner une recette standardisée de résolution de l'insécurité. Il présente plutôt l'intérêt d'introduire, dans le dispositif, un acteur sans lequel aucune politique de sécurité n'est efficace : la population. Le modèle sénégalais, en la matière, a le mérite de tracer cette voie en faisant du citoyen un acteur essentiel de la sécurité à travers le nouveau concept de Gouvernance sécuritaire de proximité. Pour cela, les Assistants à la sécurité de proximité qui constituent la cheville ouvrière pour la mise en œuvre opérationnelle de ce nouveau concept doivent être valorisés. Des perspectives pour l'insertion professionnelle doivent être ouvertes afin de leur permettre de trouver leurs voies dans la Police, la Gendarmerie et d'autres administrations ou secteurs. En séjournant dans les corps de l'État, pendant la durée de leur engagement civique, les ASP demeurent, en somme, une bonne réserve à utiliser dans le secteur de la sécurité publique. Ce ne serait que justice pour ces jeunes qui ont donné de leur temps, de leur savoir et de leur effort physique pour servir leur Nation au profit de la sécurité pour tous, par tous et partout...

BIBLIOGRAPHIE

ANSD (2013). *Deuxième enquête de suivi de la pauvreté au Sénégal (ESPS-II) 2011. Rapport définitif*, mai 2013. Dakar, 191 p.

ANSD (2013). *Recensement général de la Population, de l'Habitat, de l'Agriculture et de l'Élevage* (RGPHAE).

BARINCOU E. et *al.* (1952). *Machiavel. Œuvre complète. Tradition et notes*. Paris, Gallimard, La Pléiade, 1664 p.

BASTIDE (1906). *John LOCKE, ses théories et leur influence en Angleterre*. Paris, 398 p.

BONNEMAISON G. (1983). *Face à la délinquance : prévention, répression et solidarité*. Paris, La Documentation française.

BONNEMAISON G. (1992). *Commission des Maires sur la sécurité : face à la délinquance, prévention répression, solidarité*. Collection des rapports officiels, décembre, 184 p.

BRENDER N. (2012). *Étude du dilemme urbain : urbanisation, pauvreté et violence*. Document de synthèse. Ottawa, CRDI, 20 p.

CAMARA B. (2005). *Réflexions sur la place du juge dans le traitement des infractions*. Thèse de doctorat en droit soutenue le 30 mai 2005 à l'Université Pierre Mendès-France de Grenoble 2 (France) avec publication.

CIPC (2008). *Prévention de la criminalité et sécurité quotidienne : tendance et perspectives. Rapport international*. Montréal, Centre international pour la prévention de la criminalité, 272 p.

COGINTA (2014). *Diagnostic local de sécurité. Un outil au service de la réforme de la police nationale guinéenne et du pilotage de la police de proximité dans les communes de Matam, Ratoma, Matoto et N'Zérékoré*. COGINTA, 278 p.

DEBUYST C. (1974). « Étiologie de la violence dans la société », in *La violence dans la société*. Conseil de l'Europe, Strasbourg, 275 p.

DELUMEAU J. (1989). « La Sécurité intérieure : défi et enjeu » in *Les Cahiers de la Sécurité intérieure* no 1, Paris, La Documentation française.

DELUMEAU J. (1989). « La Sécurité intérieure : défi et enjeu », in *Les cahiers de la Sécurité intérieure* no 1, La Documentation Française.

DIEU F. (2001). « L'expérience française de la Police de proximité », in *Revue internationale de criminologie et de Police technique et scientifique* no 3, pp. 259-270.

DIEU F. (2002). *Policier de proximité. Les expériences françaises, britanniques et new-yorkaises.* Paris, l'Harmattan, 133 p.

DIEU F. (2006). *Du monde pénal. Mélanges en d'honneur de Pierre-Henri Bolle.* Edités sur FIERMARCO ZEN-RUFFINEN.

DIOP D. (2008). « Police municipale et sécurité urbaine en Afrique », in *Prévention de la criminalité et sécurité quotidienne : tendance et perspectives. Rapport international.* Montréal, Centre Internationale pour la Prévention de la Criminalité (CIPC), pp. 197-198.

DIOP D. (2012). *Urbanisation et gestion du foncier urbain à Dakar : défis et perspectives.* Paris, l'Harmattan, 315 p.

DIOP D. (2014). « Développement urbain et insécurité : Dakar face aux défis de l'urbanisation », 16 p.

DIOP M. (2000). *La violence urbaine vue des quartiers de Dakar : recherche populaire et auto-évaluation dans trois quartiers de la capitale sénégalaise.* Paris, Editions Charles Léopold Mayer, 74 p.

DIRECTION DE LA POLICE NATIONALE. *La Police au Sénégal.* Bureau d'Études et Méthodes de la Direction de la Police nationale, 31 p.

DURKHEIM E. (1983). *Le suicide.* Paris, Quadriga/PUF, 8e édition, 312 p.

FORUM EUROPÉEN DE LA SÉCURITÉ (1998). *Les Polices de Proximité : Sécurité et Démocratie*, Forum Européen, Conférence internationale, Lisbonne 14 et 15 décembre, 171 p.

FORUM EUROPEEN POUR LA SÉCURITÉ (1996). *Sécurité et Démocratie. Sécu-Cité,* Forum Européen pour la sécurité, 122 p.

GASSIN R. (2003). *Criminologie.* Pais, Dalloz, 5e édition, 752 p.

GLEIZAL J-J. (1993). *La Police en France.* Paris, Que sais-je ? PUF, 127 p.

GLEIZAL J-J. (1994). « L'État, les Collectivités locales et la sécurité », in *Cahiers de la Sécurité intérieure* no 16, 2e trimestre.

GLEIZAL J-J. et FROMENT J-CH. (1993). « Les politiques locales de sécurité », in *La lettre du cadre territorial, décembre.*

GLEIZEL (1992-1993), « Théorie de la sécurité ». Cours ENSP de Saint-Cyr au Mont-d'Or, dactylographié.

GRANIER J-P. (2007). « Une violence éminemment contemporaine. L'espace public urbain comme scène post-historique », in *Espaces et sociétés*, janvier, n° 128-129, 55-69 p.

GUÉRIN R. (1982). *La Police administrative et la Police judiciaire dans la Ve République : le jeu de la séparation des pouvoirs.* Thèse de doctorat, Paris VIII.

HOBBES T. (1772). *Human Nature (De la nature humaine).* Traduit par HOLBACH. Londres.

HOBBES T. (1971). *Le Léviathan.* Editions Sirey trad. Française, Tricaud, 780 p.

KANE G. (2015). « Les forces de l'impunité » in le quotidien *L'AS* du mercredi 26 août no 2972.

LEQUEUX G. (1992). *Les nouvelles dimensions des services de Police chargés de la sécurité intérieure. À l'échéance du 1er jan 1993.* Thèse de Doctorat, Nice-Sophia.

LEQUEUX V. (1992). *Les nouvelles dimensions des services de Police chargés de la sécurité intérieure.* Thèse de Doctorat, Nice-Sophia.

LOJKINE J. (1977). « Contribution à une théorie marxiste de l'urbanisation capitaliste », in *La ville dans le système capitaliste*, Athènes.

MADELIN P. (1989). *La Guerre des Polices.* Paris, Albin Michel, 416 p.

MBAYE A. (2014). *Servir*, Mesnil-sur-l'Estrée, Éditions Didactika, 395 p.

MERLE R et VITU A. (1979). *Traité de droit criminel.* Paris, Cujas, T.2, Procédure pénale, 4e Édition, 1000 p.

MERLE R. et VITU A. (1979). *Traité en Droit criminel*, CUJAS, 1979, T2 Procédure Pénale 4e Édition.

NIANG I. (2015). « La sécurité au service de la salubrité », in *L'AS de paix*, Revue de l'Agence d'assistance à la sécurité de proximité, no 2, p. 23.

NIANG P. K. (1991). *Les actions développées par la Police dans le domaine de la prévention de la délinquance, diplôme supérieur des sciences de l'inadaptation et de la délinquance juvénile, Pau.*

NIANG P. K. (1993). « *Contribution à la recherche d'un cadre de réflexion sur la Police municipale sénégalaise* », préface de N. CARLOTTI, *Commissaire principal de la Police nationale française, rapport présenté aux autorités sénégalaises*, 32 p.

NIANG P. K. (1993). *L'expérience française des Polices municipales, réflexions pour une proposition d'un statut juridique particulier* », Pau- Bordeaux I, 119 p.

NIANG P. K. (1993). *Le régime juridique de l'armement des Polices municipales* », in Revue de l'UNAPM, p 50.

NIANG P. K. (1993). *Police et prévention de la délinquance, l'interpartenariat à travers l'exemple de la ville de Pau*. DEA droit pénal et sciences criminelles, Pau- Bordeaux, 105 p.

NIANG P. K. (1995). « Les polices municipales ». Communication au 3e Séminaire sur le thème : « Gestion pluraliste de la sécurité », organisé par l'Institut des Hautes Études de la Sécurité intérieure (IHESI) ministère de l'Intérieur français du 14,15, 16 et 17 mars.

NIANG P. K. (1995). « Polices municipales véritables Police de proximité ? », Communication au séminaire de formation des hauts fonctionnaires francophones (d'Afrique noire, de l'océan indien occidental, d'Afrique du Sud et de l'Amérique centrale) organisé par l'IHESI, sous l'égide du ministère délégué à la Coopération, sur le thème : « Liberté publique et Sécurité », Paris 27 novembre et 22 décembre.

NIANG P. K. (1996). « Polices municipales : Analyse du modèle sénégalais à travers l'exemple français », in *Revue sénégalaise de l'association de droit pénal*, numéro double 3-4 décembre.

NIANG P. K. (1996). *L'expérience française des Polices municipales : Réflexions sur la recherche d'un statut juridique particulier*. Thèse de Doctorat en Droit et Sciences criminelles. Université de Poitiers, Faculté de Droit, 565 p.

NIANG P. K. (1997). « L'expérience française des polices municipales ». Paris, Editions – Sud- Imprim, 241 p.

NIANG P. K. (2003). « *Politique de Sécurité intérieure et Mise en place de Polices municipales* », intervention pour l'Association Internationale des Maires francophones du 30 au 4 juillet au Sénat français.

NIANG P. K. (2013). « Conceptualisation de la Gouvernance sécuritaire de proximité », Dakar, Séminaire à l'hôtel *Terrou- bi*, 15 et 16 mars.

NIANG P. K. et LY C. C. (2011). « Système pénitentiaire sénégalais », in *Les systèmes pénitenciers dans le monde*. Paris, Dalloz, pp. 133-352.

ONU-Habitat (2009). « Sécurité urbaine et amélioration des taudis », 5 p.

PEDRAZZINI Y. (2005). *La violence des villes*. Paris, Alliance, 252 p.

PEROUSSE DE MONTCLOS M-A. (2008). *États faibles et Sécurité en Afrique noire, De l'ordre dans les coulisses de la périphérie mondiale*. Condé-sur-Noireau, L'Harmattan.

PEROUSSE DE MONTCLOS M-A. (2008). *États faibles et Sécurité en Afrique noire, De l'ordre dans les coulisses de la périphérie mondiale*, L'Harmattan, Condé-sur-Noireau, France, 2008.

PEROUSSE DE MONTCLOS M-A. (2008). *États faibles et Sécurité en Afrique noire. De l'ordre dans les coulisses de la périphérie mondiale*.

RÉPUBLIQUE DU SÉNÉGAL (2011). *Cartographie et analyse des systèmes de protection de l'enfance au Sénégal. Rapport final*. Ministères de la Famille et de la Justice 172 p.

RÉPUBLIQUE DU SÉNÉGAL (2013). *Rapport national sur la situation de l'Éducation 2012*. Direction de la Planification et de la Réforme de l'Education (DPRE), mai, 103 p.

RÉPUBLIQUE DU SÉNÉGAL (2014). *Gouvernance –Institutions – Paix et Sécurité : l'action des services. Rapports d'Activités*. Ministère de l'Intérieur et de la Sécurité publique, 87 p.

ROCHE S. (1993). *Le sentiment d'insécurité : sociologie d'aujourd'hui*. Paris, PUF, 1ere Édition, 312 p.

SADY S. (2011). *La Gendarmerie nationale sénégalaise : Son rôle dans la consolidation de l'État*. Paris, l'Harmattan, 177 p.

SAMBE B. (2015). *Boko Haram. Du problème nigérian à la menace régionale*. Editions Timbuktu, 125 p.

SOW S. et SOW O. (2000). « Problématique de la sécurité urbaine en milieu périurbain défavorisé et émergence des mouvements populaires de sécurité : Le comité populaire de sécurité de Grand Yoff à Dakar (Sénégal) », 23 p.

TALL S. M., (1998). « La Décentralisation et le Destin des Délégués de Quartier à Dakar (Sénégal) », in *Bulletin de l'APAD* no 15, mis en ligne le 30 novembre 2006. Consulté le 6 mai 2015.

THIAM A. (2012). « Meurtres, lynchages, agressions, viols... - Sénégal - Du pays de la téranga, au pays de la terreur », in *Sud Quotidien* du 24 août.

VAUGELAS C. de F. (1980). *Remarque sur la langue française*. Paris, Droz, 315 p.

Ville de Montréal, *Tandem Montréal. Pour une approche communautaire en prévention de la criminalité*. 10 p.

WALINE M. (2005). *Police, service public, responsabilité et agents publics. Volume II, L'action de l'administration*. Paris, Dalloz, 742 p.

WEBER M. *Le savant et le Politique*. Paris, Plon, collection « 10/18 », 1959 (édition 1963).

ZARAFONITOU V. (1994). « La violence en milieu urbain », in *Revue internationale de criminologie et de Police technique*, vol XLVIL no 1, janv-mars, pp 29-43.

Sites Internet

http://www.douanes.sn/

Journaux et quotidiens

NIANG P. K. (2002). « Il faut une Délégation nationale de la Sécurité intérieure », in *Le Soleil,* 30 juillet.

Le Soleil du 16 et 15 avril 1987, p. 3.

DIALLO A. D. in *L'Observateur* n°3299 du vendredi 19 septembre 2014.

Le Soleil du vendredi 17 avril 2015, p. 16.

NIANG P. K. (2007). « La criminalité est un instrument d'évaluation de l'économie nationale », in *Walfadjri* du mercredi 17 octobre.

NIANG P. K. (1993). « Quel avenir pour la Police municipale sénégalaise », in *Le Soleil* du 31 décembre, p. 3.

NIANG P. K. (1996). « *Papa Khaly NIANG réfléchit sur la Police municipale* », in *Le Soleil,* Sénégal, 21 novembre, p. 3.

SY A., BADJI Y. et BA D. (2010). « Violence dans les stades et les arènes : Le nouveau mal du sport sénégalais », 15 septembre (http://www.seneweb.com/news/Sport/violence-dans-les-stades-et-les-ar-nes-le-nouveau-mal-du-sport-s-n-galais_n_35511.html), consulté le 15 juin 2015.

TABLE DES MATIÈRES

Préface
Sécurité de proximité et agence d'assistance : le pari de l'innovation 9
Dédicaces 13
Remerciements 15
Sigles et acronymes 17
Glossaire 23
Avant-propos 27
Introduction 33

Première partie

La politique sécuritaire au Sénégal : état des lieux

Chapitre premier
Contexte de la situation sécuritaire au Sénégal 39
   I. 1. Données sociodémographiques 39
   I. 2. Le sentiment d'insécurité : mythe ou réalité 41
   I. 3. Du sentiment d'insécurité aux incivilités 47
   I. 4. Des incivilités à la déviance 50
   I. 5. De la petite délinquance aux réseaux mafieux 52
   I. 6. La Justice populaire 57
   I. 7. La menace terroriste 57

Chapitre 2
Les acteurs régaliens de la sécurité 63
   II. 1. La Police nationale 63
      II. 1. 1. Bref historique de la Police sénégalaise 63
      II.1.2. Organisation et fonctionnement de la Police sénégalaise 71
      II. 1. 3. Insuffisance et contraintes de ses moyens d'action 76
      II. 1. 4. Les moments troubles de la Police sénégalaise 77
   II. 2. La Gendarmerie nationale 80
      II. 2. 1. Bref historique de la Gendarmerie nationale 80
      II. 2. 2. Organisation de la Gendarmerie sénégalaise 83
      II. 2. 3. Insuffisance et contraintes de ses moyens d'action 89
   II. 3. Conclusion partielle sur les organes régaliens 90
   II. 4. Les acteurs régaliens complémentaires 91
      II. 4. 1. Bref historique de la Douane sénégalaise 91
      II. 4. 2. Organisation de la Douane sénégalaise 93

    II. 4. 3. Les missions de la Douane sénégalaise 94
        II. 4. 3. 1. La mission fiscale 94
        II. 4. 3. 2. La mission économique 94
        II. 4. 3. 3. La mission d'assistance 95
        II. 4. 3. 4. La mission de sécurisation................................... 96
        II. 4. 3. 5. La mission de facilitation 96
    II. 4. 4. L'Armée nationale 96
        II. 4. 4. 1. L'Armée de terre.. 97
        II. 4. 4. 2. La Marine nationale 98
        II. 4. 4. 3. L'Armée de l'Air 100
    II. 4. 5. La protection civile 100
        II. 4. 5. 1. La Brigade nationale des sapeurs-pompiers 101
        II. 4. 5. 2. La Direction de la Protection civile................... 104
    II. 4. 6. Les Eaux, Forêts et Chasses 104

Chapitre 3
La police municipale ou police de circonstance............................ 107
    III. 1. L'expérience de la Police municipale au Sénégal 107
    III. 2. Relations Police nationale et police municipale 110
    III. 3. Relations Police municipale et populations 114
    III. 4. Rapports Police municipale et maire................................ 114
    III. 5. Acte 3 de la décentralisation et les pouvoirs de police du maire.... 117
    III. 6. L'agrément, le contrôle et la supervision de la police municipale .. 118
    III. 7. Les faiblesses congénitales de la police municipale 119

Chapitre 4
Vers la marchandisation de la sécurité 121
    IV. 1. Un contexte socio-économique favorable 122
    IV. 2. Cadre juridique des acteurs privés de la sécurité............. 124
    IV. 3. La nécessité de mieux cadrer les sociétés privées de sécurité........ 125

Deuxième partie

Sécurité intérieure : L'expérience sénégalaise de la gouvernance sécuritaire de proximité

Chapitre premier
L'approche conceptuelle de la gouvernance sécuritaire de proximité .. 129
    I. 1. Évolution de la notion de sécurité...................................... 129
        I. 1. 1. De la logique de l'ordre public 130
        I. 1. 2. À la police de proximité 132
            I. 1. 2. 1. Les trois objectifs d'une police de proximité 137
            I. 1. 2. 2. Modes d'action d'une Police de proximité 137
                I. 1. 2. 2. 1. L'Îlotage... 137

    I. 1. 2. 2. 2. La patrouille 139
    I. 1. 2. 2. 3. L'utilisation de la vidéo-surveillance 140
 I. 2. À l'émergence de la sécurité de proximité au Sénégal 142
  I. 2. 1. Le cadre institutionnel de la Gouvernance sécuritaire
  de proximité 146
  I. 2. 2. Déclinaison opérationnelle de la Gouvernance sécuritaire
  de proximité 148
  I. 2. 3. L'adaptation sénégalaise de l'expérience française
  en la matière 149
   I. 2. 3. 1. Les Comités départementaux de prévention et de lutte
   contre la délinquance 150
   I. 2. 3. 2. Les Contrats locaux de sécurité 151
 I. 3. La naissance controversée de l'Agence d'assistance à la sécurité
 de proximité 158
  I. 3. 1. Les négativistes 158
  I. 3. 2. Les réservistes 160
  I. 3. 3. Les confusionnistes 160
  I. 3. 4. Les positivistes 161
 I. 4. L'ASP, un an après 167
  I. 4. 1. Appui au service public et parapublic 167
   I. 4. 1. 1. Au sein des Forces de défense et de sécurité 167
   I. 4. 1. 2. Au sein de l'Administration territoriale 168
   I. 4. 1. 3. Au sein de l'Administration judiciaire 168
   I. 4. 1. 4. Au sein des Collectivités locales 169
   I. 4. 1. 5. Les ASP au sein des départements ministériels 169
  I. 4. 2. Les populations 169
  I. 4. 3. Partenariat public-privé 170
 I. 5. Les modalités de mise en œuvre 171

Chapitre 2
**Processus d'opérationnalisation des assistants a la sécurité
de proximité 183**
 II. 1. Mode de recrutement des ASP 183
  II. 1. 1. Critères d'éligibilité 184
  II. 1. 2. Critères de pondération 185
  II. 1. 3. L'examen des dossiers 185
 II. 2. Formation des Assistants à la sécurité de proximité 186
  II. 2. 1. Objectif général 186
  II. 2. 2. Objectifs spécifiques 186
  II. 2. 3. Processus 187
  II. 2. 4. Durée et localisation des sessions de formation 188
  II. 2. 5. Organisation et contenu pédagogique de la formation 189
  II. 2. 6. Méthodes et techniques pédagogiques 192
  II. 2. 7. Évaluation des apprenants et du contenu de la formation 192

II. 3. Déploiement et utilisation sur l'étendue du territoire 192
II. 4. Statut des Assistants à la sécurité de proximité 194
II. 5. Missions assignées aux Assistants à la sécurité de proximité 195
II. 6. Les Assistants à la sécurité de proximité : une alternative
à la police municipale 196

Chapitre 3
Transversalité du champ d'application de la sécurité 199
    III. 1. Dans le champ de la sécurité environnementale 199
    III. 2. Dans le domaine touristique 203
    III. 3. Sécurité dans le secteur de l'Éducation : « École-sûre » 205
        III. 3. 1. Contexte et justifications 205
        III. 3. 2. Stratégie de mise en œuvre 208
    III. 4. Le concept de « Campus-sûrs » pour l'apaisement de l'espace
universitaire 210
        III. 4. 1. Contexte et justifications 210
        III. 4. 2. Stratégie de mise en œuvre 212
    III. 5. Dans le domaine portuaire et aéroportuaire 214
    III. 6. Dans le domaine de la sécurité routière 216
    III. 7. Le concept de quartiers-sûrs pour assurer la sécurité
dans les quartiers 221
        III. 7. 1. Le délégué de quartier clé de voûte du concept
« Quartiers-sûrs » 222
        III. 7. 2. Opérationnalisation du dispositif 224
    III. 8. La sécurité dans le domaine du sport 225

Chapitre 4
Les ASP dans la politique nationale d'insertion des jeunes 229
    IV. 1. L'ASP : une réponse appropriée au défi de l'emploi des jeunes ... 229
    IV. 2. Appui à l'insertion professionnelle des ASP 231
        IV. 2. 1. Des formations pour une insertion qualifiante 232
        IV. 2. 2. Appui à la préparation aux concours administratifs ... 233

Chapitre 5
Pertinence de la loi d'orientation sur la sécurité intérieure 235
    V. 1. Contexte 235
    V. 2. L'élargissement du champ d'application : de la dualité
à la pluralité des acteurs 237
        V. 2. 1. La Sécurité publique 237
        V. 2. 2. La Sécurité civile 241
        V. 2. 3. La Sécurité de proximité 241
    V. 3. Le nouveau mode de commandement : unification des centres
de décision 243
        V. 3. 1. Missions et organisation du Département 243

    V. 3. 1. 1. Les missions 243
    V. 3. 1. 2. Le rattachement ministériel et militarité
    de la Gendarmerie.. 244
    V. 3. 2. L'organisation opérationnelle ou rapprochement 246
V. 4. La départementalisation des politiques publiques de sécurité 250
V. 5. La nécessité de la mise en place d'une Haute autorité nationale
    de la déontologie de la sécurité... 253
V. 6. Les organes de réflexion et de veille stratégique 256
    V. 6. 1. Les organes de réflexion 256
    V. 6. 1. 1. Le Conseil national de sécurité 256
    V. 6. 1. 2. Le Centre des hautes études de défense et de sécurité..... 258
    V. 6. 1. 3. L'Institut panafricain de stratégies.................................. 259
    V. 6. 1. 4. Le Conseil de paix et de sécurité de l'Union africaine..... 260
    V. 6. 1. 5. Au niveau sous-régional avec la CEDEAO....................... 262
    V. 6. 2-Les organes de veille 263
    V. 6. 2. 1. L'Office national de lutte contre la fraude
    et la corruption 263
    V. 6. 2. 2. La Cellule nationale de traitement des informations
    financières 267
    V. 6. 2. 3. Le contrôle parlementaire de la politique sécuritaire 269
    V. 6.2. 4. La Commission de protection des données personnelles .. 270

Conclusion... **273**
Bibliographie **287**

L'HARMATTAN ITALIA
Via Degli Artisti 15; 10124 Torino

L'HARMATTAN HONGRIE
Könyvesbolt ; Kossuth L. u. 14-16
1053 Budapest

L'HARMATTAN KINSHASA	**L'HARMATTAN CONGO**
185, avenue Nyangwe	67, av. E. P. Lumumba
Commune de Lingwala	Bât. – Congo Pharmacie (Bib. Nat.)
Kinshasa, R.D. Congo	BP2874 Brazzaville
(00243) 998697603 ou (00243) 999229662	harmattan.congo@yahoo.fr

L'HARMATTAN GUINÉE
Almamya Rue KA 028, en face du restaurant Le Cèdre
OKB agency BP 3470 Conakry
(00224) 60 20 85 08
harmattanguinee@yahoo.fr

L'HARMATTAN CAMEROUN
BP 11486
Face à la SNI, immeuble Don Bosco
Yaoundé
(00237) 99 76 61 66
harmattancam@yahoo.fr

L'HARMATTAN CÔTE D'IVOIRE
Résidence Karl / cité des arts
Abidjan-Cocody 03 BP 1588 Abidjan 03
(00225) 05 77 87 31
etien_nda@yahoo.fr

L'HARMATTAN MAURITANIE
Espace El Kettab du livre francophone
N° 472 avenue du Palais des Congrès
BP 316 Nouakchott
(00222) 63 25 980

L'HARMATTAN SÉNÉGAL
10 VDN en face Mermoz, après le pont de Fann
BP 45034 Dakar Fann
33 825 98 58 / 33 860 9858
senharmattan@gmail.com / senlibraire@gmail.com
www.harmattansenegal.com

L'HARMATTAN BÉNIN
ISOR-BENIN
01 BP 359 COTONOU-RP
Quartier Gbèdjromèdé,
Rue Agbélenco, Lot 1247 I
Tél : 00 229 21 32 53 79
christian_dablaka123@yahoo.fr

Achevé d'imprimer par Corlet Numérique - 14110 Condé-sur-Noireau
N° d'Imprimeur : 123001 - Dépôt légal : novembre 2015 - *Imprimé en France*